D1749544

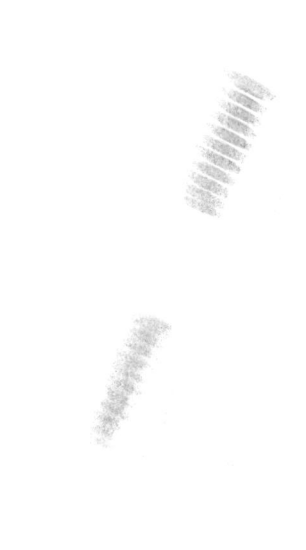

John & Doris Naisbitt

Macht Wende

John & Doris Naisbitt

MACHT WENDE

Wie die Länder des Globalen Südgürtels unsere Welt verändern werden

GOLDEGG VERLAG

Bildrechte Autorenfotos: Autoren
Bildrechte Umschlag: Goldegg Verlag

Alle Rechte, insbesondere das Recht der Vervielfältigung und Verbreitung sowie der Übersetzung, vorbehalten. Kein Teil des Werks darf in irgendeiner Form (durch Fotokopie, Mikrofilm oder ein anderes Verfahren) ohne schriftliche Genehmigung des Verlags reproduziert werden oder unter Verwendung elektronischer Systeme gespeichert, verarbeitet, vervielfältigt oder verbreitet werden.

Die Autoren und der Verlag haben dieses Werk mit höchster Sorgfalt erstellt. Dennoch ist eine Haftung des Verlags oder der Autoren ausgeschlossen. Die im Buch wiedergegebenen Aussagen spiegeln die Meinung der Autoren wider und müssen nicht zwingend mit den Ansichten des Verlags übereinstimmen.

Englischer Originaltitel: GLOBAL GAME CHANGE:
How the Global Southern Belt Will Reshape Our World
by John Naisbitt and Doris Naisbitt

Published by China Industry & Commerce Associated Press Co., Ltd.
Through Inbooker Cultural Development (Beijing) Co., Ltd.
ALL RIGHTS RESERVED

German translation copyright © Goldegg Verlag GmbH, Berlin & Wien

ISBN Print: 978-3-903090-12-5
ISBN E-Book: 978-3-903090-13-2

© 2016 Goldegg Verlag GmbH
Friedrichstraße 191 • D-10117 Berlin
Telefon: +49 800 505 43 76-0

Goldegg Verlag GmbH, Österreich
Mommsengasse 4/2 • A-1040 Wien
Telefon: +43 1 505 43 76-0

E-Mail: office@goldegg-verlag.com
www.goldegg-verlag.com

Layout, Satz und Herstellung: Goldegg Verlag GmbH, Wien
Druck und Bindung: CPI

Inhaltsverzeichnis

Prolog 9

1. Der globale Südgürtel 23
Von Schwellenländern zu globalen Wirtschaftsmächten   23
Afrika 64
Steckbrief der Region südlich der Sahara 76
Lateinamerika 94
Ein kurzer Steckbrief lateinamerikanischer Nationen 96
Asien 117
Ein kurzer Steckbrief asiatischer Nationen 119

2. Afrika – Asien – Lateinamerika 151
Eine Vision – eine Identität – eine Gemeinschaft 155
Das Zentrum der wirtschaftlichen Schwerkraft hat sich in die Entwicklungsländer des Südens verlagert. 158
Die Wiedergeburt der chinesisch-arabischen Beziehungen – der Geist der Seidenstraße 163
China hat keine Intentionen, sein politisches Modell nach Afrika zu exportieren. 169
China will bei seinen Bemühungen in Afrika beides: Vorteile erlangen und Vorteile bringen. 171
Afrika erlebt dieselbe industrielle Transformation wie China, kopiert China aber nicht. 173
2010 löste China die USA als Afrikas größter Handelspartner ab 175
Um weiter wachsen zu können, muss Afrika einen höheren Platz in der Wertschöpfungskette einnehmen. 177
China – Lateinamerika 180
Kubas Öffnung 187

Lateinamerika – Afrika 190
Game Changers auf dem Vormarsch 196

3. China, der »Game Changer« 205
China: globaler und chinesischer 207
Chinas Veränderung der heimischen Spielregeln 208
Chinas Rolle als globaler Game Changer 210
China – ein Game Changer für Afrika 213
Keine Region wird übersehen: China und die Arktis und Antarktis 214
Chinas Positionierung in Ostasien und in den Ländern des Indischen Ozeans 216
China – Europa: Handel um eine Milliarde täglich 222
Chinas neue Selbstbehauptung 226
China und die USA: Anfreunden mit einer neuen Rollenverteilung 227
Die Spielregeln der Weltwirtschaft verändern sich 229
Tausch der Positionen 232
Chinas Unternehmer im globalen Rampenlicht 233
China verändert weltweit Forschung und Entwicklung . 238
China: Ein Albtraum für amerikanische Internetunternehmen? 240
Der chinesische Traum: eine nationale Vision und individuelle Träume 243
Chinas neue Rolle in der internationalen Gemeinschaft 245

4. Regierungsführung 247
Der schmerzhafte Abschied von der westlichen Vormachtstellung 250
Die globale Dynamik und verpasste Chancen 254
Halbzeit: Kann das Spiel gedreht werden? 261
Leistungen unter neuen Bedingungen erbracht 274
Die Suche nach heimischen Game Changern 275

China – ein Modell für den Globalen Südgürtel? 280
Chinas Säulen der Veränderung 282
Der Arabische Frühling 295
Eine Änderung der Spielregeln der politischen Systeme muss im Inland entstehen 301
Chronik eines Experiments 305
Singapur: Wirtschaftlicher Wandel innerhalb einer Generation 310
Der Tanz an der Nebenfront 322
Impulsgeber und Wegbereiter: die zwei großen E's 328
Von der Theorie zur Praxis 332
Lebenslanges Lernen 335
Die Lücke zwischen dem, was gelehrt und dem, was gebraucht wird, sollte geschlossen werden. 345

5. Städte – die globalen Akteure 347
Städte: Game Changer in der dramatischsten Völkerwanderung der Geschichte. 349
Indien gehört bei der Urbanisierung zu den langsamsten Ländern 354
Bürgermeister – Game Changer auf nationaler Ebene ... 356
Eine neue Stellenbeschreibung: Verwaltung der Sozialökonomie 358
Komprimierte Energie 359
Game Makers in globalen Beziehungen 362
Game Makers in der Nutzung von Synergien 364
Die Schaffung lebenswerter Städte 368

Epilog 371

Prolog

Im Mai 2014 reisten wir von Wien nach Sydney. Zwei Flüge von 10 und 13 Stunden mit einem Zwischenstopp in Peking brachten uns auf die Südhalbkugel des Globus. Von dort zeigt sich die Welt von einer anderen Seite. Auf ihrem Weg über den südlichen Himmel zieht die Sonne ihre Bahn von rechts nach links, während sie in unserer nördlichen Hemisphäre von links nach rechts wandert. Auf der Südhalbkugel drehen Wirbelstürme im Uhrzeigersinn, bei uns drehen sie gegen den Uhrzeigersinn. Und auch was geopolitische Sichtweisen betrifft, scheint die Welt dort auf den Kopf gestellt. »Für uns ist der Ferne Osten der Nahe Osten«, sagte Paul Keating, Australiens ehemaliger Premierminister, als wir vor einigen Jahren bei einer Konferenz in Seoul mit ihm am Tisch saßen. Seine Worte scheinen heute wahrer denn je.

Von unterschiedlichen Standpunkten aus gesehen können sich Perspektiven umkehren. Und oftmals braucht es Zeit, um sich mit dem Ungewohnten anzufreunden, in großen, in kleinen und auch in persönlichen Belangen. Obwohl man annehmen könnte, dass ein »American-Austrian husband and wife team«, wie Australiens Medien uns nannten, nicht allzu viel an kultureller Divergenz überwinden muss, hat unser unterschiedlicher Hintergrund doch seine Spuren hinterlassen. John, ein Amerikaner der ersten Generation, wuchs auf einer Farm in Glenwood, einem Dorf mit ungefähr 200 Einwohnern in Utah, im Westen Amerikas, auf. Doris wurde in den österreichischen Alpen in Bad Ischl, der Sommerresidenz von Kaiser Franz Josef und Kaiserin Sissi, geboren. Kein Wunder, dass eine große Zahl von Monarchisten sich auch heute noch nach diesen Zeiten sehnt.

Unsere unterschiedlichen Hintergründe haben uns geprägt. Bis zum 14. September 1994, als wir einander auf einer Pressekonferenz in Österreich zum ersten Mal begegneten, hatten wir sehr unterschiedliche Lebenswege. In der bald darauf folgenden beruflichen Zusammenarbeit als Autor und Verlegerin entdeckten wir, dass uns diese Unterschiede nicht voneinander trennten, sondern unsere Beziehung bereicherten, sowohl beruflich als auch später privat. Amerikanischer Optimismus trifft oft auf europäischen Skeptizismus: »Just do it« kollidiert mit »Was, wenn?«.

Wir könnten nicht zusammenarbeiten, wenn wir diesen Entdeckungstrieb, diesen Antrieb und die Freude, jeden Tag etwas Neues zu lernen, nicht teilen würden. Für uns ist es ein aufregendes Abenteuer, alte Denkweisen über Bord zu werfen und sie durch neue Gedanken zu ersetzen. Wir erfinden keine Geschichten. Wir beobachten die Welt und berichten darüber, was wir sehen. Und wir müssen damit nicht recht haben. Andere sehen möglicherweise eine ganz andere Entwicklung der Welt. Manche mögen unsere Rückschlüsse vielleicht nicht gutheißen. Auch wir begrüßen nicht immer, was wir sehen, aber wir sind bemüht, in unseren Berichten ehrlich zu bleiben.

> *Wir beginnen unseren Lebensweg nicht als unbeschriebenes Blatt.*

Veränderungen, die sich zu unseren Gunsten auswirken, sind einfach zu akzeptieren. Doch je mehr der Wandel langjährige Praktiken und Bedingungen verändert, desto schwieriger wird es, sie zu akzeptieren. Unser Weltbild ist stark von der Umgebung geprägt, in der wir geboren werden und aufwachsen. Zeit, Ort, Erziehung und Bildung werden die Linsen, durch die wir die Welt sehen. Im Rückblick auf historische Ereignisse erkennen wir, dass es einige Zeit dauerte, bis sich wesentliche Veränderungen im Denken der betroffenen Menschen verankerten.

Für einen Europäer erscheint es ungewöhnlich, dass einige Amerikaner ihr Land noch nie verlassen haben. Die Grenzen ihres Landes werden damit zu den Grenzen ihrer Welt. Das regionale Umfeld, die Bildungsschicht und die Hautfarbe beeinflussen die Denkweise jedes Amerikaners massiv. Andererseits berichten selbst die Medien meist aus lokalem Blickwinkel. In Österreich eben aus einem österreichischen Blickwinkel, und vielen Österreichern ist nicht bewusst, dass die Einwohnerzahl ihres Landes kleiner ist als jene einzelner Bezirke in chinesischen Städten. Dies ist vergleichbar mit dem Internet, wo jeder Nutzer sein eigenes Zentrum und den Punkt bildet, an dem alle Fäden zusammenlaufen und von dem alles ausgeht.

Je mehr eine Person reist, desto mehr verändert sich das Gesamtbild, weil die neue Welt erfassbarer wird. Wie radikal sich eine Sichtweise verändern kann, haben wir besonders bei Personen festgestellt, die zum ersten Mal nach China kommen.

Wo auch immer wir leben, es gibt keinen zentralen Punkt, von dem aus ein allgemein gültiges Weltbild geschaffen und angepasst werden kann. Es gibt Millionen unterschiedlicher Perspektiven, die weit in die Vergangenheit reichen und weit in die Zukunft führen. Sie und wir, in unserer Gemeinde, unserer Stadt, unserer Region und in unserem Land, sind nur kleine Teile eines Gesamtbildes, aus dem sich die Welt zusammensetzt. Und diese einzelnen Teile beginnen, sich zu einem neuen Bild zu formen.

Der Aufstieg des Westens

Hegemonien, mächtige Regenten und führende Intellektuelle haben in allen Kontinenten Einflusssphären innerhalb und außerhalb der Grenzen ihres Landes geschaffen. Denken wir nur an Platon, Aristoteles, die Begründung der Philosophie, Athen als Wiege der Demokratie, die Illias, die Odyssee und die Dichtkunst. Der politische und kulturelle Einfluss Athens reicht bis in unsere Gegenwart. Das Römische Reich in Europa, das Reich von Kusch und die alten Ägypter in Afrika, die Fünf Hegemonen und die Zhou-Dynastie in China, die Kulturen der Inka, Maya und der Azteken in Südamerika – sie alle hinterließen ihre Fußabdrücke in den Kulturen der Welt.

Aber keine dieser Kulturen gewann so sehr an Gewicht wie Europa und die Vereinigten Staaten von Amerika, die zentralen Mächte des Westens. Ihr politischer, wirtschaftlicher und kultureller Einfluss breitete sich Jahrhunderte lang aus und dominierte lokale Kulturen auf den meisten Kontinenten. Westliche Kleidung, Musik, Geschäftspraktiken, Erfindungen und Innovationen fanden ihren Weg vom Westen in den Rest der Welt. Dies hat im Lauf der Zeit zu einem über andere Kulturen erhabenen Selbstbild des Westens geführt. Der Westen bewertet die Staaten der Welt anhand westlicher Werte und sieht sich dabei als moralische Autorität, deren Standards globale Gültigkeit haben.

Diese Ära, so glauben wir, neigt sich dem Ende zu.

Von einer westlich zentrierten zu einer multizentrischen Weltanschauung.

Nach unseren Erkenntnissen ist die globale Autorität des Westens nicht länger unangefochten. Die westliche Sichtweise wird nicht mehr als universell akzeptiert. Sie wird zusehends von Schwellenländern auf der ganzen Welt, die ihre eigenen Standards entwickeln, in Frage gestellt. Tatsächlich ist die Bezeichnung Schwellenländer als solche nicht mehr zeitgemäß. Und ganz gewiss hilft sie uns nicht bei einer Aktualisierung des Ist-Standes der globalen Gemeinschaft. Einige Länder wie zum Beispiel China haben je nach Ausrichtung mehr oder weniger entwickelte Regionen. Und Qatar, das eines der höchsten Pro-Kopf-Einkommen hat, gilt noch immer als Schwellenland. Während auch wir den Begriff der Schwellenländer noch verwenden, haben wir dennoch für die Länder, deren sich verändernde Rollen wir beschreiben, einen neuen Sammelbegriff gewählt. Denn wenn wir die geografische Lage der Schwellenländer betrachten, bilden sie gewissermaßen einen Gürtel, der vorwiegend die südliche Hemisphäre umfasst. Deshalb bezeichnen wir sie kollektiv als den »Globalen Südgürtel«. Nicht alle Länder des Globalen Südgürtels befinden sich im selben Stadium ihrer Entwicklung. Eine ganze Reihe von ihnen muss wirtschaftliche und politische Turbulenzen meistern. Dennoch werden sie zusammen die wirtschaftliche Landkarte der Welt verändern.

Die Hegemonie des Westens wird nicht nur durch die abnehmende Akzeptanz seiner Führungsrolle in den Ländern des Globalen Südgürtels geschmälert. Aufgrund des allmählichen Verlusts an wirtschaftlicher Stärke ist der Anspruch des Westens, die globale Wachstumsformel für Demokratie und freie Märkte zu besitzen, nicht länger haltbar. Neue Dynamiken verändern die globale Gemeinschaft. Die westlich zentrierte Welt schwindet zugunsten einer multizentrischen Welt, in der viele Länder oder – vielleicht noch wichtiger – die Städte der Welt in globalen Angelegenheiten den Ton angeben. Es handelt sich um eine Öffnung hin zu einer Vielzahl an Meinungen, zu wirtschaftlicher und kultureller Vielfalt und, in einem längeren Zeithorizont gesehen, hin zu neuen politischen Modellen. Der größte Antrieb wird dabei von den Ländern und Städten des Globalen Südgürtels ausgehen.

Der Fall einer Hegemonie im 15. Jahrhundert
Vermutlich war es erst im ersten Jahrzehnt des 21. Jahrhunderts, dass der Westen erste Erschütterungen in seinem Überlegenheitsgefühl spürte. In Asien entwickelte sich China von einem Schwellenland zu einem bedeutenden Akteur der Weltwirtschaft. In vielen lateinamerikanischen Ländern begannen Marktreformen sowie das Ende von Juntas, Militärdiktaturen und linksgerichteten autoritären Regimes (Nicaragua, Mexiko) erste Resultate zu zeigen. Eine junge Generation in Afrika strebte trotz Korruption und Misswirtschaft lange brachliegende Ideale an: Unternehmergeist und Mut. In den Schwellenländern veränderte sich die Stimmung von der Basis aus. Der Ruf nach Reformen wurde lauter und gewann an Dynamik. Dieser Ruf nach Reformen richtete sich nicht nur gegen die Bedingungen im eigenen Land, sondern forderte auch ein Ende westlicher Bevormundung. Eine Stimmung, die zuerst in China spürbar wurde, und sich dann auf die Schwellenländer auf der ganzen Welt ausdehnte.

Wir konnten dabei immer mehr Parallelen zur Zeit der Reformation vor 500 Jahren feststellen, als die Vorherrschaft der katholischen Kirche in Frage gestellt wurde.

Im Jahr 2017 werden 500 Jahre vergangen sein, seitdem Martin Luther seine 95 Thesen an das Tor der Kirche von Schloss Wittenberg nagelte. Die Tat eines Mannes löste eine Lawine los, die bald darauf alte Weltbilder hinwegfegte und die Grundfesten der mächtigsten Institution dieser Zeit erschütterte: jene der katholischen Kirche. Es war ein Wendepunkt der Geschichte. Das geozentrische Weltbild der katholischen Kirche musste einem heliozentrischen Weltbild weichen und die Wissenschaft konnte die Fesseln religiöser Doktrinen abschütteln, welche sie mehr als ein Jahrtausend umklammert hatten. Der Niedergang der katholischen Kirche nahm seinen Lauf. Doch er wäre ohne den fundamentalen Wandel dieser Zeit nicht möglich gewesen.

Der Aufstieg der katholischen Kirche begann vor 1.700 Jahren, als der Erbe des römischen Thrones, Konstantin, seine Herrschaft über das Römische Reich antrat. Konstantin war der erste Kaiser, der zum Christen getauft wurde – eine Kehrtwende vom römischen Polytheismus zum christlichen Monotheismus. Dies ermöglichte Konstantin, seine Autorität mit einem Vergleich zu untermauern: Gott war der alleinige Herrscher des Himmels und Konstantin war der alleinige, von Gott gesegnete römische Kaiser der Erde.

Es war der Beginn einer Zusammenarbeit zwischen der katholischen (griechisch katholikós, allumfassend) Kirche und dem Staat. Beide waren eng miteinander verstrickt und unterstützten zum gemeinsamen Nutzen gegenseitig ihre Macht. Ungleichheit war von Gott gewollt. Die Einteilung in Klerus, Adel, Bürgertum und Bauern war die gültige soziale Hierarchie. Jeder Rang hatte seinen Platz, jeder Rang seine Gerichtsbarkeit.

In jenen Zeiten forderten die Pest und andere Epidemien hohe menschliche Tribute und ohne irdische Hoffnung wuchs die Sehnsucht nach der Erlösung in der Ewigkeit. Der einzige Hort des Trostes war die Kirche. Doch im Laufe der Zeit waren Teile der Kirche vom Dienst an den Gläubigen zum Ausbeuter ihrer Bedürfnisse degeneriert. Das Tor zum Himmel trug nun ein Preisschild. Dies dauerte bis ins 15. Jahrhundert, als sich die Dinge zu ändern begannen.

Es war die Zeit der europäischen Renaissance, die ihre Ursprünge im Italien des 14. Jahrhunderts hatte und die Wende vom theozentrischen (Gott im Zentrum) zum anthropozentrischen (der Mensch im Zentrum) Weltbild einleitete. Der Humanismus als Bildungsbewegung verband sich mit kritischen Meinungen über das theologische Fundament des Katholizismus und gewann an Bedeutung. Die mächtige kulturelle und aufklärerische Bewegung breitete sich von Norditalien über weite Teile Europas aus. Die Umgestaltung begann mit Fragen und Zweifeln, der Suche nach Alternativen, einem Wandel in den Denkmustern und gegensätzlichen Ansichten zu den einst akzeptierten Positionen. Die Bildung unterstützte das Zusammenspiel von kulturellen, sozialen und politischen Faktoren und öffnete die Menschen für Neues. In Kombination mit einer rasanten Verstädterung wurden Voraussetzungen für das Erreichen eines bescheidenen Wohlstands für Menschen mit verschiedenen Berufen geschaffen, was zu einem Florieren der Städte führte. Die von ihr kontrollierte Bildung und die damit verbundene wirtschaftliche Stärke waren die Eckpfeiler der Hegemonie der katholischen Kirche gewesen. Mit dem wachsenden Einfluss von Renaissance und Reformation wurde Bildung für immer mehr Menschen in tieferen sozialen Schichten zugänglich.

Gutenbergs Druckpresse – das Internet des 15. Jahrhunderts

Bis zu dem Zeitpunkt, als Bücher auch den gewöhnlichen Menschen zugänglich wurden, waren die Kirche und der Klerus die einzigen Leser und Deuter der Bibel, des Wortes Gottes, worauf sich ihre Autorität stützte. Vor der Erfindung von Gutenbergs Druckerpresse 1446, die den Buchdruck in Europa revolutionierte, waren Bücher rar und teuer. Höhere Bildung war in der Hand der Kirche und folgte den Regeln der Kirche. Die Verbreitung abweichender Lehren war beschränkt.

Gutenbergs Erfindung öffnete eine Türe zu einer neuen Ebene der Kommunikation. Es führte zu einer Explosion an Druckwerken und ermöglichte es, den Hunger nach Erkenntnis und Bildung zu stillen. In nur wenigen Jahrzehnten vervielfachte sich die Zahl der Druckereien von einer in der Stadt Mainz in Deutschland auf 270 in verschiedenen Städten Europas. Im Jahr 1500, nur 50 Jahre nach der Erfindung des Buchdrucks, wurden in Westeuropa mehr als 20

Millionen Bücher erzeugt. Dies ermöglichte den Menschen nicht nur die Bibel in ihrer eigenen Sprache zu lesen, was ein paar Jahrzehnte zuvor noch undenkbar war. Es führte auch zu einer wahren Medienrevolution. Sogenannte Druckblätter karikierten moralisch korrupte Mönche und Geistliche. Sie wurden zu Vorvätern der Zeitungen und eroberten rasch die Märkte.

Gleichzeitig brachte die Urbanisierung die Menschen einander näher, was wiederum dazu führte, dass Gedanken und Ideen die kritische Masse erreichten. Und wie bei jedem Wandel gab es auch hier einen Wendepunkt.

Das Ende einer uneingeschränkten Hegemonie

Ob Martin Luther am 31. Oktober 1517 seine 95 Thesen des Protestes tatsächlich an die Tür der Kirche von Schloss Wittenberg geschlagen hat, ist unter Historikern umstritten. Dass sie geschrieben wurden, steht hingegen fest. Luthers 95 Thesen waren ein Manifest der Unzufriedenheit mit der jahrhundertealten sozialen Ordnung und den Hierarchien des römisch-katholischen Europas. Sie waren ein Aufschrei gegen die korrupten und nicht funktionierenden Strukturen der Kirche. Ihre unbeabsichtigte Folge war ein grundlegender Wandel Europas und die Entstehung des Fundaments dessen, was heute als die westliche Welt bezeichnet wird: Nordamerika, Europa, Australien und Neuseeland.

Heute gibt es keinen Martin Luther, der 95 Thesen zu notwendigen Reformen an ein globales Tor nagelt. Der Ruf nach Reformen formiert sich vielmehr aus der breiten Basis. Das Internet hat die Kommunikation auf eine neue Ebene gehoben: eine Kommunikation ohne Grenzen, die Milliarden von Menschen in den Medien von heute, den sozialen Netzwerken, miteinander verbindet. Im 15. Jahrhundert ermöglichte Gutenbergs Druckerpresse die Verbreitung unterschiedlicher Meinungen. Das Internet des 21. Jahrhunderts ermöglicht die Verbreitung und Vereinigung von Millionen von Stimmen zu einer gemeinsamen Botschaft: Rufe nach Verbesserung und Reformen, zornig und ungeduldig, ihren Anteil am wirtschaftlichen Fortschritt zu erhalten.

Vor rund 500 Jahren war es die Ungleichheit der verschiedenen Klassen, der Aristokratie, des Klerus und der Bürgerlichen, die gleiche Chancen für alle verhinderte. Der erste Erfolg der Reformation war der Verlust der katholischen Kirche als ultimative Autorität der Naturwissenschaften. Die Befreiung aus der restriktiven Umklammerung führte zu neuen wissenschaftlichen Erkenntnissen, Erfindungen und Innovationen. Die Aufklärung des 18. Jahrhunderts verstärkte den Fluss an Ideen, ermöglichte beständigen Fortschritt und wurde zum Wegbereiter der Moderne.

Der Siegeszug der beiden großen E's: Education und Economics

Obwohl er nicht die Berühmtheit eines Martin Luthers erlangte, war es John Calvin, der französische Theologe und Pastor, der einen großen Einfluss auf die weitere Entwicklung des Westens ausübte. Seine Lehren führten zu einer wesentlichen Veränderung der moralischen Grundsätze und der Arbeitsmoral in Europa. Statt Schätze im Himmel zu sammeln, wurden Fleiß und wirtschaftlicher Erfolg erstrebenswert. Bildung und neue Lernmethoden führten zu wirtschaftlichem Wachstum und ermöglichten nicht nur bei technologischen, sondern auch bei sozialen Veränderungen Fortschritte. Ehrgeiz und der Wille, hart zu arbeiten, wurden die Motoren des Fortschritts – zuerst in der Alten Welt und später auch in der Neuen Welt, Amerika.

Die großen E's im 21. Jahrhundert

Man fragt uns immer wieder, nach welchen Kriterien wir das Wachstumspotenzial eines Landes beurteilen. Die Antwort ist einfach: Wir beurteilen das Bildungssystem. Es ist die Grundlage für wirtschaftlichen Fortschritt und es befähigt Menschen, politisch unabhängig zu wählen und zu entscheiden. Daran hat sich in den 500 Jahren, die seit Luthers Aufbegehren vergangen sind, nichts geändert. Auch in den Schwellenländern erzielen jene den größten Aufschwung, die das beste Bildungsniveau haben.

Als die Kirche ihre Position als Wächterin über die Bildung verlor, war ihre Hegemonie nicht länger haltbar.

Der Mangel an Bildung, auf der wirtschaftlicher Fortschritt aufgebaut werden kann, ist in den meisten unterentwickelten Ländern das Hauptproblem. Armut ist kein Schicksal. Nun, da wirtschaftliche Überlegungen die Ideologien an Bedeutung und Auswirkung übertreffen, muss Bildung in jedem Land das wichtigste wirtschaftliche Ziel sein. Bildung ist der Schlüssel zu wirtschaftlichem Fortschritt und sozialer Stabilität. Die bedeutendsten Bausteine unserer Zeit sind die beiden großen E's, Economics und Education (Wirtschaft und Bildung).

Und während in vielen Industrieländern das Preisniveau vom Kindergarten zur Universität jenes der einst handgeschriebenen Bücher erreicht, scheint diese Hürde durch Online-Lernprogramme zunehmend überwunden zu werden.

Online-Programme, in vielen Fällen kostenlos, öffnen allen sozialen Schichten die Tore zum Wissen der besten Universitäten aller Kontinente. Bildung befähigt alle Nationen, aus eigener Kraft eine Rolle im globalen Wirtschaftssystem zu übernehmen. Die Rolle der Regierungen ist es, Bildung allen Schichten zugänglich zu machen und ein unternehmerfreundliches Umfeld zu schaffen, sodass die Bürger für sich selbst sorgen können.

Die untergrabene Hegemonie des Westens

Für einige Zeit pendelten wir zwischen Boston und Wien. Es war immer wieder interessant festzustellen, wie ähnlich und zugleich unterschiedlich beide Städte sind. Als Teil Europas sieht sich auch Österreich als moralische Autorität. Schließlich brachte Europa die griechischen Philosophen, das Römische Reich, die Renaissance, die Reformation, die Aufklärung und den Humanismus hervor – elitäre Werte, die über Jahrhunderte gewachsen sind.

Auch die Amerikaner können sich auf diese Werte berufen, schließlich führen die Wurzeln des Großteils der Bevölkerung, der Unternehmer, Intellektuellen, Akademiker und Politiker nach Europa zurück. Und Amerika fügte eine Haltung hinzu, die in Europa oftmals fehlt: Dynamik und Optimismus. Auch wir sind nicht gegen das Gefühl immun, dass unsere Länder, wenn schon nicht überlegen, so doch in vielen Belangen ein Vorbild sind. Es fühlt sich einfach gut an. Solange es wahr ist.

Der Westen scheint schließlich alles zu haben: soziale Stabilität, wirtschaftlichen und technologischen Fortschritt und Wohlstand. Doch nun gewinnen viele den Eindruck, dass das, was über Jahrhunderte aufgebaut wurde, in ein oder zwei Generationen verspielt werden könnte. Am lautesten ist der Ruf nach Reformen in den erfolgsverwöhntesten westlichen Ländern von Europa und den Vereinigten

Staaten zu hören. (Nur zur Erinnerung: Der Westen besteht nur aus Nordamerika, Europa, Australien und Neuseeland.) Das Grollen stellt nicht die Demokratie als solche in Frage. Es stehen nicht Redefreiheit, Menschenrechte und Rechtsstaatlichkeit auf dem Spiel. Es sind die Qualifikation von Führungspersonen, Regierungsmethoden und ein Vertrauensverlust in die Politiker, die die 200 Jahre alte westliche Demokratie erschüttern.

Die westliche Demokratie läuft Gefahr, zu einem Selbstbedienungsladen zu verkommen, in dem verschiedene Gruppen versuchen, ihren eigenen Interessen am besten zu dienen. Politiker und Wähler erstellen ihre eigenen Wunschlisten. Doch die Europäer verlangen einen Wohlfahrtsstaat, den das System nicht finanzieren kann. Der Ruf nach Reformen erstirbt rasch, sobald an erworbenen Privilegien gekratzt wird.

Der Globale Südgürtel wird die internationale Gemeinschaft neu gestalten.

Auf unseren Reisen in Schwellenländer in Lateinamerika, Asien und Afrika begegnen wir sowohl Wut über die bestehenden wirtschaftlichen und politischen Verhältnisse als auch einem Optimismus für die Zukunft. In ihrem Hunger nach Veränderung und Fortschritt werden die Schwellenländer nicht still sein und abwarten. Schwellenländer auf der ganzen Welt setzen sich neue soziale und wirtschaftliche Ziele und bilden neue Allianzen. Während sich einige westliche Länder auf den Lorbeeren ihrer glorreichen Vergangenheit ausruhen, setzen die Schwellenländer alle Kraft in die Gestaltung einer strahlenden Zukunft. Doch zwischen der ruhmlosen Vergangenheit und der vielversprechenden Zukunft dieser aufstrebenden Länder müssen erst die Hürden überwunden werden, um die für das Wachstum notwendigen Strukturen zu schaffen. Die Folge ist ein holpriger Pfad mit euphorischen Höhen und erschreckenden Tiefen, da die Voraussetzungen für ein nachhaltiges Wachstum noch nicht etabliert wurden. Doch auch große Schwankungen werden den allgemeinen Aufwärtstrend der Schwellenländer des Globalen Südgürtels nicht verändern.

Es sind mehr als 80 Prozent der Weltbevölkerung, die sich in einem Prozess der Staatenbildung befinden und dabei aus den Fortschritten und Fehlern des Westens lernen. In *Mind Set!* schrieben wir, dass in China die Peripherie das Zentrum geworden ist. Was auf zutrifft gilt nun für die ganze Welt. Was einst als Peripherie des Westens bezeichnet wurde, die Länder Asiens, Afrikas und Lateinamerikas, entwickelt sich nun zu neuen Wirtschaftszentren in einer multizentrischen Welt.

Mit diesem Buch wollen wir ein Bild der globalen Transformation zeichnen, die wir in der ersten Hälfte des 21. Jahrhunderts entstehen sehen. Es beruht auf vertrauenswürdigen Daten, Informationen aus vielen verschiedenen Quellen und unseren jahrelangen – in manchen Fällen jahrzehntelangen – Erfahrungen aus Reisen und Aufenthalten vor Ort. Momentaufnahmen haben gewiss gute Seiten, doch Prognosen auf Basis einer Tagesaktualität sind ein sinnloses Unterfangen, da sie das Bild entweder zu optimistisch oder zu pessimistisch färben.

Dieses Buch behandelt die grundlegende Veränderung der internationalen Gemeinschaft, die innerhalb der nächsten Jahrzehnte stattfinden wird. Auf Grundlage unserer Schlussfolgerungen beschreibt es die Entwicklung einer neuen Dynamik, das Erwachen neuer Antriebe in der Weltwirtschaft und die Verschiebungen der geopolitischen und wirtschaftlichen Einflüsse. Es geht um den Übergang von einer westlich zentrierten zu einer multizentrischen Welt.

Wir haben dabei die Wahl: Lassen wir uns von der Vergangenheit leiten oder von der Zukunft inspirieren?

1. DER GLOBALE SÜDGÜRTEL

Von Schwellenländern zu globalen Wirtschaftsmächten

Der 1982 erschienene Bestseller *Megatrends* endete mit den Worten: »Mein Gott, in welch großartigen Zeiten leben wir!«[1] Großartig, weil die Zukunft offen war und sich neue Wege zeigten. Natürlich waren auch damals die verschiedenen Ausblicke komplex und in manchem widersprüchlich. Aber es lag am Einzelnen, das meiste aus dieser offenen Zukunft zu machen, denn: »... in stabilen Zeiten hat alles seinen festen Namen und seinen festen Platz ... doch in Zeiten des Wandels bieten sich schier unabsehbare Möglichkeiten«.

Eine der in *Megatrends* beschriebenen Veränderungen war der wirtschaftliche Aufstieg der südlichen Bundesstaaten der USA. Sehen wir es als Vorläufer des heutigen, weltweiten Aufstiegs der überwiegend in südlichen Breiten gelegenen Schwellenländer, wobei die Kernaussage auch heute lautet, dass dies nicht ein Entweder-oder-Urteil war. Der Aufstieg des Südens schloss ein Florieren des Nordens nicht aus. Was

---

[1] »My God, what a fantastic time to be alive!«, John Naisbitt, Megatrends, Warner Books, 1984, S. 283

auf die 1980er-Jahre zutraf, trifft auch heute, im globalen Kontext, zu. Die Transformation des Gleichgewichts der Mächte ist vielmehr eine Öffnung, die weltweit beispiellose Gelegenheiten zu Wachstum und Erneuerung bietet, und dies sowohl für den Norden als auch für den Süden. Dennoch sehen manche Länder des Westens in diesen Verschiebungen eher eine Bedrohung, die es zu bekämpfen gilt, als eine Gelegenheit, die man sich zunutze machen sollte.

Aus Sicht der Länder des Globalen Südgürtels ist diese Entwicklung der Auftakt zu einem völlig neuen Verständnis der Rollen von Nord und Süd im weltweiten Zusammenspiel. Viele dieser Länder entwickeln zunehmend Selbstvertrauen und Glauben in ihr Potenzial. Während die westlichen Länder skeptisch bleiben, erkennen viele Unternehmer dieser Nationen die zunehmende wirtschaftliche Bedeutung des Südens als eine neue Möglichkeit. Daher leben wir auch heute, trotz aller Krisen, in guten Zeiten.

Die Transformation, die wir in diesem Buch beschreiben, wird nicht von heute auf morgen geschehen und nicht ohne Hürden sein. Der Zeitraum, in dem wir Zeugen und Mitwirkende der sich verändernden Machtverhältnisse und der Transformation von einer westzentrischen zu einer multizentrischen Welt werden, wird die erste Hälfte des 21. Jahrhunderts umfassen. Und wie bei allen weitreichenden Veränderungen werden Korrekturen und Anpassungen an die veränderten Rahmenbedingungen nötig sein. Dabei laufen wir Gefahr, in bestehenden Denkmustern zu verharren und den Ereignissen hinterherzuhinken. Wir sollten das dramatische Ausmaß der Veränderungen nicht unterschätzen. Seit den 1880ern sind die Vereinigten Staaten die größte Volkswirtschaft der Welt. Schon bei der Weltausstellung 1900 in Paris brüstete sich der Konsul der Vereinigten Staaten, Ferdinand Peck damit, dass die Handelsbilanz seines Landes größer sei als die Deutschlands und Frankreichs zusammen. Philip Bloom zitiert ihn in seinem sehr interessanten Buch

Der taumelnde Kontinent, Europe 1900 bis 1914 (Seite 22): »Die Vereinigten Staaten sind so weit entwickelt, dass ihnen nicht nur ein hervorragender Platz unter den Nationen der Erde gebührt, sondern der erste Rang der gesamten höheren Zivilisation.« Von diesem Anspruch ist zumindest das politische Amerika bis heute nicht abgerückt. Auch für die meisten von uns dominierte Amerika zeit unseres Lebens nicht nur die Weltwirtschaft. Die westliche Kultur, seine Lebensart, Geschäftsmodelle, Kleidung und Nahrungsmittel erlebte einen einzigartigen Siegeszug in alle Kontinente. Der Westen repräsentiert nur rund 17 Prozent der Weltbevölkerung, besitzt heute aber rund 75 Prozent des Weltvermögens.

> *Der Westen war zweifelsohne der globale Steuermann. Doch diese Ära endet nun.*

In den kommenden Jahrzehnten wird sich unsere Weltanschauung den sich gravierend verändernden Verhältnissen anpassen müssen. Die Einstellung »der Westen und der Rest« wird nicht mehr gelten. Schon heute beobachten wir den Aufstieg der Länder des Südgürtels und ihren Widerstand gegen die westliche Dominanz. Die dynamischste und einflussreichste Nation des Globalen Südgürtels wird China sein. Und dennoch ist China nur eines der Länder der drei beschriebenen Kontinente.

Der Globale Südgürtel

Wenn wir vom Globalen Südgürtel sprechen, umfasst diese Beschreibung Lateinamerika, Afrika und Asien.

Der Abschied von seinem westzentrierten Weltbild ist für den Westen ein sehr emotionaler Prozess. Bedauerlicherweise sind Emotionen Argumenten gegenüber meist verschlossen, die Verbindung zwischen Herz und Hirn ist blockiert. Es dominiert die Weigerung, auch nur darüber nachzudenken, dass das 21. Jahrhundert von einem multizentrischen Weltbild geprägt sein könnte und der Globale Südgürtel sich im wirtschaftlichen Aufwind befindet.

Auch wir, die Autoren dieses Buchs, sind natürlich nicht immun gegen westzentrisches Denken. Das ist die Geisteshaltung, in der wir groß geworden sind. Doch wir können nicht an beidem festhalten, dem westzentrischen und dem multizentrischen Weltbild. Der Abschied von einem westzentrischen Weltbild erfordert auch die Aufgabe des Anspruchs der moralischen und wirtschaftlichen Überlegenheit des Westens. An diesen festzuhalten wird immer schwieriger je sichtbarer die Schwachstellen werden. Egal, ob wir auf sinkende Wachstumsraten, stagnierende Pro-Kopf-Einkommen, die steigende Ungleichheit zwischen Arm und Reich, die schrumpfende Mittelschicht oder eine Arbeitslosigkeit von über 50 Prozent in Spanien, Portugal, Griechenland und staatliche Rekordverschuldungen blicken: Der Westen hat harte Zeiten vor sich.

Gibt es einen Weg nach »Dystopia«, wie *Stephen D. King* warnt? Oder erlebt der Westen eine »große Degeneration«, wie *Niall Ferguson* meint? »Endet der europäische Traum im Niedergang eines Kontinents«, wie *Walter Laqueur* fürchtet? Oder glauben wir an das optimistische Szenario, in dem wir Zeugen und Mitwirkende einer weitreichenden Öffnung, des Aufstiegs der Schwellenländer des Globalen Südgürtels und einer multizentrischen Welt sind, von der letztlich alle Nationen profitieren können?

Der Globale Südgürtel wird das 21. Jahrhundert formen

Es war schließlich das 1995 erschienene Buch *Megatrends Asien*, das uns beide als Autoren und Verlegerteam zusammenbrachte. Dies war auch der Beginn unserer gemeinsamen Beobachtung der Veränderung einer etablierten westlich dominierten Weltwirtschaft zu einer wachsenden Bedeutung der Schwellenländer, zuerst in Asien und nach der Jahrtausendwende auch in Lateinamerika und Afrika. Seitdem verfolgen wir, wie dieser Wechsel unaufhörlich an Dynamik gewinnt, während der Westen gleichzeitig an Boden verliert und seinen wirtschaftlichen Rückgang erleben muss. Diese Veränderungen und die weitreichende Öffnung des Globalen Südgürtels werden die Geschichte des 21. Jahrhunderts sein.

Unsere hier niedergeschriebenen Überlegungen sind nicht das Ergebnis eines regnerischen Morgens, an dem wir nichts anderes zu tun hatten als darüber nachzudenken, worüber wir nachdenken könnten. Diese Gedanken begannen langsam in uns zu reifen und entwickelten sich über Jahre, in denen wir den Stimmungswechsel in den von uns bereisten Ländern registrierten: das zunehmende Selbstbewusstsein vieler Politiker, mit denen wir sprachen, ein wachsender Optimismus der Bevölkerung trotz gegenwärtiger Probleme, aufkeimender Nationalismus, abnehmende Bewunderung des Westens und Stolz auf die Errungenschaften als Schwellenland. Unternehmer entwickeln eine Aufbruchsstimmung gepaart mit der wachsenden Gewissheit, die eigene Zukunft formen zu können.

Die von uns beobachteten Veränderungen haben verschiedene Facetten. Oft sind es kleine Details, die im Kontext des großen Bildes an Bedeutung gewinnen: so etwa private Restaurants in Kuba, der Streik der Hotelangestellten in Kambodscha für einen gerechteren Anteil an den fix verrechneten Trinkgeldern, die selbstorganisierten Unternehmensstrukturen in den brasilianischen Slums, eine aufstrebende Kunstszene in Bogotá, der neue Unternehmergeist in Südafrika, chinesische Bauern, die privat ein berufliches Weiterbildungssystem organisieren, oder Gymnasiasten in den entlegensten Regionen, die sich mit uns in sehr gutem Englisch verständigen. Unsere persönlichen Erfahrungen sind der Hintergrund, vor dem wir Berichte, die Mitarbeiter für uns übersetzen oder die wir in englischen und deutschen Büchern, Zeitungen, Magazinen und Websites sowie in den Publikationen und Datenbanken privater und staatlicher Forschungsanstalten, globalen Institutionen und Organisationen lesen, messen.

So konnten wir zum Beispiel im Bericht der *World Bank*, »*Multipolarität: Die neue Weltwirtschaft* (2011), lesen: »Zu keinem anderen Zeitpunkt der jüngeren Geschichte standen so viele Entwicklungsländer an vorderster Front eines multipolaren Wirtschaftssystems. Innerhalb der nächsten zwei Jahrzehnte wird der Aufstieg der Schwellenländer unvermeidlich bedeutende Auswirkungen auf die globale und geopolitische Landschaft haben.«

Arvind Subramanian, Senior Fellow des *Peterson Institutes*, nennt unsere Zeit sogar »das goldene Zeitalter des globalen Wachstums«. (*Financial Times, 7. April 2013*) Er ist überzeugt, dass »das goldene Zeitalter des globalen Wirtschaftswachstums, das in den mittleren bis späten 1990ern begann, sich großteils überlebt hat« und »die beste wirtschaftliche Zeit war«.

Bereits ein kurzer Überblick über die Volkswirtschaften des Globalen Südgürtels lässt uns einen Eindruck der wirtschaftlichen Verschiebungen, der sozialen Veränderung und der sich verändernden Wettbewerbsbedingungen gewinnen.

> *Die langfristige Abhängigkeit der Schwellenländer von den Industriestaaten wird sukzessiv einer gegenseitigen Unterstützung weichen – unter sinkendem Einfluss des Westens.*

Ob es nun gefällt oder nicht, in dieser neuen multizentrischen Welt wird China ohne Zweifel die Führungsrolle übernehmen. Der Westen nimmt Chinas steigenden Einfluss, sowohl im Westen als auch in den Schwellenländern, widerwillig, aber doch zur Kenntnis. In nur drei Jahrzehnten wurde China die zweitgrößte Wirtschaft der Welt, der größte Produzent, der wichtigste globale Handelspartner und wahrscheinlich bald der größte Verbrauchermarkt dieses Planeten. Bereits heute ist China der wichtigste Handelspartner vieler asiatischer, afrikanischer, lateinamerikanischer und auch westlicher Länder. Tatsächlich ist Chinas Anteil am gesamten BIP der Schwellenländer so enorm, dass es meist in einer gesonderten Kategorie behandelt wird.

In den nächsten fünf Jahren wird China für etwa 50 Prozent des Vermögenszuwachses aller Schwellenländer verantwortlich sein (*Credit Suisse*: Global Wealth Report, 2013). Ermöglicht wird dieses Wachstum durch Urbanisierung und die strategische Planung neuer städtischer Cluster. Viele chinesische Städte haben bereits heute ein höheres Bruttosozialprodukt als so manche Nation.

In einem Report der Weltbank wurde bereits 2012 die Meinung vertreten, dass 2025 eine multipolare Welt entstanden sein wird, in der sich die wirtschaftliche Macht auf die Industrienationen und die heutigen Schwellenländer verteilen wird. »Der Übergang zu einer neuen Weltordnung mit einer diffuseren Verteilung von wirtschaftlicher Macht ist im Entstehen.« Dieser Übergang wird von drei zentralen Trends getragen:

1. der Ablöse der Dominanz der Industrienationen im globalen Wachstum durch die Schwellenländer;
2. dem Aufstieg von Unternehmen aus den Schwellenländern zu globalen Wirtschaftsgrößen;
3. der Evolution des internationalen Geldsystems zu einem Multiwährungssystem.

> *Immer mehr südliche Nationen folgen dem Beispiel Chinas und schließen auf.*

Egal, mit wem wir in China sprachen, Regierungstreue oder Kritiker, alle lieben China als ihr »Mutterland«.« Denn China ist weiblich. Doch so sehr sie ihr Land lieben, das Bestreben ist nicht eine Rückkehr zu einer neuen sinozentrischen Welt, so wie wir sie gegen Ende des 18. Jahrhunderts erlebten. Damals präsentierte sich China als kultureller Mittelpunkt der Erde. Das heutige offizielle China spielt dagegen seinen wachsenden Einfluss sogar herunter und stellt sich nur als Erfolgsmodell für ums Überleben kämpfende Schwellenländer dar. China repräsentiert heute eine multizentrische Weltanschauung, in der seine Interessen als Beginn und Ende politischer und wirtschaftlicher Überlegungen zu sehen sind, in denen der Westen nach wie vor eine wichtige Rolle spielt – aber eben nicht mehr die dominante! Ohne den Anspruch, die Strippen für andere Länder ziehen zu wollen, beansprucht China dennoch, ein entscheidender Faktor in einem multizentrischen Weltbild zu sein.

Als John in den 1980ern durch China reiste, weigerte er sich mit einer chinesischen Fluglinie zu fliegen. Zu groß schien das Sicherheitsrisiko. Stattdessen reiste er zu einzelnen Städten jeweils über Hong Kong an. Heute stellt sich die Frage, ob Chinas Flugzeugbauer COMAC zu einem ernsthaften Konkurrenten von Boeing und Airbus werden kann. Auf unseren Reisen durch China landen wir fast immer in neuen Flughäfen, fahren mit Hochgeschwindigkeitszügen und auf Superhighways. Das erlaubt nicht nur bequemes Reisen innerhalb Chinas, es ermöglicht auch Investitionen in Betriebe unterschiedlichster Branchen. In den meisten westlichen Ländern prallen nur zu oft die Rechte einzelner Individuen auf Investitionen mit öffentlichem Interesse. Im Gegensatz dazu ist in Entwicklungsländern, vor allem jenen mit einer (noch) unterentwickelten Demokratie und erst entstehendem Wirtschaftswachstum, viel effizienteres Agieren möglich. Solange die Menschen an das Wunder wirtschaftlichen Wachstums glauben, werden sie bereit sein, vieles zu akzeptieren, um sich selbst ein besseres Leben zu schaffen.

Um diesen Übergangsprozess in den Entwicklungsländern zu verstehen, muss der Westen sein traditionelles Denken überwinden, sich für die dortige lokale Kultur öffnen und in fremde Rahmenbedingungen hineinversetzen können. Nicht zufällig kommt die Oper aus China und der Tango aus Argentinien.

Der Einfluss der Digitalisierung

Viele Veränderungen wären ohne den rapiden Fortschritt in den Informationstechnologien nicht machbar gewesen. Und gewiss nicht in diesem Tempo. Als Teil einer Generation, die ohne Internet aufgewachsen ist und nur einfache Kabeltelefone kannte, ist uns besonders bewusst, wie das Web Milliarden von Menschen miteinander vernetzt und ihnen neue Möglichkeiten gegeben hat.

Vor allem für die Armen und die ländliche Bevölkerung der Schwellenländer brachte das Internet eine fundamentale Veränderung ihrer Lebensumstände. Die Digitalisierung veränderte die Makro- und Mikroökonomie weltweit. Bereits heute werden alle bestehenden Reformansätze der Schwellenländer durch das Internet verstärkt und beschleunigt. So ging auch der Aufstieg Chinas und der Informationstechnologie Hand in Hand. Die IT ist dabei ein sehr machtvolles Medium für wirtschaftlichen Fortschritt und Transparenz. Die Regierungen und Verwaltungen des globalen Südens benutzen das Internet zunehmend, um mit ihren Bürgern zu kommunizieren, *E-Government* verbindet die Bevölkerung mit seinen Ämtern, wodurch deren Leistungen effizienter werden. Die Internet-Services von Behörden werden ebenso wichtige Hilfsmittel für Unternehmer. Trotzdem steht noch viel Arbeit bevor, um bürokratische Strukturen abzubauen und schwerfällige Verwaltungen in rasch arbeitende öffentliche Servicestellen umzuwandeln.

Die bereits heute verbreitete Internet-Technologie öffnet die Türen für kleine und mittlere Unternehmen und entwickelt eine neue Klasse von Gründern, die *Micro-Globals*. Individuen sind heute in der Lage, ihren Wissensvorsprung über lokale Gegebenheiten in der Zusammenarbeit mit anderen Unternehmensgründern weltweit auszunützen. John[2] beschrieb dies als Erster 1994 in seinem Buch »Global Para-

---

[2] *John Naisbitt*: Global Paradox. Warum in einer Welt der Riesen die Kleinen überleben werden. Econ Verlag, 1994

dox: Warum in einer Welt der Riesen die Kleinen überleben werden«.

Höchstwahrscheinlich werden es die kleinen und mittleren Unternehmen sein, die am raschesten die nächste Stufe der technologischen Entwicklung übernehmen werden. Bedenken wir, dass nicht eine einzige Entwicklung der globalen sozialen Netzwerke aus den Entwicklungsstudios der Großkonzerne kam, sondern nur von jungen und kreativen Studenten.

Wie sehr diese Entwicklung an Einfluss gewinnt, wird uns bewusst, wenn wir einen Blick in die Vergangenheit werfen und uns kurz den großen sozialen Veränderungen durch die industrielle Revolution in den 1880ern zuwenden: Die mechanische Produktion mit Dampfmaschinen veränderte in der zweiten Hälfte der industriellen Revolution die wirtschaftlichen Rahmenbedingungen und erhöhte das BIP pro Kopf von $ 694 auf $ 2.753 jährlich. Eine weitere Umbruchphase, die Erfindung der elektrischen Energie zu Beginn des 20. Jahrhunderts, hob die Produktivität nochmals dramatisch an: Das BIP pro Kopf sprang von $ 2.753 auf $ 20.042. Nun stehen wir vor dem vierten Sprung: Produktion basierend auf cyber-physikalischen Systemen. Die Prognose für diese *Industrie 4.0* steht bei einem BIP pro Kopf bei sagenhaften $ 90.000 im Jahr 2020.[3] Wie selbstverständlich vollautomatische Produktionsketten auch heute schon in China sind, wurde uns in Hangzhou wieder einmal bewusst, als wir im Sommer 2012 an einer Konferenz in Hangzhou teilnahmen. Diese Tage sind uns nicht nur wegen der Schönheit dieser sehr grünen Stadt und dem fantastischen Essen in Erinnerung, sondern auch wegen einer Fabrik für Autofelgen, die wir besichtigten. Der Chefingenieur war ein junger Mann Ende zwanzig, der im Übrigen keinesfalls mehr in

---

3   Data DB Research, der Spiegel, 2014

alten, hierarchischen Strukturen gefangen ist. Er hatte eine automatische Produktionslinie entwickelt, die jede Stunde 600 Felgen produzieren konnte und von nur zwei Menschen betreut wurde. Doch wie geht es weiter? Es ist nicht schwer, sich vorzustellen, dass dieser junge Ingenieur eines Tages Maschinen programmiert, die sich selbst programmieren. Allerdings sind sich Experten Chinas der Tatsache bewusst, dass sie in der Robotertechnik noch hinter der ausländischen Konkurrenz liegen. Qualität, nicht Quantität ist die größte Herausforderung für die mehr als 1.000 Firmen, die im Bereich der Robotik darum kämpfen, die Nase vorne zu haben.

> *3D-Drucker werden es ermöglichen, alles überall zu produzieren, solange dafür ein digitales Modell vorhanden ist.*

Die neuen Technologien haben nicht nur das Potenzial, unsere Wirtschaft ähnlich dramatisch zu verändern wie die erste industrielle Revolution, sondern sie öffnen Türen zu Online-Plattformen, die uns mit Online-Konferenzen und File-Sharing-Sites vernetzen. Dienstleistungen können heute weltweit virtuell angeboten werden. 3D-Drucker werden bald in der Lage sein, überall auf der Welt alles zu produzieren, solange ein digitales Modell dafür vorhanden ist: Geschirr, Kochtöpfe, Auto- und Flugzeugteile ebenso wie Bauelemente der Architektur, Kunst und Design. Sogar Modelle für medizinische Implantate wie künstliche Hüften können als Blaupausen heruntergeladen und gedruckt werden. 3D-Druck verschiebt die Logistik weg vom Gütertransport hin zu Filetransfer.

Es geht aber nicht nur um Produktion. Wie oft haben

wir uns während unserer Reisen gedacht, »Gott sei Dank sind wir gesund«, und waren nicht auf die medizinische Versorgung in so manch abgelegener Region angewiesen. In Zukunft wird sich das wahrscheinlich ändern. Medizinische Versorgung westlichen Standards wird künftig auch in armen Regionen überall auf der Welt verfügbar sein. Dieses heutige Problem des Versorgungsmangels wird es bald nicht mehr geben.

2012 erhielt das US-Unternehmen *Proteus* die Zulassung für ein Gerät nicht größer als ein Sandkorn, das vom Patienten einfach geschluckt werden kann. Einmal im Körper kann es medizinische Daten aus dem menschlichen Körper an externe Geräte senden und so Diagnosen ohne jeglichen invasiven Eingriff ermöglichen. Die externen Geräte übertragen die Information an Mobilgeräte und das Internet. Das Internet wiederum verbindet Arzt und Patient und erlaubt automatische Diagnosen und Behandlungsempfehlungen. Wir können uns gut vorstellen, welche Veränderung solcherart Telemedizin wirtschaftlich, aber auch sozial bedeuten wird. Länder mit heute noch geringem medizinischen Standard, deren Bewohner viele Stunden reisen müssen, um eine medizinische Versorgung zu bekommen, können durch diese Erfindungen ihr Gesundheitssystem revolutionieren – für einen Bruchteil der heutigen Kosten. Das gilt besonders für Afrika, wo üblicherweise ein Arzt 1.000 Menschen betreuen muss.

Während die technischen Möglichkeiten, Leben retten zu können, segensreich sind, ist die Schattenseite der Verlust an menschlicher Nähe und dem Gefühl einer persönlichen Anteilnahme. Im krassen Gegensatz zu der geschilderten Online-Diagnose und -Behandlung steht unser Besuch eines tibetanischen Spitals in Lhasa. Das persönliche Gespräch, die Beziehung von Arzt und Patient, steht hier im Mittelpunkt. Allerdings arbeiten sowohl die Traditionelle Chinesische als auch die Tibetische Medizin in erster Linie nach dem Prinzip der Gesunderhaltung. Eineinhalb Stunden erklärte uns dort ein Arzt in perfektem Englisch und mithilfe einiger Darstellungen der Komplexität und des Zusammenwirkens der vielen Faktoren das tibetanische Gesundheitssystem, eine der ältesten bekannten medizinischen Traditionen überhaupt. Die Traditionelle Tibetische Medizin verfolgt einen umfassenden und persönlichen Zugang, um Menschen gesund zu erhalten. Allein die Befragung des Patienten nach seinen Gewohnheiten dauert in der Regel mehrere Stunden. »Aber sagen die Patienten immer die Wahrheit?«, wollten wir wissen. »Tja«, meinte schmunzelnd der Arzt, »dem 93-Jährigen, der mir erzählte, er hätte täglich mindestens einmal Sex, dem glaube ich nicht mehr.«

Wir wurden in China schon mehrmals von der Genauigkeit der Diagnose, die nur durch ein Tasten des Pulses erstellt wurde, überrascht. Gerne hätten auch wir uns dem tibetischen Gesundheitstest unterzogen. Aber wie so oft ließen es die folgenden Termine nicht zu. Ein gesundheitlicher Check für uns hätte in Tibet zwei Tage gedauert. Das braucht es dort, beschleunigen ist unmöglich.

Solche Traditionen, die über Jahrhunderte entwickelt wurden, sind es natürlich wert beibehalten zu werden, und haben in vielen Fällen auch heute noch wirtschaftliche Berechtigung. Gleichzeitig aber werden obsolet gewordene wirtschaftliche Strukturen durch neue, innovative Ideen ersetzt. Unser Freund *Rowan Gibson*, einer der führenden globalen Experten für Innovation, reist heute regelmäßig durch Afrika und hält Workshops, wie man Innovationspotenzial entwickelt und erhält. Seiner Erfahrung nach kommen im Bereich der mobilen Apps und Services heute mehr Innovationen aus Kenia als aus Finnland. In vielen Schwellenländern helfen junge und dynamische IT-Unternehmer Millionen aus der Armut, indem sie neue Apps entwickeln, die für die Bedürfnisse der Bevölkerung infrastrukturschwacher Regionen maßgeschneidert sind. Online-Einzelhändler machen ihre Produkte mit niedrigen Preisen breiter verfügbar. Kleine

Start-ups können ihre Wettbewerbsvorteile rasch ausnutzen und ersthafte Konkurrenten für alteingesessene Betriebe mit geringerer Flexibilität werden.

Im globalen Wettbewerb muss wirtschaftliche Flexibilität mit kultureller Flexibilität einhergehen, um anstelle lokaler Perspektiven und Vorurteile ein breiteres Verständnis zu ermöglichen. Unser Kollege, *Stephen Rhinesmith*, dessen interkulturelle Managementexpertise wir oft in Anspruch nehmen, studierte mehr als 40 Jahre, wie sich Denkweisen verändern. Für ihn ist niemand »global geboren«. Seine Ergebnisse basieren auf seinen Erfahrungen am Beginn seiner Karriere, als er 12 Jahre Präsident der *AFS International Student Exchange* und in dieser Funktion für den Austausch von 10.000 Studenten aus 60 Ländern verantwortlich war. Diese Studenten lebten mit ihren Familien in fremden Ländern und entwickelten daraus ein globales Verständnis. Er ist überzeugt: »Die meisten dieser jungen Menschen kehren zu ihren ursprünglichen Lebensweisen zurück, wenn sie nach Hause kommen, aber ihre Grundeinstellung hat sich für immer verändert.«

Wir stimmen *Stephen* zu, dass ein Mindestniveau an Ausbildung nötig ist, um junge Menschen für neue Ideen zu begeistern. Aber wenn eine solche Ausbildung nicht vorhanden oder erschwinglich ist, dann kann auch ein Ortswechsel die Augen für neue Ideen öffnen. Dank Internet und Digitalisierung ist heute ein Ortswechsel möglich, ohne einen einzigen Meter zurückzulegen. Die Vorreiter der neuen Märkte öffnen die Türen, damit andere folgen können.

Die digitale Revolution ermöglicht fantastische Erfolgsgeschichten in Schwellenländern, von denen der Westen meist noch nie gehört hat: *M-Pesa*, *Paga*, *Konga* oder *Jumia*. In China *Baidu*, *Tencent* und natürlich *Alibaba*, die inzwischen weltweit bekannt sind. Diese Unternehmen kennen die Bedürfnisse und den Geschmack der jüngeren globaleren Konsumenten und sie wissen, wie diese zu erreichen sind.

Noch nie in der Geschichte der Menschheit gab es größere Chancen. Sogar die schwächeren und instabilen Regionen in Asien, Afrika und Lateinamerika können diese neuen Möglichkeiten ausschöpfen, vorausgesetzt sie geben ihre alten Vorstellungen auf.

Verbrauchermärkte im Umbruch

Kaum jemandem ist wirklich bewusst, dass in den vergangenen Jahrzehnten die überwiegende Mehrheit der Konsumenten im Westen und in Japan lebte. Wir sind mit diesen Verhältnissen aufgewachsen, es ist selbstverständlich geworden. Und genauso wenig ist den meisten bewusst, welche Auswirkung es haben wird, wenn in den nächsten 10 Jahren der Konsum der Schwellenländer geschätzte $ 30 Billionen jährlich erreichen wird. Die globale Mittelschicht wird ihre Größe verdoppeln und von 2 Milliarden im Jahr 2012 auf 4,9 Milliarden US$ in 2030 wachsen. Allein in Asien werden 64 Prozent der globalen Mittelschicht wohnen und mehr als 40 Prozent des Mittelschichtkonsums ausmachen. In derselben Periode reduziert sich die europäische und amerikanische Mittelschicht von 50 Prozent in 2012 auf nur mehr 22 Prozent in 2030.[4]

> *Das erste Mal in der Geschichte entsteht eine globale Mittelschicht.*

Wenn wir über eine globale Mittelschicht sprechen, müssen wir natürlich berücksichtigen, dass diese keineswegs homogen sein wird. Das *Brookings Institute* definiert die US-

---

4   Davos 2012; Reuters, by *David Rohde*

Mittelschicht ab einem Jahreseinkommen von $ 41.000. Das US-Gesundheitsministerium (*Department of Health and Human Services*) definiert eine vierköpfige Familie mit einem Jahreseinkommen von $ 23.850 als arm. In Schwellenländern wäre man mit diesem Einkommen zweifelsohne in der Mittelschicht, wobei wir noch weiter zwischen Stadt- und Landbevölkerung differenzieren müssten.

Wir müssen auch berücksichtigen, dass das Konsumverhalten in Lateinamerika, Afrika und Asien nicht das Gleiche ist. In fast allen Ländern Lateinamerikas ist es beispielsweise ein zentraler Bestandteil eines *pura vida* (»echten Lebens«) Restaurants zu besuchen, Zeit mit Freunden zu verbringen und Spaß zu haben. Davon verstehen sie eine Menge und es hat durchaus seinen Reiz. Manchmal scherzen wir, dass, wenn China Brasilien wäre, wir schon längst ganz dort leben würden. Die lebenslustigen Brasilianer sparen lediglich 10 Prozent ihres Einkommens, während Chinesen, die allerdings auch ganz lustig sein können, nahezu ein Drittel zurücklegen. Daher wächst das private Sparvermögen in China konstant. Während aber das Sparen in China eine große Rolle spielt, wird der Lebensstil entspannter, je weiter man nach Süden kommt, und die Bedeutung des Sparens nimmt ab.

Das zeigen auch die vielen Luxuseinkaufszentren. Allerdings fragten wir uns eine Zeitlang, wie sie in der Lage sind, wirtschaftlich zu überleben, wenn die Zahl der Angestellten jene der potenziellen Käufer stets bei Weitem übersteigt. Unser Freund *Ronnie Chan*, einer der erfolgreichsten Immobilienentwickler in Hongkong, erklärte uns, wie das funktioniert. Dank *Ronnie,* der selbst einige Einkaufszentren in Festlandchina besitzt, wissen wir nun, dass gut situierte Chinesen einfach nicht gerne öffentlich in Geschäften einkaufen. Sie schauen sich zwar dort die Waren an, doch anschließend muss ein Verkäufer mit der Ware zu ihnen nach Hause kommen, damit sie dort diskret einkaufen können.

Die Zahl der reichen Chinesen wächst rapid und ist hoch genug, um diese Einkaufszentren florieren zu lassen. So wie etwa *Ronnie Chans Forum 66* in Shanghai oder auch das *Lane Crawford* in der Financial Street in Peking. Es ist übrigens das Einkaufszentrum um die Ecke unseres »Zuhauses, wenn wir nicht zu Hause sind«, dem *Ritz Carlton*. Seit das *Ritz Carlton* im Oktober 2006 eröffnet hat, verbrachten wir jedes Jahr mehrere Wochen in diesem Hotel und beobachteten die Veränderung des Publikums. Zu Beginn waren die Gäste etwa zu 80 Prozent Ausländer, hauptsächlich aus den USA und Europa. Heute ist es umgekehrt: Etwa 80 Prozent der Gäste sind Chinesen.

Noch erstaunlicher ist, was wir bei einem Aufenthalt im Ritz Carlton in Macao, das ausschließlich Suiten anbietet, erfuhren. Es wird viel über den geschäftlichen Einbruch dieses Mekkas der Spieler geschrieben. Doch tatsächlich reichen die erzielbaren Gewinne immer noch aus, um eine Amortisation der Investitionen in ein Luxushotel in drei bis fünf Jahren zu ermöglichen. Jede nur denkbare Luxusmarke ist in den Shoppingmalls, mit denen die Casinos verbunden sind, vertreten. Schade, dass der Charme, den Macau abseits der Casinos bietet, so wenig bekannt ist.

Macao war eine Art Anschauungsunterricht, eine Zurschaustellung der Kaufkraft der neuen Reichen vorwiegend aus China und Hong Kongs. Während es zutrifft, dass Armut in vielen Schwellenländern noch ein großes Problem ist, setzt sich dennoch der Gedanke, dass man mit Ideen und Fleiß auch dort reich werden kann, immer mehr durch und wird durch internationale Studien bestätigt. Laut einem Reuters-Bericht wird das globale Vermögen durch die neuen Millionäre in den Schwellenländern weiter wachsen. Die größte Flut an neuen Mitgliedern der Mittelschicht in den nächsten 20 Jahren »wird von Hunderten Millionen Chinesen und Indern kommen – der Prozentsatz an Menschen in Indien und China unterhalb des Einkommensmittels wird bis 2030 unter 70 Prozent fallen«. Damit wird das erste Mal in der Geschichte der Menschheit der Anteil der Armen nicht steigen, sondern sinken.

> *Von 1990 bis 2010 sank der globale Handel zwischen Industrienationen von 54 auf 28 Prozent.*

Damit verbunden wird der internationale Gütertransfer natürlich weiter zunehmen, die Richtung aber dreht sich gerade um, von den Industrienationen zu den Schwellenländern. Unser guter Freund und Lektor *Wolfgang Stock* lebte für mehrere Jahre in Peru und Mexiko. In einem Gespräch, das wir in Zusammenhang mit diesem Buch führten, traf er genau den Punkt: »Wir Deutsche sind es gewohnt, dass wir die Reichen sind, die nach Lateinamerika auf Urlaub fahren. Aber jetzt dreht sich die Richtung um. Jetzt fliegen die Südamerikaner nach Europa und geben hier Geld aus. Ich verdanke es meinen südamerikanischen Freunden, dass ich mittlerweile jede Ecke im Schloss Neuschwanstein kenne. Ohne sie hätte ich es sicher nicht so oft besucht. Bei jedem ihrer Besuche verstehe ich eure Warnung besser: Wenn sich Europa nicht verändert, läuft es Gefahr, als historischer Themenpark für globale Touristen zu verkommen.«

Natürlich sind es nicht nur wirtschaftliche Recherchen, die unsere Reisen interessant machen. Wir essen auch gerne. Zwar kann man selbst in exotischen Destinationen Steak, Hamburger und Pizza bestellen, aber wir sind abenteuerlustig. Wir aßen mit Ameisen panierten Thunfisch in Bogotá, mit Raupen gefüllte Tortillas in Mexiko, Krokodil in Costa Rica, Vogelnestsuppe in Singapur. Wir essen gebratene Fischhaut und Fischköpfe, aber gegrillte Skorpione können uns nicht einmal mit ihren Proteinen reizen. Im Zusammenhang mit dem Thema dieses Buches ist es die Internationalisierung des Nahrungsangebotes in alle Richtungen. So gibt es auch einen rapid steigenden Anteil von europäischen Nahrungsmitteln in asiatischen Supermärkten. Sogar Käse, eher unbeliebt in China, ist heute in verschiedenen Geschmacksrichtungen in Chinas Lebensmittelmärkten erhältlich. Und unser Lieblingsrestaurant in Sao Paulo, *La Higuera*, bietet Grünen Veltliner aus Österreich an. »Der Wechsel der Konsumgewohnheiten wird getragen durch eine steigende Teilnahme der Schwellenländer an den globalen Märkten, sowohl als Ex- wie auch als Importeure. Schwellenländer beanspruchen heute 40 Prozent des globalen Güterverkehrs und 60 Prozent des Güterverkehrs zu anderen Schwellenländern.«[5] Der globale Süden nimmt am internationalen Handel mit zunehmender Geschwindigkeit teil.

Doch nicht nur die globalen Handelsströme verändern sich. In den vergangenen Jahrzehnten war Wirtschaftswachstum an die Effizienz in der arbeitsintensiven Industrie gekoppelt. Geringe Löhne und steigende Produktivität waren für Chinas Aufstieg zur schon bald größten Volkswirtschaft der Welt verantwortlich. (Auf Basis der Kaufkraftparität ist China bereits heute die größte Volkswirtschaft der Welt.) China kann aber sein Wachstum nicht mit dieser vergangenen Erfolgsformel weiterführen und weiß das auch. In seinem Buch »Shanghai Pudong Miracle« schrieb *Qizheng Zhao*[6], der ehemalige Minister des *State Council's Information Office* (Informationsbüro der Regierung): »Nur wer über die besten Talente verfügt, wird die Vorherrschaft in Wissenschaft und Technologie haben. Nur wer einen Über-

---

[5] *Mckinsey*: Global flows in a digital age, 2014
[6] *Qizheng Zhao*: Shanghai Pudong Miracle, China Intercontinental Press, 2008

fluss an begabten Mitarbeitern hat, kann sich im immer härteren internationalen Wettbewerb behaupten.«

Das dramatische Wachstum der globalen Mittelschicht und der steigende Wohlstand fördern den Konsum von High-End-Technologie-Produkten in den nächsten Jahrzehnten und bieten viele Chancen für alle Länder des globalen Nordens.

China ist sehr wohl bewusst, dass die Zukunft nur in den wissensintensiven Branchen wie IT, Biotechnologie, Robotik und Pharmazie liegen kann. Es gibt bereits einen Wettbewerb zwischen einzelnen Städten, wer die innovativeren, profitableren und internationaleren High-Tech-Cluster hat, um die Produkte und Dienstleistungen der Zukunft zu vermarkten. »Der Handel mit wissensintensiven Gütern wächst 1,3 Mal schneller als der Handel mit arbeitsintensiven Gütern«, schreibt *McKinsey*.

> *Der angelernte Arbeiter beginnt aus den Unternehmen zu verschwinden.*

Dennoch blicken viele Schwellenländer mit einiger Sorge in die Zukunft. Die nächste industrielle Revolution, die Digitalisierung der Industrie, birgt für sie sowohl wirtschaftliche Chancen als auch Risiken. Global und vor allem in Schwellenländern verschwinden Hilfsarbeiter vom Arbeitsmarkt. Gleichzeitig fließen immer mehr Energie und Arbeitskraft in den Dienstleistungssektor. Die Regierungen müssen dringend Grundschul-, höhere, ebenso wie die Erwachsenenbildung reformieren, um die Bedürfnisse einer immer digitalisierteren Produktion zu erfüllen. Autokratische Regierungen, die frei von beschränkenden demokratischen Wahlzyklen sind, haben es hier deutlich leichter, eine langfristige, strategische Planung zu entwickeln und können flexibler auf Änderungen der Rahmenbedingungen reagieren. Sozialer Friede herrscht, solange sie die Bedürfnisse ihrer Bürger befriedigen: Wirtschaftswachstum und nachhaltige Verbesserung ihrer Lebenssituation.

> *Die USA und Europa haben nicht ihr Humanpotenzial verloren, sondern ihr politisches Potenzial.*

Ein Bericht der *Huffington Post* vom 21. Januar 2014[7] beschäftigte sich mit den »Gewinnern und Verlierern der Globalisierung«. *Branko Milanovic*, der Chefökonom der Forschungsabteilung der Weltbank und Professor an der John Hopkins Universität, kam zu dem – für die USA leicht schockierenden – Schluss, dass die Gewinner der Globalisierung die Ober- und Mittelschicht in China sind, die Verlierer aber der US-amerikanische Mittelstand sein wird. Man spricht, und das bestätigt auch unsere Beobachtung, dass der einst so starke Optimismus in den USA einer breiten Resignation weicht. Hoffnung motiviert immer, auch wenn die Umstände mal nicht so rosig sind. Aber derzeit herrscht in der US-amerikanischen Mittelschicht wenig Hoffnung. Alle Aufrufe, das westliche Regierungsmodell zu reformieren, um den sich verändernden globalen Bedingungen gerecht zu werden, wurden von parteipolitischen Streitereien und internen Blockaden verhindert. Das politische Umfeld, das einst die Rahmenbedingungen für großartige menschliche Leistungen schuf, ist heute ein Bremsklotz beim Versuch das System weiterzuentwickeln.

---

7 Gewinner und Verlierer der Globalisierung, Huffington Post Deutschland, 21. Februar 2014

> *Ein neuer Konsument entsteht.*

Und dennoch hat Amerika das Potenzial sich zu erneuern. Wir sagen oft scherzhaft, es sei wie eine Katze, die stets auf die Füße fällt. Natürlich sprechen wir auch Europa dieses Potenzial nicht ab, doch die Unbekümmertheit, das Vertrauen in das Land und in das eigene Vermögen, die zumindest in der Vergangenheit in Amerika dominierten, ist in Europa seltener zu finden. Doch sowohl für die USA als auch für europäische Länder sind die Milliarden neuer Kunden in den Schwellenländern, laut einer *McKinsey*-Studie bis zum Jahr 2050 rund 1,8 Milliarden US$, eigentlich eine gute Nachricht. Diese neuen Konsumenten werden $ 30 Billionen jährlich ausgeben, das sind 18 Billionen mehr als heute! Diese Bewegung wird selbstverständlich riesigen Einfluss auf die internationalen Waren- und Geldströme haben. Konsummärkte und Konsumgewohnheiten werden sich massiv verändern. Vorreiter dieser Verschiebung ist die Reisebranche, wo sowohl berufliche als auch Vergnügungsreisen neue Anforderungen stellen, neue Märkte und neue Nutznießer entstehen. Wir sehen das bereits heute an den Veränderungen in den Reiserouten.

> *Die Luftverkehrsknotenpunkte des globalen Südens werden westliche Flughäfen überholen.*

»Nächste Landung in Dubai«[8] lautete 2013 ein Bericht *der Zeit*. Die Kernaussage des Artikels war: »Europa war für lange Zeit der Knotenpunkt des Flugverkehrs. Doch nun verschieben sich die globalen Verkehrsströme.«

Die Luftverkehrsknotenpunkte des 21. Jahrhunderts wandern zusehends mehr nach Osten. Flughäfen wie Dubai, Peking oder Istanbul ziehen Jahr für Jahr mehr und mehr Reisende an und verdrängen die alten Knotenpunkte Paris, London und Frankfurt von ihren sicheren Plätzen.

Im Top-50-Ranking des *Airports Council International* führt heute bei den Passagieranstiegen Kuala Lumpur mit 19,1 Prozent, gefolgt von Dubai mit 15,2 Prozent. An Passagierzahlen schlägt Dubai allerdings Kuala Lumpur. In nur einem Jahrzehnt hat Dubai Heathrow vom 1. Platz der belebtesten Flughäfen verdrängt. Aber diese Entwicklung beginnt erst: Dubai stellt 2020 seinen neuen *Al Maktoum International Airport* fertig, der die Kapazität für 160 Millionen Passagiere jährlich hat. Das sind 440.000 Passagiere täglich! In nur einem Jahrzehnt hat Dubai Heathrow vom Platz 1 verdrängt. Volkswirte aus Oxford schätzen, dass die Luftfahrt in Dubai 250.000 Menschen beschäftigt und 28 Prozent des BIP ausmacht. Kein westlicher Flughafen schafft es mehr in die Top 10 beim Anstieg der Passagierzahlen.

Vor zehn Jahren verschwendeten wir zum Beispiel keinen Gedanken daran, über Istanbul nach Peking zu fliegen. Der Grund, warum wir das heute machen, ist einfach: Ein Business-Class-Ticket der *Lufthansa* bietet keine Liegesitze und kostet fast das Doppelte der *Turkish Airlines*, die sehr wohl Liegesitze anbieten. Auch bietet der Flughafen in Istanbul eine Lounge mit der hervorragenden Verpflegung des Wiener Caterers *Do&Co*, nebenbei ein türkischstämmiger Entrepreneur. Da zur *Do&Co*-Gruppe heute auch das Wiener

---

8 *Claas Tatje*: »Nächste Landung in Dubai«, Die Zeit 47/2013

Traditionskaffeehaus *Demel* gehört, bietet die Lounge am Istanbuler Flughafen nun Wiener Kaffeehausgebäck.

Aber Istanbul ruht sich nicht auf seinen Lorbeeren aus. Im Wettbewerb um den größten Flughafen der Welt ist der neue Istanbuler Flughafen *Yeni Havalimai* der Favorit. Die Treiber hinter diesem Monsterprojekt sind einerseits die teilverstaatlichte *Turkish Airlines* und andererseits der türkische Präsident *Tayyip Erdoğans*, der zum einen die türkische Wirtschaft ankurbeln und zum anderen natürlich auch das Image der Türkei im Ausland verbessern will. »Wir haben die Erde hinter uns gelassen, in der Luft sind wir konkurrenzlos«, meint der türkische Transportminister *Lütfi Elvan* anlässlich eines Interviews mit der *Anadolu News Agency*. Die *Turkish Airlines* wurden nicht nur dreimal in Serie als beste europäische Fluglinie ausgezeichnet[9], sie ist mit 2.279 Zielflughäfen in 111 Ländern auch die Fluglinie mit den meisten Destinationen. Die Passagierzahlen stiegen von rund 10 Millionen in 2003 auf 63,2 Millionen im Jahr 2015. Damit kommt *Turkish Airlines* immer näher an die Passagierzahlen der Lufthansa heran, die 2015 79,2 Millionen Menschen beförderte.

Es ist *Erdoğans* erklärtes Ziel, die Türkei bis 2023 unter die 10 größten Volkswirtschaften der Welt zu bringen. Das Jahr, in dem die Türkei ihr 100-jähriges Jubiläum als Republik feiert.

Überflogen anstatt gelandet?

Trotz der zahllosen Gelegenheiten, die sich durch die rasch wachsende globale Mittelschicht für den Tourismus ergeben, scheinen Flughäfen der Staaten des Nordens Gefahr zu laufen, in die Kategorie »Überflogen« zu schlittern.

---

9 http://www.worldairlineawards.com/awards/world_airline_rating.html

Nach wie vor gibt es Wachstumspotenzial für alle Fluglinien. Von 2000 bis 2012 wuchsen nordamerikanische Fluglinien um 21 Prozent, Europas Fluglinien um 51 Prozent.

In derselben Zeit wuchsen die Fluglinien des Mittleren Ostens aber um 346 Prozent. *Boeing* schätzt den Bedarf an neuen Flugzeugen für die westlichen Regionen, Europa und Nordamerika, auf 14.619 Flugzeuge. Die asiatische Pazifikregion, Lateinamerika, Afrika und der Mittlere Osten werden 19.400 neue Flugzeuge benötigen. Für den Transport von Gütern in Schwellenländer schätzt *Boeing* ein jährliches Wachstum des Lufttransports von durchgehend 5 Prozent bis 2032.

> *Bis 2016 wird der asiatische Pazifikraum der größte Markt für die Luftfahrt sein und 33 Prozent aller globalen Passagiere umfassen.*

In den nächsten 2 Jahren erwarten wir einen Rückgang der nordamerikanischen Passagieranzahl um 4,3 Prozent (IATA, Mai 2014), und dieses Bild ändert sich nicht, wenn wir von Quantität zu Qualität wechseln:

Im *Skytrax Ranking*[10] der besten westlichen Fluglinien stürzte die *Lufthansa* im Jahr 2013 auf Platz 11 ab – geschlagen von *Singapore* und *Emirates*, aber auch von Exoten wie der *Garuda Airline* aus Indonesien. »Der Tourismus zeigt eine bemerkenswerte Fähigkeit auf verändernde Marktbedingungen zu reagieren«, meint der Generalsekretär der UNWTO (United Nations World Tourist Organization), *Taleb Rifai*. Seitdem wir beide in Österreich leben,

---

10 http://www.worldairlineawards.com/awards/world_airline_rating.html

fliegen wir zumeist mit *Star Alliance*. Doch die Bedingungen für Bonusmeilen verschlechtern sich von Jahr zu Jahr. Flughafengebühren werden auf Meilen-Tickets aufgeschlagen, sodass es letztlich dasselbe kostet wie ein reguläres Ticket. Zieht man alles in Betracht, so werden Umwege mit einem Zwischenstopp an einem attraktiven Flughafen wie Dubai eine echte Alternative.

Eine Studie von *McKinsey* von Mai 2014 zeigt, dass sich die Anteile an Kurzflügen immer mehr Richtung Schwellenländer verschieben. Der Anteil an Kurzstreckenpassagieren zwischen einzelnen Schwellenländern stieg von 18 Prozent (2002) auf 23 Prozent (2010). »In 2010 entfielen 33 Prozent der abreisenden Passagiere auf Schwellenländer, zehn Jahre zuvor waren es nur 25 Prozent. Der Anteil ankommender Passagiere aus Schwellenländern stieg von 44 Prozent in 2000 auf 51 Prozent in 2010«, so die Studie.

Destination: Afrika

Die wachsende Anzahl an Unternehmern und die neue Mittelschicht lassen auch eine neue Gastronomie entstehen: »Hotel groups jostle for position in Africa« (»Hotelleriekonzerne drängeln sich um gute Lagen in Afrika«) lautete der Titel einer Story der *Financial Times* am 11. Januar 2014. Und das sind nicht nur Urlaubstouristen, die die Safari Lodges und Wildreservate bevölkern, obwohl auch deren Anzahl voraussichtlich von 50 Millionen in 2012 auf 85 Millionen in 2020 geschätzt wird (*UNWTO*).

> *In den vergangenen 10 Jahren tauchten bislang völlig unbekannte Städte und Regionen auf den Landkarten des Tourismus der Geschäftsreisen auf.*

Die neue Zielgruppe der Hotelketten wie *Accor, Marriott, Best Western* oder *Kempinski* ist die rasch wachsende Gruppe der Geschäftsreisenden zwischen Afrikas neuen Wirtschaftsstandorten.

N'Djamena, die Hauptstadt des Tschad, oder Luanda, die Hauptstadt Angolas, sind vielleicht nicht die bekanntesten Städte und dennoch bezeichnete die *Financial Times* sie als »eine der unter den fünf teuersten Städten für Geschäftsreisende und Expatriate, was Essen, Verkehrs- und Unterbringungskosten betrifft«. Wer würde schätzen, dass in Luanda kaum ein Zimmer unter $ 500 die Nacht zu bekommen ist«. Einige Länder, zum Beispiel Angola, entdeckten diese Gelegenheit und planten Investitionen aus ihrem staatlichen Gesundheitsfonds in die Hotellerie.

Ghana, Nigeria, Gabon, Südafrika und Kenia planen, knapp 13.000 Zimmer auf den Markt zu bringen. Aber während diese Anzahl hoch sein mag, ist eine sinnvolle Entwicklung durch die verstreuten Standorte beschränkt. Jedes der 50 Länder Afrikas hat eigene Regeln und Bestimmungen. In China, einem Markt mit 30 Prozent mehr Bevölkerung, bestimmt *eine* zentrale Regierung die Grundregeln, während in Afrika über 50 Regierungen entscheiden.

Nach der Landwirtschaft ist der Tourismus Kenias wichtigster Wirtschaftszweig, der laut dem *WTTC (World Travel and Tourismus Council)* 14 Prozent des BIP einspielt und 12 Prozent der Beschäftigung darstellt.

Unter den ausländischen Investoren in Afrikas Hotellerie ist – wenig überraschend – China. »Kenia«, schreibt die

China Daily, »rühmt Chinas Investitionen, die für ihr Land die Tourismusindustrie aufpolieren.«

Destination: Österreich

Mit 50 Millionen zusätzlichen Reisenden, einer Steigerung von 4,4 Prozent auf eine Gesamtzahl von 1.184 Millionen im Jahr 2015, übertraf der internationale Tourismus alle Erwartungen, trotz der stagnierenden westlichen Wirtschaft[11]. Relativ gesehen wurde China bereits 2012 der größte Outbound-Fremdenverkehrsmarkt. (Das sind jene Reisende, die China verlassen.) Und das hat durchaus positive Auswirkungen im Westen, sogar im kleinen Österreich.

Wenige Kilometer östlich von Wien, in einem Disney-ähnlichen Shoppingcenter, finden sich *Gucci*, *Prada*, *Armani*, *Escada*, *Tod's* und *Burberry* aufgefädelt nebeneinander. Preislich liegen diese Shops 20 bis 50 Prozent unter den Originalpreisen. Doch nicht nur Österreicher sind dort zu finden: Gleich nach der Eröffnung überrannten die Nachbarn aus Ungarn, Tschechien und Slowakei das Shoppingcenter.

Bei unserem letzten Besuch aber dominierte zu unserer Überraschung eine Sprache, die zuvor hierzulande kaum gehört wurde: Chinesisch! Schon bei der Einfahrt hatten wir die großen Reisebusse, die offensichtlich asiatische Touristen in die Shoppingwelt entließen, gesehen. Während unseres Einkaufs begegneten wir ihnen in den Geschäften und sahen sie mit prallen Taschen schwer beladen zu den Bussen gehen. Die Taschen trugen die Namen bekannter Edelmarken und wir fragten uns, ob sich diese sichtlich erschöpften Schnäppchenjäger je die Mühe machten und einen genaueren Blick auf die eben gekauften Schuhe, Hemden, Anzüge und Kostüme werfen würden. Sie würden nahezu in

---

11 http://media.unwto.org/press-release/2016-01-18/international-tourist-arrivals-4-reach-record-12-billion-2015

allen den gleichen Aufdruck finden: *Made in China*. Es mag für manche überraschend gewesen sein, dass sie nicht nur die österreichische, italienische, britische und französische Wirtschaft unterstützten, sondern ebenso die chinesische. *Made in China*, gekauft in Österreich, und dazwischen eine Herstellungs- und Handelskette in verschiedenen Ländern. Alle sind vernetzt und höchst begierig, ihren Anteil am großen Kuchen der Designer, Produzenten und Endkunden zu bekommen. Schneider, Fabrikarbeiter, Transportunternehmen, Handelsgesellschaften und Modeverkäufer, alle wollen mitschneiden. Und nicht zuletzt verdienen auch Fluglinien und -häfen an diesem internationalen Handel.

Während sich Marken- und Schnäppchenjäger in ihrem Kaufverhalten ähneln, passen sich globale Konzerne bereits an die Unterschiede zwischen lokal unterschiedlichen und weit verstreuten Konsumentenklassen an. Wie bereits erwähnt sind Konsumenten in Schwellenländern unterschiedlich zu jenen aus gesättigten Märkten. Das Kaufverhalten der neuen Mittelschicht ist wesentlich kostenbewusster. Tausende neuer Unternehmen müssen ihre Logistik- und Kommunikationsnetzwerke überdenken. Und sie müssen sich mit unterschiedlichen Firmenkulturen und Geschäftspraktiken auseinandersetzen.

Vergleicht man Chinas wachsendes BIP pro Einwohner mit den Kaufgewohnheiten, so können wir einige Schlussfolgerungen ziehen, wie sich das Konsumverhalten in anderen Schwellenländern verändern wird.

Pro-Kopf-Einkommen China

Jahr	USD
1990:	310
2000:	950
2010:	4.450
2013:	6.190

Anteil an Konsumartikeln pro 100 Haushalten in China zwischen 1990 und 2011

	1990	2011
Auto	0,0	18,6
Motorrad	1,9	20,1
Mikrowelle	0,0	60,0
Fotoapparat	19,2	44,5
Festnetztelefon	0,0	69,6
Computer	0,0	81,9
Waschmaschine	78,4	97,1
Warmwasser	0,0	89,0
Kühlschrank	42,3	97,2
Farbfernseher	59,0	135,2
Mobiltelefon	19,5	205,3

Konsumverhalten in China unterscheidet sich gravierend von Region zu Region, von Stadt zu Stadt und zwischen städtischen und ländlichen Gebieten. Genauso hat jedes Land des globalen Südens einen eigenen nationalen Fußabdruck, obwohl natürlich Ähnlichkeiten zwischen einzelnen Ländern vorhanden sind.

Der Globale Südgürtel als Wirtschaftsstandort

Am Weltwirtschaftsforum in Davos 2014 wurde eine Session mit »BRICS in Midlife Crisis« angekündigt. Abgesehen von der fragwürdigen Eingrenzung BRICS (China erfüllt bislang alle Erwartungen), erscheint es uns nicht nachvollziehbar von »Midlife Crisis« zu sprechen, wenn die BRICS-Staaten gerade mal in der Pubertät angelangt sind. Dass Indien erst in einer frühen Phase der »Reife« ist, konnten wir im Januar 2016 während unseres Indienaufenthaltes feststellen. Nach der ersten Euphorie, als *Narendra Modi* zum Premierminister gewählt wurde, herrschte überwiegend Enttäuschung und Ernüchterung. Brasilien konnte bis jetzt die Stagnation nicht überwinden und jene Reformen starten, die es dem Land erlauben, sein gewaltiges Potenzial zu nutzen. Und Russland? Unmengen Energievorräte unter der Erde, aber kaum in geförderter Form bei der Bevölkerung. Eine Umfrage des Beratungsunternehmens *Accenture* unter 1.000 Führungskräften ergab, dass 60 Prozent der Unternehmen erwarten, dass »Investitionen von BRICS weg in Richtung rascher wachsender Märkte gehen werden«.

Aber nach wie vor herrscht viel Unsicherheit. Die größte Unsicherheit ist auf den Mangel an Reformen zurückzuführen. Während der Glanzzeiten des Ressourcenbooms wurden alle Ansätze für Reformen zur Seite geschoben. Brasilien, Russland und Südafrika profitierten großartig von den Preisspitzen für Ressourcen. Als der Boom nachließ, kam das Erwachen. In diesem Zusammenhang erinnern wir uns an einen Vortrag in Brasilien vor etwa 10 Jahren, als Brasilien gerade das neue Ölfeld, Papa Terra, entdeckt hatte. Auf die Frage, was dies für Brasilien bedeuten würde, meinten wir: schlechte Nachrichten. Es wird wieder ein Grund sein, um Reformen zu verschieben. Zu unserer Überraschung applaudierte das Publikum. Brasilien ist zudem nicht das einzige Land, das vom Absacken der Ölpreise betroffen ist.

> *Aufzuwachsen ist eine Phase beständiger Veränderung, genauso ist der Übergang von unterentwickelten zu entwickelten Staaten.*

Die Entwicklung einer großen Anzahl an Schwellenländern stagniert und das wird sich vorerst auch kaum ändern. Einige der Schwellenländer wie Russland tänzeln seitwärts. Wie lange werden sinkende Reallöhne und eine kaum wettbewerbsfähige Wirtschaft von großen Worten auf der Weltbühne kleingeredet? Einkünfte aus Öl und Gas stützen mehr als die Hälfte des Budgets. Russland braucht eine wirtschaftspolitische Wende, Investitionen in Bildung und ein unternehmerfreundlicheres Umfeld. Ob Russland den Weg aus der Krise schafft und wie es sein Beziehungsgeflecht zu Europa und China meistert, bleibt vorerst offen. Wir konzentrieren uns hier aber auf Nationen des globalen Südens, die in den nächsten Jahrzehnten ihren wirtschaftlichen Stellenwert ausbauen und ihre gesamte Entwicklung vorantreiben können.

Das Resultat dieser Entwicklung zeigt sich ganz deutlich in den Daten. Europas Top-500-Unternehmen generierten 2013 ein Drittel ihres Umsatzes in Schwellenländern. Fast dreimal so viel wie 1997, stellt *Morgen Stanley* fest.

Die Richtung ist also festgelegt. Der Vorstand der österreichischen *Voestalpine AG*, *Wolfgang Eder*, bezeichnete 2014 als das »Jahr des Drachens«.

Bis zum Geschäftsjahr 2020/21 erwartet die *Voestalpine AG* einen Konzernumsatz von rund 20 Milliarden Euro. Davon rund 10 Prozent in Asien. Gegen Ende dieses Jahrzehnts wird *Voestalpine* 15 neue Kraftwerke in China gebaut haben, mit dem Ziel, ihre Einnahmen zu verfünffachen. *Unilever*, der Konsumgütergigant, generiert heute mehr als die Hälfte seines Umsatzes in Schwellenländern[12].

Es war *Nissan*, der japanische Partner von *Renault*, der diesen Autoproduzenten – den zweitgrößten Frankreichs – vor einem Verlust im Jahr 2013 bewahrte. Nun soll eine China-Offensive deren Gewinne sichern. Bereits in 2017 soll der

---

12 https://www.voestalpine.com/group/de/presse/suedostasien/

Der globale Südgürtel

operative Gewinn auf 5 Prozent des Geschäftsvolumens steigen. Die Liste der Konzerne, die auf die wachsende Konsumentenschicht im Süden setzt, ist endlos.

> *2025 werden 45 Prozent der Fortune 500 Companies in Schwellenländern angesiedelt sein, 25 Prozent mehr als heute.*

Auch wenn der wirtschaftliche Aufschwung in Richtung der Schwellenländer zeigt, sind die USA mit 128 Unternehmen in der *Fortune-500*-Liste noch immer führend. Blickt man allerdings auf das vergangene Jahrzehnt zurück, zeigt sich ein eindeutiger Trend. Im Jahr 2010 fanden sich nur 49 chinesische Unternehmen in der Fortune-500-Liste, im Jahr 2000 gar nur 10. In den USA hingegen waren es 139 in 2010 und 179 im Jahr 2000[13]. In der Liste des Jahres 2015 finden wir 98 chinesische Unternehmen und 128 aus Amerika. Die Eigentümerstruktur chinesischer Unternehmen unterscheidet sich dabei von amerikanischen, europäischen oder japanischen Firmen, die überwiegend in privater Hand sind. Von den 98 chinesischen Unternehmen der Forbes-500-Liste sind 78 Staatsbetriebe.

Es wird auch interessant sein, die Bewegungen der *Forbes*-Liste der innovativsten Unternehmen weiter zu beobachten: 2015 führten vier amerikanische Unternehmen, gefolgt von einem britischen Unternehmen auf Platz fünf. Chinas Ziel, eine innovative Nation zu werden, spiegelt sich heute in dieser Liste noch nicht wieder, obwohl der Suchmaschinenbetreiber *Baidu* immerhin auf Platz sechs landete[14].

---
13 http://fortune.com/2015/07/22/china-global-500-government-owned
14 http://www.forbes.com/innovative-companies/list/#tab:rank

> *In den nächsten 10 Jahren werden 70 Prozent der neuen Milliarden-Betriebe in Schwellenländern angesiedelt sein.*

Global existieren mehr als 8.000 Unternehmen mit mehr als einer Milliarde $ Umsatz. Etwa 6.000 davon sind in Entwicklungsregionen angesiedelt. Der steigende Bedarf an Konsumgütern und Dienstleistungen wird in 10 Jahren weitere 7.000 Firmen auf diese Größe anwachsen lassen, schreibt *McKinsey* in der Studie Urban World (The global business landscape, Oktober 2013). Und 70 Prozent dieser Unternehmen werden sich für einen Standort in Schwellenländern entscheiden.

2013 gab es etwa 50 Unternehmen mit mehr als $ 100 Milliarden Umsatz. Die Firmensitze verteilen sich auf 30 Städte. Aber der Aufstieg der Schwellenländer erfordert neue Niederlassungen in zahlreichen weiteren Städten. Dies eröffnet 200 bis 300 Städten die Gelegenheit, sich als neuen Standort für Unternehmen dieser Größenordnung zu präsentieren. Das bringt nicht nur neue Niederlassungen, sondern auch neue Restaurants, Geschäfte, Friseure, Fleischhauer, Rechtsanwälte, Ärzte und vieles mehr.

Wie zuvor erwähnt ist das Wachstum der Schwellenländer nicht nur für den Süden, sondern auch für die Industrienationen eine gute Nachricht. Es ist eine Win-win-Situation, dieser wirtschaftliche Stimulans für den Westen wird die Exporte in Schwellenländer ankurbeln. Dort wird die Wirtschaft inzwischen weiter liberalisiert, meist mit fiskalpolitisch höchst konservativen Modellen, was Investitionen in die Länder des Globalen Südgürtels noch interessanter macht. Ein Verschuldungsgrad von unter 50 Prozent des BIP ist moderat im Vergleich zu 100 Prozent Verschuldung der USA oder 200 Prozent in Japan.

Aber genauso wie in Europa unterscheiden sich die Länder sehr stark in ihrer Wirtschaftsentwicklung, den Arbeitslosenraten und ihrem Wachstumspotenzial. Es ist fast unmöglich, Risiken und Chancen allgemein zu betrachten. Sogar innerhalb der Nationen bestimmt die Region oft über Erfolg oder Misserfolg eines Projektes. Das ist auch der Grund, warum wir eine Veränderung, weg von internationalem Handel hin zu direktem Handel zwischen Städten, beobachten.

> *Wenn du die Orte, in denen du dein Geld investierst, wirklich verstehen willst, lies deren Literatur!*

Handel, ob international oder lokal, ist abhängig von Nachfrage und Angebot. Sie kennen das sicher: In der Nachbarschaft eröffnet ein neues Geschäft und Sie haben das Gefühl, das kann nicht gut gehen. Es trifft nicht die Nachfrage, das Angebot ist falsch oder zu teuer, und wir sind überzeugt, schon bald ein – je nach dem, langsameres oder schnelleres – Ende mitzuerleben. Jeder fragt sich dann, warum jemand Geld in ein Geschäft steckt, ohne zuvor das Viertel studiert zu haben. Ist das nicht selbstverständlich, selbst wenn man überzeugt ist, dass das eigene Produkt ein Selbstläufer ist? Daran mussten wir denken, als wir ein Interview[15] mit *Justin Leverenz* lasen, Manager des *Oppenheimer Developing Markets Fund* mit $ 38 Milliarden Kapital.

In diesem Interview, das Fortune Invest im Dezember

---

15 *Scott Medintz*: Sticking with emerging markets. Interview with Justin Leverenz. *Furtune Invest*, 21. November 2013

2013 führte, hielt *Leverenz* an seinem optimistischen Ausblick fest. Er ist überzeugt, dass die neuen Märkte noch lange nicht einbrechen werden. Der 45 Jahre alte Manager lebte 10 Jahre in Asien und spricht Mandarin. Sein überraschender Ratschlag an Investoren: »Wenn du die Realität der Orte verstehen willst, in denen du dein Geld investierst, dann lies deren Literatur!«

Auch wenn der Fonds mittlerweile in einer ziemlichen Flaute steckt, der Rat, sich mit lokalen Gegebenheiten auseinanderzusetzen, wird sich in jedem Fall als Vorteil erweisen. Gerade in China sind die idealisierten Vorstellungen von ausländischen Unternehmen und die Realität vor Ort oft meilenweit voneinander entfernt.

»Aus der Perspektive der Zahlungsfähigkeit«, meint *Leverenz*, »ist die Situation heute völlig unterschiedlich zu den 1980ern und 1990ern.« Die Ansicht, dass »Fremdkapital in Schwellenländern nur dann verfügbar sei, wenn global Liquidität vorhanden ist, gilt nicht mehr, weil diese Regionen heute Geldgeber, nicht Schuldner sind. Schwellenländer haben heute flexible Währungen, geringe Staatsschulden und ein relativ stabiles Bankwesen.«

Eine der größten Positionen dieses Fonds ist die chinesische Internetfirma *Tencent*. »Ich kaufte, als sie eine $ 6 Milliarden-Firma war. Heute ist es eine 100 Milliarden-Firma.« Allerdings agiert auch Tencent nicht in einem Vakuum. Die Aktie brach von einem Hochstand von 631,50 (7. 3. 2014) auf den Stand von 151,10 ein (Quelle: Reuters 5. 12. 2015) Dennoch verzeichnet Tencent im Dezember 2015 einen Marktwert von $ 185,49 Milliarden[16]. Auf die Frage, wie er solche Firmen findet, antwortet *Leverenz*, dass er und seine zwei Senioranalysten mehr als 70 Prozent ihrer Zeit damit verbringen, sich tiefes Wissen über einen regionalen Wirtschaftszweig anzueignen, bevor sie ihr Wissen mit angren-

---

16 http://www.chinabusinessnews.com/1872-tencent-holdings-adr-launches-mobile-wallet-service-in-south-africa/

zenden Dingen erweitern. »Es ist wie die Idee hinter Google: Mach zuerst komplett andere Dinge, denn das hilft dir Verbindungen herzustellen, die du sonst nie schaffen würdest.« Wer jetzt Lust verspürt, auch in diesen Fonds zu investieren, kommt zu spät: Der Fonds ist seit 2013 für neue Investoren geschlossen.

> *In den kommenden Jahrzehnten werden die Schwellenländer ein höheres Wachstum erzielen als die Industrienationen.*

Nochmals, das sind alles gute Nachrichten für uns im Westen: »In den vergangenen paar Jahren entwickelten sich die Wirtschaftsbeziehungen zwischen Industrie- und Entwicklungsländern in zwei Richtungen. Innovationen, Investitionen und Wettbewerb kommen heute sowohl aus Industrie- als auch aus Schwellenländern und bewegen sich quer über den Globus von einem zum anderen«, schreibt *Accenture* in einem Bericht über die neue Wettbewerbssituation.[17] »In dieser neuen ›Wettbewerbsrealität‹ müssen Unternehmen innovative Produkte in und für die aufstrebenden Märkte entwickeln und sie müssen Möglichkeiten suchen, diese Produkte dann wieder zurück in die entwickelte Welt zu bringen.«

Nachdem sie nicht länger vom Westen blockiert werden können, beginnen die Schwellenländer neue Allianzen und Partnerschaften zu gründen, um ihre Entwicklung selbst zu beschleunigen. Wir beobachten die Veränderung von einer hierarchischen Weltordnung zu einem immer größer werdenden Bedürfnis nach Gleichberechtigung zwischen den

---

17 *Mundim/Sharma/Arora/McManus*: Emerging-markets Product Development and Innovation. The New Competitive Reality. Accenture, 2012

Nationen. Und die Schwerpunkte der globalen Wirtschaft verschieben sich immer mehr in Richtung Schwellenländer.

Gideon Rachman, Chef-Auslandskorrespondent der *Financial Times,* fasst das für uns zusammen: »Der Aufstieg der nicht-westlichen Länder ist eine tief verankerte Entwicklung, die von historischer Bedeutung ist. Schwellenländer werden für Jahrzehnte schneller wachsen als die entwickelten Nationen.«

Im Jahr 2013 war das kombinierte BIP der 150 Schwellenländer ohne China zum ersten Mal in der Geschichte größer als das BIP der 37 Industrienationen ohne USA.[18] China und die USA vereinen jeder für sich 30 Prozent der gebündelten BIP. Würden wir alle Schwellenländer in einen Topf werfen, kämen wir an einen Wendepunkt. Aber das sagt noch nicht viel über die einzelnen Länder aus. Und natürlich differenziert diese Betrachtung noch nicht zwischen einzelnen Branchen auf nationaler oder globaler Ebene.

Und es ist ebenso aussagekräftig wie der Gesamtdurchschnitt der Noten einer Schule. Je detaillierter man ein Jahresergebnis betrachtet, desto klarer treten einzelne Klassen mit besseren oder schlechteren Ergebnissen zutage. In jeder Klasse sitzen wieder Schüler, die ausgezeichnete Erfolge haben, und andere, die gerade mal so durchgekommen sind. So verlieren Statistiken ihren Sinn genauso wie bei einer generellen Betrachtung von Ländern mit unterschiedlicher wirtschaftlicher und sozialer Entwicklung. Nichtsdestotrotz kann ein genereller Trend in der Entwicklung der Schwellenländer – trotz großer einzelner Unterschiede – beobachtet werden. Genauso wie es einen riesigen Unterschied zwischen der dynamischen deutschen Wirtschaft und Griechenlands Desaster gibt, obwohl beide Teil der EU und des Westens sind.

---

18 Quelle: *International Monetary Fund* Database, www.imf.org.

Auf dem Weg zu *einer* Weltwirtschaft
Während wir uns von nationalem zu globalem Kapitalismus bewegen, ist die sich verändernde Dynamik der wirtschaftlichen Leistung der Nationen teilweise dem Prozess der wirtschaftlichen Globalisierung zuzuschreiben. Es wird noch einige Zeit dauern, doch wir bewegen uns in Richtung *einer* Wirtschaft für die ganze Welt.

Trotzdem werden wir im Zuge dieses Buchs das nationale BIP als Maßstab für Vergleiche verwenden. Im Wettbewerb zwischen Industrie- und Schwellenländern sind Wachstum, Stagnation oder Rückgang des BIP ein allgemein akzeptiertes Maß. Es ist auch die einzig halbwegs zuverlässige Maßzahl. Der Grund für seine Mängel ist, dass seit seiner Etablierung vor mehr als 70 Jahren kaum Anpassungen an die sich verändernden Konditionen vorgenommen wurden. Ein Argument für die Beständigkeit des BIP ist seine einfache Formel, die seit seinem Erfinden vor über 70 Jahren kaum verändert wurde.

In den vergangenen Jahren gab es zum Beispiel in Deutschland kaum Wachstum. Dennoch verfügt das Land über viele wachsende und florierende Unternehmen, deren Beiträge durch die Kumulierung mit verlustierenden Unternehmen oder Sektoren leider untergingen.

Bis vor Kurzem hatte Indien weltweit einen der höchsten BIP-Zuwächse, aber das war nur auf seinen rasch wachsenden IT-Sektor zurückzuführen. Das Outsourcen von IT-Dienstleistungen nach Indien florierte, als ein Ergebnis des beständigen Kampfes der Unternehmer gegen die Steuer- und Regulierungsbehörden hierzulande.

> *Chancen für Partnerschaften, Übernahmen und Verkäufe können nur dann gefunden werden, wenn wir verstehen, was an der Basis jedes Landes passiert, nicht durch inhaltsleere BIP.*

Was noch vor uns liegt, ist ein Prozess, ein Übergang von Maßzahlen der Vergangenheit zu neuen Maßen, die die Realität des 21. Jahrhunderts abbilden können. Erfolgreiche Fonds investieren nicht in BIP, sondern in Unternehmen einzelner Branchen. Wie *Justin Leverenz* im Fortune-Interview meinte: »Die meisten Unternehmen der Welt sind wie Musiker: gut, aber nicht außergewöhnlich. Ich bin nur an den Virtuosen interessiert.«[19]

Auf den folgenden Seiten betrachten wir einige Länder aus Asien, Afrika und Lateinamerika näher. Diese Aufstellung ist natürlich nicht vollständig, Fakten und Geschichten über jedes Land würden ein eigenes Buch füllen. Unser Ansatz ist es, einen kurzen Eindruck einiger dieser sich verändernden Länder zu vermitteln, wenn wir uns die ersten Jahre des 21. Jahrhunderts ansehen.

---

19 *Scott Medintz*: Sticking with emerging markets. Interview with Justin Leverenz. *Furtune Invest*, 21. November 2013

Afrika
Vom hoffnungslosen Kontinent zu Myriaden von Chancen in einer halben Generation

Von allen Regionen des Globalen Südlichen Gürtels verbrachten wir die wenigste Zeit in Afrika. Wir sind keine Afrika-Spezialisten, aber wir sind Zeugen eines Aufbruchs geworden.

Leider finden schlechte Nachrichten über Afrika weitaus schneller ihren Weg in die weltweite Berichterstattung als gute. Der Afrikaspezialist *Laurence Brahm*, Rechtsanwalt für internationales Recht, Ökonom, Autor und Begründer der ökonomischen Paradigmen des *Himalayan and African Consensus* (Himalaya- und Afrika-Konsens) fasst das Problem in seiner *African Consensus Resolution* so zusammen: »Verhinderung von Extremismus bereits im Entstehen: Terrorismus ist nicht nur das Ergebnis von fundamentalen, religiösen Vorstellungen, wie es in vielen Massenmedien dargestellt wird.

Menschen neigen zu extremen Maßnahmen, wenn sie kein Ventil für ihre Frustration aufgrund von Armut, ethnischer Ausgrenzung oder beidem haben. Oft müssen religiöse Überzeugungen als vermeintlich rationale Argumente oder als Vorwand für diesen Extremismus herhalten. Tiefe Unzufriedenheit gefolgt von Terrorismus sind häufig nacheinander auftretende Reaktionen auf dieselbe Art von Problemen. Probleme im Zusammenhang mit Entfremdung ethnischer Gruppen müssen an ihrer Wurzel angepackt werden: durch wirtschaftliche Unabhängigkeit, Bildung, ein funktionierendes Gesundheitswesen, Rückgabe von Eigentum an die ursprünglichen Besitzer, Anerkennung ihrer individuellen Vielfalt, Identität und Selbstachtung. Anderenfalls werden Unstimmigkeiten und Konflikte niemals verschwinden, egal wie weit die Militärtechnologie und Projekte zur sozialen Umgestaltung der einzelnen Staaten entwickelt sind.«

Aber mit einem offenen Blick, vielfältigen und unterschiedlichen Informationsquellen verändert sich das Bild.

In unsere Forschung fließen unsere persönlichen Erfahrungen vor Ort sowie Berichte von Freunden und Unternehmern ein, die viel mehr Zeit in Afrika verbracht haben als wir. Vielen Menschen ist Afrika weniger bekannt als Asien oder Lateinamerika. Daher widmen wir dem »Neuen Afrika«, das wir am Horizont sehen, mehr Raum. Und in der Tat ist auch viel zu berichten. Unser Fokus liegt dabei auf den Regionen südlich der Sahara und auf deren wirtschaftlicher Öffnung.

> *Die zwei großen E's, Education und Economics, sind der Schlüssel!*

Laut Schätzungen des *Economist* werden afrikanische Länder im kommenden Jahrzehnt weiterhin mit der Durchschnittsrate des letzten Jahrzehnts von 5,5 Prozent wachsen. Das ist mehr als in jeder anderen Region der Welt. Nigeria ist mit 180 Millionen Einwohnern das Land mit der größten Bevölkerung in Afrika und hat Südafrika mittlerweile als Afrikas größte Wirtschaftsmacht überholt.

Wie schnell sich die Verhältnisse ändern können, haben wir bereits am Aufstieg Chinas gesehen. Problemländer und -regionen können überraschende Aufstiege und Kehrtwenden hinlegen.

Im Zuge unserer Recherchen stolperten wir über eine Geschichte über Afrika, veröffentlicht in *The Economist* im Mai 2000, mit der Schlagzeile: »Der hoffnungslose Kontinent«. In unseren Dateien aus dem Jahr 2013 fanden wir Berichte, die genau das Gegenteil beschrieben. Die deutsche Unternehmensberatung *Roland Berger* warnte Investoren davor, nur ja nicht die »Myriaden von Chancen« zu versäumen, die der afrikanische Kontinent anbiete. Und *Berger* steht mit dieser Meinung nicht allein da. In den letzten Monaten des Jahres 2013 widmeten sich sowohl *Der Spiegel* als auch die *Frankfurter Allgemeine* ausführlichen Serien über den Aufschwung Afrikas. Und die Titelstory der *Frankfurter Allgemeinen Sonntagszeitung* vom 15. Dezember 2013 lautete: »Es rührt sich was in Afrika.«

> *Der Wettbewerb um Afrikas Ressourcen und die Kaufkraft von 310 Millionen neuen Mittelschichtkonsumenten gewinnt an Schwung.*

Das BIP in den Regionen südlich der Sahara stieg damals um 4,7 Prozent, in Südafrika um 6 Prozent. Für das Jahr 2016 ist der Ausblick allerdings düster. Geschätzt wird das Wachstum magere 0,3 Prozent betragen[20]. Einbrüche dieser Art müssen jedoch mit Vorsicht gesehen werden. Sie sind Teil der wirtschaftlichen Schwankungen, die wir in den nächsten Jahrzehnten in den meisten Ländern des Globalen Südgürtels beobachten werden. Niedrige Rohstoffpreise und sinkende Nachfrage treffen Exportländer wie Südafrika besonders hart. Die allgemein schwierige Situation betrifft jedoch nicht alle Branchen und Unternehmen. So konnten Start-ups in Südafrika Investments von $ 55 Millionen erlösen, Nigeria 50 und Kenia 47 Millionen US$. Der Ausblick für sie, anders als die allgemeine Stimmung, ist gut. Die Gelegenheiten sind vorhanden, sowohl für Kleinstunternehmer als auch für Investoren. Denn einerseits haben rund 600 Millionen Afrikaner keinen Zugang zu Elektrizität, andererseits liegt gerade darin eine Chance. Sonne im Überfluss macht es möglich, dass einige afrikanische Staaten zu Vorreitern der Solarenergie werden. »Wir sehen nun die erste Innovation, in der die führenden Technologien tatsächlich in Afrika entwickelt werden, und nicht im tonangebenden Westen«, sagte Simon Bransfield-Garth, CEO Azuri Technologies[21]. Viele Regierungen investieren heute in Infrastrukturprojekte und Exportkapazitäten. Und während in einigen Ländern Armut und Arbeitslosigkeit nach wie vor hoch sind, sprechen Historiker heute – in Anspielung auf den Kolonialismus – von einem »zweiten Fußabdruck für Afrika«.

Das Bild von Afrika wirkt vertraut und doch so unbekannt: 1,1 Milliarden Menschen, ein Siebentel der Weltbevölkerung, der jüngste Kontinent mit mehr als 200 Millionen Menschen zwischen 15 und 20 Jahren. Afrika hat die größte Wüste der Erde, die Sahara, mit einer Landmasse so groß wie die USA. Niger hat laut den Vereinten Nationen die höchste Geburtenrate der Welt mit 7 Kindern pro Frau.

---

20 http://allafrica.com/stories/201601291079.html
21 http://qz.com/604232/the-worlds-most-cutting-edge-renewable-tech-is-powering-rural-africa

Der traurigste Rekord stammt aus dem Kongo, wo laut dem *International Rescue Committee* 5,4 Millionen Menschen in ethnischen Konflikten getötet wurden. Der Reichtum aus Kongos Ölreserven kommt nach wie vor nicht der Bevölkerung zugute.

Ganz anders in Mali, wo die Ärmsten vom Wirtschaftswachstum am meisten profitierten. Oder auch die Stadt Lagos in Nigeria, einem der bevölkerungsreichsten Länder. Die Stadt hebt sich zunehmend vom Rest des Landes ab. Die Stadtverwaltung baute das öffentliche Verkehrswesen aus, modernisierte die wirtschaftliche Infrastruktur, schuf eine funktionierende Straßenreinigung und verbesserte nachhaltig das Leben der Bevölkerung.

> *Wir sprechen von »Afrika«, als ob es sich um ein Land handeln würde; tatsächlich hat jeder der 54 Staaten sein eigenes Gesicht, angefangen von jenen, die von Konflikten, Hoffnungslosigkeit und Armut heimgesucht werden, bis hin zu modernen, dynamischen Nationen mit einer selbstbewussten Mittelschicht.*

Mehr als die Hälfte der afrikanischen Bevölkerung lebt noch immer unter der Armutsgrenze, aber die 29 Milliardäre, die alle mindestens $ 1 Milliarde besitzen, verfügen gemeinsam über ein Vermögen von über $ 144 Milliarden.

Afrikas reichster Mann, *Aliko Dangote*, kommt allein auf $ 29 Milliarden. In Johannesburg (Südafrika) leben 23.400 Millionäre, in Lagos (Nigeria) 9.800, in Nairobi

(Kenia) 5.000 und in Luanda (Angola) 2.400. Die Zeiten, in denen sich Afrikaner jahrhundertelang als Opfer der Kolonialisierung sahen, sind vorüber. Die Afrikaner beginnen langsam, ihre Rolle als potenzielle Global Players zu begreifen. Afrika, der riesige, widersprüchliche und faszinierende Kontinent, einst der verlorene Kontinent, findet wieder seinen Platz in der Weltwirtschaft.

> *Afrikas Anteil von 3 Prozent an der Weltwirtschaft lässt enormes Wachstumspotenzial zu.*

Allein der ostafrikanische Markt umfasst 140 Millionen Menschen und weist eine relativ stabile politische Situation auf. Die ostafrikanischen Länder Tansania, Uganda, Ruanda, Burundi und Kenia planen eine gemeinsame Währungsunion für die nächsten 10 Jahre. Die wirtschaftliche Leistung ist in absoluten Zahlen gemessen noch klein, wächst aber beträchtlich.

Die übliche Auffassung, dass Afrikas schnelles Wachstum auf seine reichen Bodenschätze, vor allem Erdöl und Edelmetalle, sowie auf die stark steigende Nachfrage nach diesen Bodenschätzen in den westlichen Ländern zurückzuführen ist, stimmt nur mehr zum Teil. Von den 12 Ländern Afrikas mit dem stärksten Wirtschaftswachstum seit 1995 sind 8 Länder keine klassischen Rohstoffländer, darunter Ruanda, Mosambik, Uganda, Äthiopien und Tansania.

Afrikas Bedarf an Lebensmitteln wächst rasch. Der Import von landwirtschaftlichen Gütern ist ein riesiges Geschäftsfeld geworden. Doch je mehr das Bewusstsein für die Möglichkeiten, die Afrika bietet, steigt, desto wahrscheinlicher wird es, dass der Import im Laufe der Zeit von Exporten in Afrika erzeugter landwirtschaftlicher Produkte abgelöst wird. (Basierend auf Analysen von *HIS Economics, GIDD, McKinsey Global Institute, Cityscape 2.2, Business Monitor International* und *McKinsey Analysis*.)

> *Der Afrikaexperte Laurence Brahm ist überzeugt, dass Afrika der Nahrungsmittelkorb der Welt werden wird.*

Die *African Development Bank Group* schrieb in ihrer Strategie für den Landwirtschaftssektor 2010 bis 2014: »Die potenzielle Rolle der Landwirtschaft in der Entwicklung eines Landes ist es, Armut zu reduzieren und das Wachstum von Agrarländern anzukurbeln. Dieses Potenzial wurde bis heute nicht ausgeschöpft. Studien zeigen, dass auf Landwirtschaft basierendes Wachstum doppelt so wirksam ist, Armut zu reduzieren, wie auf andere Sektoren basierendes Wachstum. Dieses Wachstum ist in China 3,5 Mal höher und in Lateinamerika 2,7 Mal höher.«

Das Internet wird zunächst nicht unbedingt mit der Landwirtschaft in Verbindung gebracht. Dennoch wird auch das Internet eine bedeutende Rolle für den Ausbau der Produktivität und Wertschöpfung sowie in Bezug auf sozioökonomische Auswirkungen spielen. Genau wie in anderen Branchen bietet das Internet eine Lernplattform und verbindet Landwirte mit Experten zur Einholung wichtiger Informationen und Ratschläge. Es vernetzt die Landwirte und erlaubt den Austausch von lokalen Erfahrungen mit neuem Getreide, Dünger, Bewässerung, Handel und Finanzierung.

Nigeria hat beispielsweise 95 Universitäten, aber eine Analphabetenrate von 40 Prozent, zumeist in ländlichen Regionen. Landwirte könnten enorm von landwirtschaftlichen

Lernvideos via Internet profitieren. In seinem im November 2013 erschienenen Bericht über den Einfluss des Internets in Afrika schätzt *McKinsey*, dass die Technologie bis zu $ 3 Milliarden an jährlicher Produktivitätssteigerung in der Landwirtschaft ermöglichen wird. »Nigeria nutzt mobile Technologien, um die Verwaltung von Ersparnissen zu erneuern. Dadurch konnten viele Korruptionsfallen geschlossen werden, die Anzahl der teilnehmenden Landwirte konnte stark vergrößert werden und die Produktionsziele wurden bei Weitem übertroffen.«

> *In vielen Entwicklungsländern war die fehlende Infrastruktur lange Zeit eine große Hürde auf dem Weg vom Produzenten zum Konsumenten.*

Laut der Afrikanischen Union benötigt Afrika jährlich $ 93 Milliarden für Investitionen in eine hochwertige Infrastruktur. Einer der Autoren dieses Buchs, John, war in den späten 1960ern Berater der königlichen Regierung von Thailand für die Beschleunigung der landwirtschaftlichen Entwicklung im Nordosten des Landes. Er und seine thailändischen Kollegen erzielten große Erfolge bei der Diversifizierung des Anbaus und der Steigerung der Erträge. Doch die Bauern verweigerten die Zusammenarbeit, da sie wussten, dass es keine Infrastruktur gab, die die neue Erntevielfalt und die höheren Erträge auf die Märkte bringen würde. Eine nicht ungewöhnliche Sichtweise in jenen Tagen.

Wie am Beispiel Thailands gesehen, hemmt die mangelnde Infrastruktur die Produktivität. Diese Hürde ist für das wirtschaftliche Wachstum genauso verheerend wie eine erdrückende Bürokratie, weit verbreitete Korruption und das Fehlen finanzieller Mittel.

Trotz der eigenen Anstrengungen hängt Afrikas Fortschritt auch vom Schuldenerlass und fremder Hilfe ab. Afrika benötigt weitere Verbesserungen der ländlichen Infrastruktur zur Lieferung von günstigerer und zuverlässigerer Energie, Zugang zu Bildung und ein besseres Sozialsystem. Afrikas Aufstieg wird kein gemütlicher Spaziergang sein, aber nach Jahrzehnten der Stagnation zeigt sich jetzt ein starkes Wachstumspotenzial. Das veränderte Klima wurde zu einer Inspiration für alle Teile der Gesellschaft.

> *Der Unternehmergeist der jungen afrikanischen Generation ist erwacht!*

»Lions on the move« lautet der Titel der *McKinsey*-Analyse über Afrikas Fortschritt und Potenzial aus dem Jahr 2010. *McKinsey* sieht zwei Gründe für Afrikas schneller werdende wirtschaftliche Entwicklung: zum einen bessere Regierungen und zum anderen Wirtschaftsreformen, die Schulden und Haushaltsdefizite reduzieren, die Inflation eindämmen, Staatsbetriebe privatisieren, den Handel liberalisieren und Unternehmenssteuern reduzieren. Die Geschichte Afrikas verändert sich und die Zeichen für seine Öffnung verstärken sich.

McKinsey schätzt, dass das kollektive BIP von Afrika bis 2020 von $ 1,6 Billionen auf $ 2,6 Billionen ansteigen wird, die Konsumausgaben von $ 860 Milliarden auf $ 1,4 Billionen ansteigen und 128 Millionen Haushalte ein regelmäßiges Einkommen haben werden.

> *In keiner anderen Region werden die Einkommen schneller steigen.* »Globale Investoren und Unternehmer können es sich nicht leisten, diese Gelegenheit zu verpassen«, meint McKinsey.

Laut *CrunchBase*, einer frei zugänglichen Technologiedatenbank für Firmen, Personen und Investoren, war 2013 das aktivste Jahr für Technologieinvestments in Afrika. Am 26. Januar 2016 schrieb die *ft.com* »Risikokapitalgeber schütten hunderte Millionen Dollar in Afrika fokussierte Start-ups, da sie eine neue Welle an technischen Neuerungen durch die rapide Verbreitung der Mobiltelefonie erwarten.«[22] Dabei sieht die *Financial Times* Neulinge in E-Commerce, Gesundheit und Finanzdienstleistungen als Ziele der Investoren vorwiegend in Nigeria, Südafrika und Kenia.

Doch auch quer über den afrikanischen Kontinent investieren amerikanische Investoren und Risikokapitalgeber immer häufiger in Start-ups. IBM eröffnete Innovationszentren in Lagos und Casablanca. Microsoft kündigte als neues Ziel seiner Initiative *Microsoft4Africa* an, Innovationen in Afrika anzukurbeln. *Solomon Assefa*, IBM-Forscher und Vizepräsident für Wissenschaft und Technologie, sieht Afrika im Wandel: »Wir beobachten eine steigende Stabilität und einen starken Netzausbau, ein gewaltiges Wirtschaftswachstum, eine Menge neuer Infrastruktur und sehr viel ausländisches Kapital.«

Nur wenige der 48 Länder südlich der Sahara befinden sich weiterhin am unteren Ende des Wohlstandsindex. Laut

---

22 http://www.ft.com/intl/cms/s/0/6d2e589a-b9da-11e5-bf7e-8a339b6f2164.html#axzz3yonFEhcy

einer Studie der Weltbank kommen 17 der 50 am schnellsten wachsenden Volkswirtschaften aus Afrika. Afrikaexperten Robert Kappel und Birte Pfeiffer (*GIGA, German Institute of Global and Area Studies*, Hamburg) loben den Fortschritt in einzelnen Ländern, warnen aber vor einer allgemeinen blinden Euphorie.

»Afrikanische Unternehmensgründer, Banker und Investoren«, meint *Bartholomäus Grill* in seinem Buch *Oh Africa*, »waren seit dem Ende der Kolonialzeit noch nie so optimistisch.«

> *Bis zum Jahr 2020 werden in Afrika überwiegend junge und urbane Bevölkerungen mit einer wachsenden Mittelschicht leben.*

Ein guter Fortschritt bedingt auf die Bedürfnisse eines Landes maßgeschneiderte Investitionen. Beispiele aus Afrika sind die Unterstützung von Tourismus und Kaffeeplantagen in Ruanda, die IT-Experten und mobilen Apps in Kenia oder die Blumenexporte von Äthiopien. Ein weiteres Beispiel ist Botswana, das sich darum bemüht, die Wertschöpfungskette für die Diamantenproduktion zurück ins Land zu holen, um in Zukunft nicht mehr nur Rohdiamanten zu exportieren, sondern diese direkt im Land zu bearbeiten.

Die neue Mittelschicht ist die treibende Kraft in diesem Prozess: Afrikas 310 Millionen Konsumenten, die nicht mehr in das Bild des hilflosen und faulen Afrika passen.

Heute verfügt Afrika über mehr als 700 Millionen Mobiltelefone. Der bessere Zugang zu Information hilft der Bevölkerung und führt zu einem schnellen sozialen Wandel. Unter dem Titel »Artists thrive in Africa as freedom grows«

(Mehr Freiheit führt zu einem Erwachen der Künstler in Afrika) schrieb die *New York Times* über den positiven Einfluss der »steigenden demokratischen Erwartungen, des Rückgangs von Diktaturen und der Explosion des Internets« auf den Aufschwung in der afrikanischen Kunstszene. Neue Projekte und Produkte schaffen eine farbenfrohe Kunstszene: Nigerias Filmindustrie, bekannt als Nollywood, das Rift Valley Festival in Kenia oder Literaturjournale wie *Kwani?*, eine führende Publikation, gegründet von einigen der vielversprechendsten Schriftsteller Kenias.

Afrikas Kunstszene löst sich immer mehr vom europäisch-amerikanischen Einfluss und strebt mehr Unabhängigkeit an. »In Afrika«, schreibt Ginanne Brownell im Januar 2013 in der *New York Times*, »ist sogar die Kunstwelt lange Zeit von westlicher Aufmerksamkeit und westlichem Geld abhängig gewesen. Aber die sich ständig verschiebende politische und wirtschaftliche Landschaft Afrikas und die anhaltende Finanzkrise des Westens führten zu einem wachsenden Netzwerk an Künstlern, Kuratoren und Non-Profit-Organisationen, die Wege suchen, um die afrikanische Kunstwelt von der europäisch-amerikanischen Achse zu lösen.«

Die neuesten Zahlen, die im Bericht *Africa's Pulse* der Weltbank veröffentlicht wurden, analysieren die wirtschaftlichen Trends und Fakten des afrikanischen Kontinents. Laut dem Gesamtausblick 2014 in diesem Bericht erleben die Länder südlich der Sahara aufgrund von beträchtlichen Investitionen in die Infrastruktur einen starken Aufschwung in der Landwirtschaft sowie eine Expansion des Dienstleistungssektors, der Stromkapazität und des Transports. Außerdem werde Afrika weiterhin eine der am schnellsten wachsenden Regionen mit einem Wirtschaftswachstum von 4,6 Prozent im Jahr 2014 und 5,2 Prozent in den Jahren 2015 bis 2016 sein. Das Jahr 2015 zeigt hingegen eine Verlangsamung zu 3,7 Prozent. Der Ausblick auf 2017 ist positiv und geht von einem Wachstum von 4,8 Prozent aus. Verstärkter Inlandskonsum, Investitionen und erhöhte Staatsausgaben wirken dabei als Beschleuniger[23].

Die Frage, ob dieser Kontinent seinen Weg in eine neue, starke Zukunft schafft, bleibt offen. Viele Argumente sprechen dafür, viele dagegen. Wir würden nicht so weit gehen wie Nigerias ehemaliger Präsident *Olusegun Obansanjo*, der das 21. Jahrhundert zum Jahrhundert Afrikas erklärte, auch nicht so weit wie Berger mit seinen Myriaden von Chancen. Wir sind optimistisch. Notwendig dafür sind unternehmerischer Geist, Mut, innovative Ideen und Belohnungen für gute Ansätze.

Steckbrief der Region südlich der Sahara

KENIA

Bevölkerung: 44.037.656
Anteil der Stadtbevölkerung: 24%
BIP: $ 45,31 Mrd.

---

23 http://www.worldbank.org/en/region/afr/publication/africas-pulse-an-analysis-issues-shaping-africas-economic-future-october-2015

BIP-Verteilung: Landwirtschaft 29,3%; Industrie 17,4%; Dienstleistungen 53,3%
Wirtschaftswachstumsrate: 5,1% *(World Factbook)*
BIP pro Kopf stieg von $ 406,12 im Jahr 2000 auf $ 1.245 im Jahr 2013 *(World Bank)*
2014 *Index of Economic Freedom:* 111 *(Heritage Foundation)*

Kenias Informations- und Kommunikationstechnologie entwickelt sich rasant. Mobiltelefonie und Internet wurden zu Afrikas Tor zur Welt. Junge afrikanische IT-Spezialisten arbeiten intensiv an Innovationen für mobile Apps.

Der Gründer von *eBay, Pierre Omidyar,* stellte in Nairobi ein Gebäude zur Verfügung, in dem Internet-Unternehmer für die afrikanischen Märkte Spiele für Handys und Low-Tech-Spiele für Kinder programmieren können. Die IT- und Kommunikationsindustrie macht mehr als 5 Prozent von Kenias BIP aus. Google, IBM, Cisco und Microsoft wollen diesen rasant wachsenden Markt für Handys, Tablets und Laptops nicht verpassen und haben sich ebenfalls dort niedergelassen. Sie haben vielleicht noch nicht davon gehört, aber Kenias Ngong Road nennt man heute *Silicon Savannah of Nairobi,* ein Zentrum für junge afrikanische Programmierer, die Apps für Smartphones speziell für die Bedürfnisse des afrikanischen Marktes entwickeln.

Die drahtlose Kommunikation hat den afrikanischen Alltag dramatisch verändert. Ein Drittel von Kenias Zahlungsverkehr wird heute über M-Pesa (M steht für mobil und Pesa für Geld) abgewickelt, einem Zahlungssystem, das ein Mobiltelefon als Bankkonto, Kreditkarte und für Überweisungen verwendbar macht.

Marokko

Bevölkerung: 24.096.669
Anteil der Stadtbevölkerung: 57% (2011)
BIP: $ 104,8 Mrd.
BIP-Verteilung: Landwirtschaft 15,1%; Industrie 31,7%; Dienstleistungen 53,2% (2012 geschätzt)
Wirtschaftswachstumsrate: 5,1% *(World Factbook)*
BIP pro Kopf stieg von $ 1.275,88 im Jahr 2000 auf $ 7.606,00 im Jahr 2014 *(World Bank)*
2014 *Index of Economic Freedom:* 103 *(Heritage Foundation)*

Mitten in den Unruhen der Länder nördlich der Sahara scheint Marokko einen ruhigeren Weg hin zu einem modernen, moderat islamischen Land gefunden zu haben.

Für viele Afrikaner, die ihre Zukunft in einer illegalen Einwanderung nach Europa sehen, ist Marokko das Tor zu ihrem Gelobten Land. Marokko bietet den einfachsten Grenzübertritt zu den spanischen Städten Ceuta und Melilla. Aber viele schaffen es nicht und bleiben in Marokko hängen. Im Laufe der Jahre stieg die Anzahl der illegalen Flüchtlinge auf ungefähr 40.000, die nun im Land leben. Marokko bietet heute als erstes afrikanisches Land Aufenthaltsgenehmigungen an. Alle, die nachweisen können, mindestens 5 Jahre im Land gelebt zu haben oder einen Zweijahresarbeitsvertrag vorweisen können, bekommen eine offizielle Aufenthaltsgenehmigung. Marokko setzt dabei auf Bildung, um diese Menschen zu wertvollen Mitgliedern der Gesellschaft zu machen; es gibt Sprachkurse und Berufsausbildungen für Erwachsene und ihre Kinder erhalten Zugang zur Schulbildung. Es gibt sogar eine allgemeine Gesundheitsversorgung.

Mosambik

Bevölkerung: 24.096.669
Anteil der Stadtbevölkerung: 32,2% (2011)
BIP: $ 28,15 Mrd.
BIP-Verteilung: Landwirtschaft 28,7%; Industrie 24,9%; Dienstleistungen 46,4%
Wirtschaftswachstumsrate: 7% *(World Factbook)*
BIP pro Kopf stieg von $ 235,82 im Jahr 2000 auf $ 605,03 im Jahr 2013 *(World Bank)*
2014 Index of Economic Freedom: 128 *(Heritage Foundation)*

Mosambik hat sich in nur einem Jahrzehnt von einem der ärmsten Länder der Welt zu einem, der am schnellsten wachsenden Nationen Afrikas entwickelt. Zwischen 2003 und 2013 betrug die Wachstumsrate 6–8 Prozent. Dennoch lebt die Hälfte der Bevölkerung weiterhin unterhalb der Armutsgrenze. Trotz seiner reichen Bodenschätze, vor allem Erdgas, Kohle und Titan, hängt Mosambik weiterhin von finanzieller Unterstützung, Schuldenerlässen und Zahlungsaufschüben ab. Aber Mosambiks reiche Ressourcen ziehen nun ausländische Investoren an, die mit großen Projekten das Wirtschaftswachstum der nächsten Jahre ankurbeln werden.

Mosambik steht auch noch ganz am Beginn, sein landwirtschaftliches Potenzial voll auszunutzen. Die Landwirtschaftskampagne 2013–2014 der Regierung startete im November 2013 und unterstützt Ackerbau und Viehzucht. Der Ausbau des Cahora-Bassa-Staudamms sowie weitere Staudammprojekte werden zusätzliche Stromexporte ermöglichen und schaffen die Grundlage für die aufkeimende heimische Industrie.

Vor nur 50 Jahren war Korea ärmer als Mosambik. Heute ist Südkorea ein wichtiger Player in der Weltwirtschaft. Dies ist ein Beispiel dafür, was alles erreicht werden kann, wenn unfähige Regierungen durch strategische Planung ersetzt werden.

NIGERIA

Bevölkerung: 177.155.539
Anteil der Stadtbevölkerung: 49,6% (2011)
BIP: $ 502 Mrd.
BIP-Verteilung: Landwirtschaft 30,9%; Industrie 43%; Dienstleistungen 26%
Wirtschaftswachstumsrate: 6,2% 2013 *(The World Factbook)*
BIP pro Kopf stieg von $ 374,22 im Jahr 2000 auf $ 3.203,30 im Jahr 2014 *(World Bank)*
2014 Index of Economic Freedom: 129 *(Heritage Foundation)*

Nigeria ist Afrikas bevölkerungsreichstes Land. Im April 2014 gab das Statistische Bundesamt von Nigeria bekannt, dass Nigerias BIP von 502 Milliarden US-Dollar Südafrika als größte Wirtschaft in Afrika überholt hat. Gemessen am BIP liegt Nigeria knapp hinter Polen oder Norwegen. Nigeria weist ein Wirtschaftswachstum von durchschnittlich 7 Prozent jährlich für die letzten 5 Jahre auf. Der Internationale Währungsfonds schätzt, dass Nigerias Wachstumsrate bis 2020 weiterhin zwischen 6 und 7 Prozent betragen wird. Ein starkes BIP und weltweit eine der höchsten Wachstumsraten führen dazu, dass noch mehr Investoren ihr Interesse auf Nigeria richten.

Doch während Nigerias BIP wächst, ist der Großteil der Bevölkerung nicht reicher geworden. Weitreichende Korruption behindert die effektive Bekämpfung der Armut. Die Mehrheit der 177 Millionen Einwohner Nigerias lebt nach wie vor von weniger als 1,25 US-Dollar pro Tag. Die Arbeitslosenquote liegt bei 24 Prozent.

Im Nordosten des Landes terrorisiert die islamische Sekte Boko Haram (von der afroasiatischen Sprache Hausa aus den Worten *Boko* für Buch und *Harām* für verboten, sinngemäß »Bücher sind Sünde«) die Bevölkerung, fordert die Herrschaft der Scharia und destabilisiert die gesamte Region. Seit 2012 führten die Konflikte zwischen Muslimen und Christen im Süden des Landes dazu, dass über 500.000 Menschen aus der Region flohen, um dem Terror zu entgehen. Mehr als 514 Sprachen und Dialekte behindern Nigeria zusätzlich, eine gemeinsame Basis zu finden.

Nigeria ist weltweit der sechstgrößte Ölexporteur, hat es aber noch immer nicht geschafft, die großen Ölhändler zu umgehen und Diesel, Benzin und andere Erdölprodukte selbst zu raffinieren. Nigerias Raffinerien sind alt und produzieren weit unter ihrer Kapazität. Obwohl über 2,5 Millionen Fässer Rohöl in Nigeria gefördert werden, muss das Land 80 Prozent seiner Erdölprodukte von ausländischen Händlern kaufen. Zusätzlich stehlen organisierte Banden jedes Jahr mehr als 150.000 Fässer Rohöl. Der Import von Erdölprodukten wird meist abgestimmt mit dem Import von Getreide und anderen landwirtschaftlichen Produkten, obwohl die Fachleute einhellig der Meinung sind, dass sich Nigeria selbst versorgen könnte. Wie auch andere erdölexportierende Staaten haben die sinkenden Ölpreise Nigerias Defizit dramatisch anschwellen lassen. Ein Ansuchen um einen $ 3,5 Milliarden Notfallkredit bei der Weltbank und der African Development Bank sollen helfen, die Löcher im Budget zu füllen.

Dennoch verändert sich Nigeria. Die Dienstleistungsindustrie boomt: Dank der reichen Öl- und Gasvorräte macht die Erdöl- und Erdgasindustrie heute bereits 14 Prozent der Wirtschaftsleistung aus.

Lagos beginnt sich vom generellen Muster Nigerias abzuheben. Die lokale Regierung baute das öffentliche Verkehrswesen aus, verbesserte die wirtschaftliche Infrastruktur, führte eine Straßenreinigung ein und verbesserte das Leben der Bewohner. Ein nigerianisches Syndikat baut gerade den futuristischen Stadtteil *Eko Atlantic*, der Nigerias Manhattan werden soll. Aber neben den modernen Hochhäusern befinden sich weiterhin viele Slums. Die Viertel zwischen den Lagunen und Kanälen könnten bezaubernd sein, sie sind jedoch verschmutzt und stinkend. Um den Mangel an qualitativer Nahversorgung auszugleichen wächst der Anteil an Internetkäufen. 2014 gab es in Lagos nur 2 Einkaufszentren mit mehr als 20.000 Quadratmetern. Zum Vergleich können die 4 Millionen Einwohner von Johannesburg zwischen 74 Einkaufszentren wählen.

So groß der Graben zwischen dem Nigeria von heute und dem, was Nigeria einmal sein könnte, auch ist, die Informationstechnologie bietet Einzelnen inmitten von Nigerias Chaos ein großes Wachstumspotenzial. Die Telekomindustrie ist für mehr als ein Viertel von Nigerias BIP-Zuwachs verantwortlich (Mitte 2015 verfügte Nigeria über 141 Millionen Handyanschlüsse[24]).

Die nigerianische Tageszeitung *Business Day* erzählte am 13. Juni 2014 die Geschichte von Jason Njoku, einem jungen Nigerianer, der in Großbritannien mit seinem Unternehmen scheiterte. Er kehrte nach Nigeria zurück und gründete *iROKOtv*, das in einem halben Jahr 500.000 Abonnenten weltweit gewinnen konnte. Mittlerweile hat *iROKOtv* jeden Monat ungefähr 1 Million Besucher aus 178 Ländern der Welt.

---

24 http://www.ibtimes.com/nigerias-telephone-penetration-expands-first-half-2015-amid-mobile-phone-boom-2118947

Der Zugang zum Internet ist nach wie vor teuer und vielen Regionen südlich der Sahara verwehrt. *Jason Njoku* meint dennoch: »Unser Kontinent erlebt ein beispielloses Wachstum, und wir haben eine beständig wachsende Bevölkerung, die den Online-Kauf von Konsumgütern und Dienstleistungen bald als tägliche Routine für alle sehen wird und nicht als Luxus für einige wenige. In den nächsten drei bis fünf Jahren wird Afrikas Tech-Szene eine Revolution verursacht haben ... in Nigeria von heute 250 Millionen US-Dollar auf eine Milliarde US-Dollar in fünf Jahren.«

Weiter meint er: »Das Potenzial ist da, aber ohne Investitionen kann es nicht umgesetzt werden – was für eine Verschwendung wäre das!« Der *Economist* fasst dies in einem Satz zusammen: »Nigeria zeigt sich mittlerweile als Wirtschaft, die ernst genommen werden sollte!«

SÜDAFRIKA

Bevölkerung: 48.375.645
Anteil der Stadtbevölkerung: 62% (2010)
BIP: $ 353,9 Mrd. (2013 geschätzt)
BIP-Verteilung: Landwirtschaft: 2,6%; Industrie: 29%; Dienstleistungen: 68,4%

Wirtschaftswachstumsrate: 2% (The *World Factbook*)
BIP pro Kopf stieg von $ 3.019,95 im Jahr 2000 auf
$ 6.617,91 im Jahr 2013 (*World Bank*)
2014 *Index of Economic Freedom*: 75 (*Heritage Foundation*)

Das Leben in Afrika hat viele Gesichter. Vor einigen Jahren, als wir Johannesburg besuchten, bestanden wir darauf, auch das Zentrum von Johannesburg zu besichtigen, eine sehr gefährliche Gegend für Besucher. Nie zuvor hatten wir die Anzeichen einer so großen Gewalt gesehen wie auf dieser Fahrt durch die desolaten Straßen, gesäumt von ehemaligen Bankgebäuden und 5-Sterne-Hotels: eingeschlagene Fensterscheiben, Müll auf dem aufgebrochenen Asphalt, von Obdachlosen besetzte Gebäude. Was für ein Kontrast zum Bezirk Sandton, in dem die Vermögenden leben: unterirdisch miteinander verbundene Einkaufszentren, die die teuersten Marken der Welt, den besten Kaffee, französische Croissants oder den lokalen Milchkuchen, *Melktert* genannt, anbieten. Kaum jemand war so verrückt wie wir, ein Auto und einen Fahrer zu mieten, um auch das alte Zentrum zu besuchen, um ein möglichst vollständiges Bild dieser Stadt zu bekommen (Die Welt 15. Dezember 2013; Der Spiegel 47,48,49/2013; Frankfurter Allgem. Sonntag 15. Dezember 2013).

Nun lasen wir auch über *Jonathan Liebman*, der 2008 den Bezirk Maboneng gründete und ihn langsam in ein urbanes Viertel mit Galerien, Ateliers, modernen Apartments, Hotels und Restaurants verwandelte. Maboneng war wie das übrige Zentrum von Johannesburg zu einer gefährlichen Gegend geworden, die während der Zeit des Übergangs und der Unsicherheit in den 1990er-Jahren von einer Welle an Kriminalität überschwemmt wurde. Nun ist es zu einer der hippsten urbanen Enklaven Afrikas geworden, welche das Leben zurück ins Zentrum von Johannesburg bringt, das vor noch gar nicht langer Zeit bereits abgeschrieben worden war.

Das Internet ermöglicht unterschiedlichen Kunstformen den Zugang zu einem größeren und sogar weltweiten Publikum. Ein Beispiel ist das südafrikanische Magazin *Chimurenga*, das sich selbst als »projektbasiertes, multiples Objekt, Printmagazin, Arbeitsplatz und Plattform für redaktionelle und kurative Aktivitäten« beschreibt.

Eine Band aus Kenia singt, was viele junge Afrikaner denken: »Nur weil ich Afrikaner mit schwarzer Hautfarbe bin, heißt das nicht, dass ich nicht gewinne, wenn ich es versuche.« Der Refrain beschreibt das neue Selbstverständnis der neuen Generation Afrikas: »Sag mir nicht, was ich kann und was nicht! Ich kann die Welt verändern!«

Tansania

Bevölkerung: 49.639.138
Anteil der Stadtbevölkerung: 57% (2011)
BIP: $ 31,94 Mrd.
BIP-Verteilung: Landwirtschaft 27,6%; Industrie 25%; Dienstleistungen 17,4% (2013 geschätzt)
Wirtschaftswachstumsrate: 7,0% (2013 geschätzt) (*World Factbook*)

BIP pro Kopf stieg von $ 308,14 im Jahr 2000 auf $ 694,77 im Jahr 2013 (*World Bank*)
2014 Index of Economic Freedom: 106 (*Heritage Foundation*)

Das heutige Tansania besteht eigentlich aus zwei Ländern: Sansibar und Tanganjika. Die beiden Länder fusionierten am 26. April 1964 und wurden in Tansania umbenannt. Obwohl Tansania Ostafrikas zweitgrößte Wirtschaft darstellt, ist es in Bezug auf das Pro-Kopf-Einkommen nach wie vor eines der ärmsten Länder und kämpft mit Kinderarbeit und internationalem Kinderhandel.

Dennoch zeigt Tansania ein gewisses Potenzial in seiner Landwirtschaft, in der das bewässerbare Ackerland die momentan genutzte Fläche übersteigt. Tansania verfügt über reiche Bodenschätze wie Kohle, Erdgas, Uran, Nickel, Zinn, aber auch über Gold, Platin und Diamanten. Trotzdem macht der Bergbau nur 4 Prozent des BIP aus. Das BIP wird im September 2014 überarbeitet und wird Schätzungen zufolge um 20 Prozent steigen, da die Daten aus der Bergbauindustrie in den BIP-Daten miteingerechnet werden.

Es ist keine Überraschung, dass China am 23. Juni 2014 ein historisches *Tansania China Business Forum* in Daressalam eröffnet hat (Tanzania Daily News, 22. 6. 2014). Das Ziel dieses Forums, die Zusammenarbeit zwischen den beiden Ländern zu verstärken, wurde durch den sechstägigen Besuch von Chinas Vizepräsident *Li Yuanchao* unterstrichen. Aktuell sind 522 Investitionsprojekte im Wert von 2,29 Milliarden US-Dollar registriert (*Xinhuanet*, 25. 6. 2014).

Im März 2013 lautete eine Schlagzeile von Bloomberg News: »Tansanias Wirtschaft wächst mit der Hilfe der Chinesen 2013 um zehn Prozent. Chinas 1,4 Milliarden US-Dollar übertreffen 2013 das US-Investment von 950 Millionen US-Dollar und verdrängen die USA als viertgrößter Investor des Landes. Bis 2013 stiegen Chinas Gesamtinvestitionen auf 2,5 Milliarden US-Dollar. Nahezu 500 chinesische Unternehmen schufen 150.000 Arbeitsplätze in der Region.« (*Tanzanian Daily News*, 25. 6. 2014)

Am 27. Oktober 2014 berichtete *Reuters*, dass China und Tansania einen Vertrag über 1 Milliarde US-Dollar zum Bau einer Satellitenstadt abgeschlossen und weitere 500 Millionen US-Dollar für ein Finanzzentrum in Daressalam. »Diese Satellitenstadt«, schreibt *Reuters,* »in den Außenbezirken von Daressalam wird eine autarke Region mit Wasserversorgung, Elektrizität, Straßen, Banken, Schulen und Spitälern sein. Sie wurde konzipiert, um die Verkehrsstaus im Geschäftsviertel von Daressalam zu verringern.« Präsident *Jakaya Kikwete* bestätigte fünf Verträge im Wert von über 1,7 Milliarden US-Dollar, die formell mit Beijing unterzeichnet wurden.

Aber China ist nicht der einzige Investor, der auf Tansanias wachsende Märkte setzt. *Viettel*, ein vietnamesischer Telekombetreiber, plant, über eine Milliarde Dollar in das 3G-Mobilnetz von Tansania zu investieren. Das Unternehmen wird nicht nur günstige Smartphones anbieten, es wird auch kostenloses Internet für Schulen, Spitäler und Büros zur Verfügung stellen (Reuters 28. 10. 2014).

Nordafrika: die zwei großen E's und der arabische Marshallplan

Jeglicher Optimismus für Afrika richtet sich auf die Region südlich der Sahara. Die Hoffnung, dass sich die arabischen Länder im Norden öffnen, ist gänzlich erloschen – und zwar nicht im Hinblick auf eine Öffnung hin zu demokratischen, westlichen Strukturen, sondern rein um schrittweise Verbesserungen der Lebensbedingungen der Bevölkerung. Stattdessen liegen ein oder mehrere Jahrzehnte der Instabilität vor uns. Revolutionen ändern Systeme selten über Nacht. Es muss eine Grundlage für Stabilität gelegt werden, auf der neue Regierungsformen aufbauen können. Auch Europa hat die Demokratie nicht über Nacht entwickelt. In einer Region, in der Grenzen willkürlich quer durch ethnische Gruppierungen und Volksstämme gezogen wurden, ist die Hürde für ein friedliches Miteinander wesentlich größer.

Verlorene Würde

»Nichts mehr davon, ich bitt' Euch. Zu essen gebt ihm, zu wohnen, habt ihr die Blöße bedeckt, gibt sich die Würde von selbst«, schrieb *Friedrich von Schiller* im 19. Jahrhundert.

Der Verlust der Menschenwürde, erniedrigt zu werden und das Bewusstsein, dass ein besseres Leben möglich ist, waren der Wendepunkt für den Gemüsehändler *Mohamed Bouazizi* in Tunesien. Er bettelte nicht um Sozialhilfe oder Almosen, er wollte nur eine Regierung, die Bedingungen schafft, die es ihm ermöglichen, für sich selbst zu sorgen. Seine Selbstverbrennung am 17. Dezember 2010 war letztlich der Auslöser des Arabischen Frühlings und der damit verbundenen Revolutionen. Allen Reformbestrebungen zum Trotz ist die Spaltung der muslimischen Gemeinschaft in Schiiten und Sunniten noch immer der tief verwurzelte Hintergrund der Tragödien im Nahen Osten. Die Sunniten, die mit rund 80 bis 90 Prozent die Mehrheit stellen, lehnen Märtyrertum und Heiligenverehrung der Schiiten vehement ab. Die Schiiten sehen sich als Minderheit meist in der Rolle des Opfers. Sie litten unter dem Sunniten Saddam Hussein, der bis 2003 Iraks Präsident war. *Nuri al-Malaki*, Premierminister des Irak von 2006 und Schiite, verweigerte wiederum den Sunniten jede würdevolle Behandlung.

Die Jugend des Mittleren Ostens wächst weiterhin in einem Klima des Hasses auf. Die einzige Lösung ist Bildung. Sie ist die Grundbedingung dafür, Einigkeit statt Radikalisierung zu erreichen. Bildung ist das Fundament für politische Verantwortung. Aber die Hoffnung, dass die neuen Regierungen in Nordafrika in die beiden großen »E«s, Education und Economics, investieren werden, ist zum Großteil verschwunden. Die Jugendarbeitslosigkeit ist doppelt so hoch wie im Rest der Welt, wobei rund 30 Prozent der Arbeitsuchenden über einen akademischen Abschluss verfügen[25]. In Teilen Ägyptens und Tunesiens sind mehr als die Hälfte der jungen Menschen ohne Job. Aber ohne Hoffnung gibt es keine Menschenwürde.

> *Wenn Regierungen scheitern, müssen private Initiativen einspringen.*

Am 3. April 2013 berichtete die *Financial Times*, dass *Majid Jafar*, CEO von Crescent Petroleum, einem privaten Öl- und Gaskonzern aus den Vereinigten Arabischen Emiraten, einen Stabilisierungsplan für die arabischen Länder zur Beendigung der gefährlichen Abwärtsspirale vorlegte[26]. Seine private Initiative versprüht einen kleinen Funken Hoffnung, auch wenn sich der Plan erst in einem sehr frühen Stadium befindet. *Majid Jafar*: »Während jedes Land seine eigenen Prioritäten hat, müssen das regionale Wirtschaftswachstum und die Verringerung der eigentlichen Ursachen für Extremismus gemeinsame Ziele von allen sein.«

Er schlägt einen Multi-Investor-Fonds vor, um die Insta-

---

25 http://web.worldbank.org/archive/website01418/WEB/0__C-301.HTM
26 http://www.stimson.org/images/uploads/arab_stabilization_plan_final_expanded_white_paper.pdf

bilität der Region zu bekämpfen. Seine Hauptziele sind die Bekämpfung der Jugendarbeitslosigkeit und die Integration von Frauen in die Arbeitswelt. Hauptnutznießer sollen Ägypten, Jemen, Jordanien, Marokko und Tunesien sein.

Das Vorbild von *Jafar* ist der Marshallplan, durch den die USA nach dem Zweiten Weltkrieg 12 Milliarden US-Dollar in Europa investiert haben. Am Ende hat nicht nur Europa, sondern auch die USA davon profitiert. *Jafar* ist überzeugt, dass

1. Unternehmer besser dafür geeignet sind globale Probleme zu lösen als Politiker, und
2. es nicht sinnvoll ist, in die Budgets von strauchelnden Staaten zu investieren, sondern besser direkt in Infrastruktur und private oder öffentlich-private Projekte.

Eine Investition von 30 Milliarden US-Dollar könne innerhalb von 5 Jahren 5 Millionen Arbeitsplätze schaffen. Eine Investition von 100 Milliarden US-Dollar würde den Bau von Autobahnen, Häfen, High-Tech-Kommunikation und eine bessere Versorgung mit Wasser und Energie ermöglichen und bis zu 15 Millionen neue Arbeitsplätze schaffen.

Derzeit ist *Jafars* Strategie noch in der Planungsphase. Die Grundprinzipien, auf denen sie beruht, sind das Ergebnis von Gesprächen mit arabischen Regierungen: Berücksichtigung der Souveränität der Geber- und Empfängerländer, Verbesserung der nationalen Investitionsklimas, sozialer Fortschritt, regionale Integration und Transparenz. Die deutsche Wochenzeitung *Die Welt* (13. 3. 2014) sieht zwar eine Reihe ernsthafter Probleme bei der Umsetzung des Projekts, widmete aber immerhin eine ganze Seite diesem Thema, das den Fokus weg von negativer Berichterstattung hin zur Suche nach Lösungen richtet. »Es gibt zu wenige solcher Foren in arabischen Ländern, die in der Lage sind, fernab vom Drama der Tagespolitik, große politische und wirtschaftliche Perspektiven zu entwickeln. Wenn wir warten, bis wir politische Stabilität erreicht haben, gewinnen wir gar nichts«, meint *Jafar*. »Stellen Sie sich vor, die USA hätten den Deutschen 1945 gesagt, dass sie zuerst eine stabile Demokratie und ein stabiles Wahlsystem schaffen müssten, bevor sie Hilfe erhalten würden.«

Handelt es sich diesmal um einen echten Aufschwung Afrikas?

Das *Fortune Magazine* veröffentlichte im Oktober 2014 einen Artikel mit dem Titel »Handelt es sich diesmal um einen echten Aufschwung Afrikas?«. Das *Fortune Magazine* beantwortete die Frage mit einem klaren Ja. Afrikas »Volkswirtschaften erleben einen Aufwärtstrend und die ausländischen Investitionen brechen alle Rekorde. Die Herausforderungen sind enorm, aber der Kontinent wird letztlich in der Lage sein, seine Versprechen zu halten.«

Dies entgeht auch den Vereinigten Staaten nicht. Im August 2014 lud Präsident Barack Obama zum ersten afrikanischen Wirtschaftsgipfel nach Washington, der von Dutzenden afrikanischen Führungspersönlichkeiten besucht wurde. Der Schwerpunkt richtete sich nicht wie in der Vergangenheit darauf, den Armen zu helfen, sondern – wie das *Fortune Magazine* schrieb – »auf den Abschluss von mehreren Milliarden US-Dollar schweren Verträgen, die Jahrzehnte von Regierungssubventionen an afrikanische Staaten in den Schatten stellten.«

Zum Vergleich fand das 6. »Forum of *China-Africa Cooperation*« (FOCAC) im Dezember 2015 in Südafrika statt. Im Zeitraum der vergangenen drei Foren verdreifachte China jeweils seine finanziellen Verpflichtungen in Afrika[27].

---

27 http://www.brookings.edu/~/media/Research/Files/Reports/2015/01/foresight-africa/china-africa-cooperation-sun.pdf?la=en

Der Ansturm zurück nach Afrika begann ausgerechnet nach Ausbruch der Finanzkrise 2008, »als unzählige Afrikaner im Ausland ihre Jobs verloren oder sich einfach ausrechneten, dass sie zu Hause bessere Chancen hätten.« Das *Fortune Magazine* zitierte einen Geschäftsmann: »Das ist wie in Asien vor 30 Jahren. Die amerikanischen Investoren sind die letzten, die begriffen haben, dass Afrika die Region sein wird, wo es sich in den nächsten 30 Jahren abspielen wird.«

Lateinamerika

Über Jahrtausende lebten in der Region des heutigen Lateinamerikas nicht mehr als 30 Millionen Menschen. Indigene Völker – viele davon hoch zivilisiert wie die Azteken, Inka oder Maya – entwickelten sich unabhängig von anderen Kulturen. Ihre kulturelle Entwicklung wurde 1492 brutal unterbrochen, als der aus Italien stammende Entdecker Christoph Kolumbus unter der Flagge des spanischen Königs Ferdinand erstmals die »Neue Welt« betrat. Zu Beginn des 16. Jahrhunderts führte der portugiesische Seefahrer und Entdecker Pedro Alvarez Cabral eine Flotte Schiffe nach Südamerika und beanspruchte das heutige Brasilien für König Manuel I. von Portugal. Es waren die lateinischen Sprachwurzeln der spanischen und portugiesischen Eroberer, die dem Kontinent den Namen »Lateinamerika« gaben. Seine Bevölkerung wuchs seitdem auf den heutigen Stand von 600 Millionen Menschen.

Heute bilden Lateinamerikas 29 Wirtschaftsregionen eine der vielfältigsten Gebiete der Welt. Nach politisch und wirtschaftlich schweren Zeiten im 20. Jahrhundert sind die meisten lateinamerikanischen Länder heute demokratisch und, abgesehen von Venezuelas und Boliviens extremem Sozialismus (Ränge 175 und 158 des *Index of Economic Freedom*), marktwirtschaftlich orientiert. Im Mai 2008 wurde die *Union Südamerikanischer Nationen* gegründet, der heute alle 12 unabhängigen Länder Südamerikas angehören. Ihre Ziele sind wirtschaftliche Integration und gemeinsame Währung, Parlament und Reisepässe. Amerikanische Kommentatoren interpretieren dies als eine entscheidende Entwicklung nach dem Verlust der US-amerikanischen Vorherrschaft in der Region.

An der Pazifikküste im Westen bildet die *Pazifik-Allianz (PA)* mit den Mitgliedern Chile, Kolumbien, Costa Rica, Mexiko, Peru und eventuell Panama eine marktwirtschaftlich orientierte Gemeinschaft mit den Zielen, Transparenz und Effizienz im Kapital- und Güterverkehr sowie der Rechtsstaatlichkeit zu erhöhen und intellektuelles Eigentum zu schützen. Im Gegensatz dazu strebt die *Bolivarianische Allianz für Amerika (ALBA)* mit Venezuela, Bolivien, Nicaragua und Ecuador ein zentralistisches Modell mit Handelsbeziehungen zu und Investitionen von zentralen Regierungen ähnlich wie in China an (Venezuela allein 14,7 Milliarden US-Dollar). Es überrascht uns nicht, dass die PA-Nationen im letzten Jahrzehnt viel umfangreichere direkte ausländische Investitionen an Land ziehen konnten (laut Daten der *Heritage Foundation, World Bank*).

Das Jahr 2011 war für Lateinamerika ein Wendepunkt: Zum ersten Mal gab es mehr Menschen, die der Mittelschicht angehörten, als jene, die in Armut lebten. In den vergangenen 10 Jahren ist Lateinamerikas Mittelschicht um 50 Prozent gewachsen und hält nun 30 Prozent der Bevölkerung (*World Bank* 2014). Die Dauer der Schulbildung ist von durchschnittlich 5 Jahren auf 8 Jahre angestiegen. Viele Reformen verlaufen nach wie vor schleppend, aber der Kontinent ist auf einem neuen und besseren Weg, wie die Betrachtung der lateinamerikanischen Länder zeigt. Beim Wirtschaftswachstum führt heute Paraguay: Die Weltbank schätzt eine Wachstumsrate von 11 Prozent, gefolgt von Panama mit 9 Prozent und Peru mit 6 Prozent. Das Engagement der USA und China reflektiert auch die generell unterschiedlichen Denkweisen. Während China Investmententscheidungen aus langfristig strategischer Sicht trifft, sind Investments Amerikas stark von den Märkten und Gewinnaussichten getragen. Im Jahr 2000 betrug Chinas Investmentanteil gerade einmal 2 Prozent, jenes der USA 53 Prozent. 10 Jahre später war Chinas Anteil auf 11 Prozent angewachsen und jener Amerikas auf 39 Prozent gesunken[28].

Ein kurzer Steckbrief lateinamerikanischer Nationen

ARGENTINIEN

Bevölkerung: 42.610.981
Anteil der Stadtbevölkerung: 92% (2010)
BIP: $ 661,8 Mrd.
BIP-Verteilung: Landwirtschaft 9,3%; Industrie 29,7%; Dienstleistungen 61%
Wirtschaftswachstumsrate: 3,5% (The Fact Book)

---

28 http://www.forbes.com/sites/paulcoyer/2016/01/31/undermining-america-while-washington-sleeps-china-in-latin-america/#2f5c5b796694

BIP pro Kopf stieg von $ 7.208,81 auf $ 14.715,18 im Jahr 2013 (*World Bank*)
2014 *Index of Economic Freedom*: 166 (*Heritage Foundation*)

Als wir vor einigen Jahren in Buenos Aires waren, erlebte Argentinien gerade einige gute Jahre und die Atmosphäre war ziemlich positiv. Vor 100 Jahren war Argentinien eines der reichsten Länder der Welt, heute ist es eines von Lateinamerikas Problemländern. 12 Jahre nach dem Staatsbankrott 2002 erleben wir eine neue argentinische Krise. Die anhaltende Politik staatlicher Interventionen durch die Präsidentin *Cristina Fernández de Kirchner* wie die Verstaatlichung der Mehrheit von Argentiniens größtem Ölkonzern *Repsol*, der Einbruch des Peso und nun die Währungskontrolle und Importrestriktionen führte zu leeren Regalen in den Supermärkten kombiniert mit rapiden Preisanstiegen. Das Resultat ist der Einbruch von Kirchners Beliebtheitsgrad im Januar 2014 auf 27 Prozent.

Ausländische Investitionen trocknen langsam aus. »Wer investiert schon in ein Land, in dem die Regierung private Besitzverhältnisse wie Kleidung wechselt?«, fragt die führende konservative Zeitung Argentiniens *La Nation*.

Dabei fehlt es Argentinien nicht an Potenzial. Doch zuerst muss das Chaos beendet werden. Die neue Regierung unter *Mauricio Macri*, der im Dezember 2015 sein Amt antrat und eine unternehmensfreundliche Politik und Reformen versprochen hat, bringt vielleicht eine Wende. Aber dies bedarf nicht nur eines Wandels der politischen Sichtweise. Die Umverteilung von Vermögen und Energiesubventionen haben zwar den Ärmsten geholfen, wurden aber leider von jenen ausgenutzt, die diese Hilfe nicht benötigen. Notwendige Reformen sind natürlich schmerzhaft. Aber da Argentinien vor einem Abgrund steht, hat es im Grunde keine Wahl.

BRASILIEN

Bevölkerung: 201.009.622
Anteil der Stadtbevölkerung: 87% (2010)
BIP: $ 2.422 Bio.
BIP-Verteilung: Landwirtschaft 5,5%; Industrie 26,4%; Dienstleistungen 68,1%
Wirtschaftswachstumsrate: 2,5% (*World Factbook*)
BIP pro Kopf stieg von $ 3.694,46 im Jahr 2000 auf $ 11.384,40 im Jahr 2014 (*World Bank*)
2014 *Index of Economic Freedom*: 114 (Heritage Foundation)

> *Eine blendende Zukunft, die endlich kommt?*

Brasilien ist zugegebenermaßen eines unserer Lieblingsländer. Der Antrieb und die Dynamik seiner Bewohner, die Musik, das Essen: Wir lieben es und sind glücklicherweise oft dort. Während Brasilien viel Schönheit und großes Potenzial aufweisen kann, klagen viele Unternehmer über den Mangel an Reformen und ausufernde Bürokratie.

Zuerst die gute Nachricht. Trotz einer wesentlichen wirtschaftlichen Verlangsamung werden in Brasilien, der siebendgrößten Volkswirtschaft der Welt, laut Schätzungen der Boston Consulting Group in den nächsten 10 Jahren mehr als 5 Millionen Haushalte den Aufstieg in die Mittelschicht schaffen. Aber Brasiliens Mittelschicht hat ein sehr bescheidenes Pro-Kopf-Einkommen, und lag 2014 damit an 69. Stelle (*IMF 2015*) im globalen Ranking. Die Herausforderung wird in den nächsten Jahren darin bestehen, einen höheren Lebensstandard für die gesamte Bevölkerung zu erreichen und Wachstumshemmnisse zu beseitigen. Mit einem Schrumpfen seines BIP um 3 Prozent im Jahr 2015 und keiner wirklichen Aussicht auf einen Umschwung, wird dies allerdings kaum zu erreichen sein. Auch wenn viele junge, dynamische und erfolgshungrige Unternehmer mit einem Durchschnittsalter von nur 28 Jahren bessere Lebensbedingungen anstreben. Und genau wie in Afrika und China ist die Urbanisierung der hauptverantwortliche Treiber des wirtschaftlichen Wachstums.

Trotz aller Hindernisse ist Brasilien weltweit an siebter Stelle der attraktivsten Länder für ausländische Investoren.[29] Sao Paolo liegt an 5. Stelle bei der Ansiedelung großer ausländischer Zweigniederlassungen. Die ausländischen Investoren bleiben auch gegenüber den sehr unterschiedlichen Verbrauchermärkten positiv eingestellt. *Forever21 Inc.* produziert preisgünstige Kleidung für junge Konsumenten und BMW erlebt mit seinen Luxusautos eine starke Nachfrage.

Dennoch sind die hohen Steuern und Zölle, die ausufernde Bürokratie sowie der Mangel an Infrastruktur große Hürden auf dem Weg zu größerer Produktivität. Bloomberg bezeichnet Brasiliens Steuersystem als »byzantinisch« und laut der Weltbank kostet die Einhaltung der 27 Steuer-

---

29 http://www.Mckinsey.com/insights/south_america/brazils_path_to_inclusive_growth

rechtsbücher die Unternehmen einen weltweiten Rekord von 2.600 Stunden im Jahr.

Eine unterentwickelte Infrastruktur und überbordende Bürokratie sind nicht gerade ein dynamisches Duo. Brasiliens Produktivität wuchs von 1990 bis 2012 um 1,2 Prozent. Brasilien wurde damit sogar von Indien übertroffen, welches seine Produktivität im selben Zeitraum um 4,4 Prozent steigern konnte (China liegt bei 8,4 Prozent).

Es liegt nicht am mangelnden Potenzial, dass Brasilien drei Schritte vorwärts und zwei zurück macht. Brasilien hat ein großes ungenutztes Potenzial, einschließlich großer Ressourcen an Arbeitskraft, die nur darauf warten, aus den Möglichkeiten der Neugestaltung der Weltwirtschaft Profit zu schöpfen. Und Brasiliens Unternehmer fordern Reformen, die die Wettbewerbsfähigkeit antreiben und ein produktives Wirtschaftsumfeld ermöglichen, das Brasiliens Vorwärts-Rückwärts-Bewegung beendet.

Auch wenn Brasilien im vergangenen Jahrzehnt 40 Millionen Menschen aus den Slums und zumindest in die untere Mittelschicht geholt hat, die neue Mittelschicht fordert nun nachhaltige Reformen, um auf der sozialen Leiter weiter nach oben klettern zu können und zu sichern, was sie bisher erreicht haben[30]. Sie fordern mehr als TV-Geräte und Waschmaschinen. Sie wollen besseren Zugang zu Bildung, bessere Sozialeinrichtungen und bessere Spitäler. Die Wiederwahl von *Dilma Rousseff* allerdings zeigt in eine andere Richtung – mehr von derselben Art.

---

30 http://www.ft.com/intl/cms/s/0/70f8b4c4-d3e0-11e4-99bd-00144feab-7de.html#axzz3yw8OzsGp

CHILE

Bevölkerung: 17.216.945
Anteil der Stadtbevölkerung: 89% (2010)
BIP: $ 281,7 Mrd.
BIP-Verteilung: Landwirtschaft 3,6%; Industrie 35,4%; Dienstleistungen 61%
Wirtschaftswachstumsrate: 4,4%
BIP pro Kopf stieg von $ 5.133,08 im Jahr 2000 auf $ 15.732,31 im Jahr 2013 *(World Factbook)*
2014 *Index of Economic Freedom:* 7 *(Heritage Foundation)*

Chile ist seit 1810 von Spanien unabhängig und kann seit den 1980er-Jahren auf ein anhaltendes Wirtschaftswachstum zurückblicken. Es ist das führende lateinamerikanische Land im *Index of Economic Freedom* der *Heritage Foundation*. Der *Index of Economic Freedom* der *Heritage Foundation* (2015) ordnet Chile auf Platz 7 ein, in dem Brasilien auf Platz 122 landet. Kein Wunder, dass wir bei unserem Vortrag auf einer Pressekonferenz vor einigen Jahren eine sehr optimistische und engagierte Stimmung erlebt haben.

Chile hat seine Märkte bereits vor einigen Jahrzehnten einseitig geöffnet. Chiles Wirtschaft ist von der Initiative und Stärke privater Unternehmen abhängig, sogar im Bereich sozialer Dienstleistungen. Für Europäer ist es kaum vorstellbar, aber der öffentliche Sektor wird im Allgemeinen sowohl von öffentlichen als auch privaten Unternehmen betreut. Die Leistungsbezieher können somit zwischen unterschiedlichen konkurrierenden Alternativen wählen (*Heritage Foundation*) – in den meisten europäischen Ländern ist Wettbewerb bei sozialen Dienstleistungen unvorstellbar.

Chiles Wirtschaftssystem fördert Unternehmensgründungen, und seine Steuern sind moderat, wodurch chilenische Produkte auf den Weltmärkten konkurrenzfähig sind. Seine durchschnittliche jährliche Wachstumsrate erreichte während der vergangenen 10 Jahre beinahe 5 Prozent. Ein Schlüsselfaktor für Chiles wirtschaftlichen Fortschritt ist das Schließen von Bildungslücken. Seit 1985 stieg die Zahl der Einschreibungen an höheren Schulen von 200.000 Studierenden auf mehr als eine Million im Jahr 2013.

Wie Peru setzt Chile auf Liberalisierung des Handels und Handelsabkommen mit den westlichen Nationen, aber auch zunehmend mit Schwellenländern auf der ganzen Welt. 2010 wurde Chile das erste lateinamerikanische Land, das der *OECD* (Organisation für wirtschaftliche Zusammenarbeit und Entwicklung) beitrat. Es ist ein Gründungsmitglied des wichtigen pazifischen Freihandelsabkommens Pazifik-Allianz (der lateinamerikanischen Handelsvereinigung, der unter anderem Chile, Kolumbien, Peru und bald auch Costa Rica angehören), welche sich wirtschaftliche Integration, freien Handel und visafreien Reiseverkehr als Ziele gesetzt hat.

Nach *Sebastian Pinera*, der von 2010 bis März 2014 Chiles Präsident war, wählte Chile erneut die Präsidentin *Michelle Bachelet* (nach ihrer ersten Amtszeit von 2006 bis 2010). Sie versprach 50 Reformen in 100 Tagen, um einer Verlangsamung des Wirtschaftswachstums entgegenzuwirken und Chiles Rolle in Lateinamerikas Erfolgsstory zu erhalten. Das sich verdüsternde globale Wirtschaftsklima verlangsamte die Umsetzung der ambitionierten Pläne Bachelets. Chiles Wirtschaft wuchs 2015 nur um bescheidene 2,1 Prozent. Die Bildungsreform konnte nur in einer reduzierten Version umgesetzt werden, ermöglicht jedoch dennoch 200.000 Studenten kostenlosen Zugang zu Universitäten.

KOLUMBIEN

Bevölkerung: 45.745.783
Anteil der Stadtbevölkerung: 75%
BIP: $ 369 Mrd.
BIP-Verteilung: Landwirtschaft 6,6%; Industrie 37,8%, Dienstleistungen 55,6%
Wirtschaftswachstumsrate: 4,2%
BIP pro Kopf stieg von $ 2.503,55 im Jahr 2000 auf $ 7.831,22 im Jahr 2013 *(World Factbook)*
2014 Index of Economic Freedom: keine Zahlen bekannt.

Die Chancen, den mehr als ein halbes Jahrhundert andauernden Konflikt mit der linksgerichteten größten und aktivsten Guerillatruppe in Lateinamerika *FARC-EP* zu beenden, sind gestiegen, nachdem Juan Manuel Santos die Neuwahlen im Juni 2014 mit fast 51 Prozent gewonnen hat. Das Wahlergebnis war ein klares Ja für den Friedensprozess, den

Santos' Regierung 2012 begann, um den Konflikt, der Zehntausende das Leben kostete und Millionen dazu zwang, ihre Heimat zu verlassen, beizulegen.

Viele Jahre lang wäre kaum jemand freiwillig nach Kolumbien gefahren, uns eingeschlossen. Als wir aber im Februar 2014 in Bogotá landeten, empfing uns ein heller und moderner Flughafen. Die Zollabfertigung verlief rasch und professionell. In unserem Hotel überprüfte das Sicherheitspersonal jeden, der das Hotel betrat. Die Lobby und das Restaurant waren voll mit Geschäftsleuten, die ihre Besprechungen abhielten.

Der marktorientierte Santos hat einige Schritte zur Öffnung des kolumbianischen Marktes gesetzt. Die jüngste Ankündigung des Finanzministers *Mauricio Cárdenas*, 12 Milliarden US-Dollar in Infrastruktur zu investieren, wird vielen Unternehmen neue Möglichkeiten bieten und das Wirtschaftswachstum ankurbeln. *Cárdenas* prognostizierte für 2014 ein Wachstum von 4,7 Prozent und ein stabiles Wachstum von 7 Prozent für die folgenden Jahre.

Mit 21,3 Prozent Wachstum war das Bauwesen im dritten Quartal 2012 der größte Treiber von Kolumbiens Wirtschaft. Landwirtschaft und Bergbau stiegen um rund 6 Prozent. Im dritten Quartal 2015 wuchs die Wirtschaft um 3,2 Prozent, das stärkste Wachstum seit dem 4. Quartal des Jahres 2014. Die wirtschaftlichen Rückschläge der Nachbarländer konnte Kolumbien durch die konsequente Unterstützung von Freihandelsabkommen abfedern. Das Freihandelsabkommen mit den USA, für die Kolumbien der drittgrößte lateinamerikanische Erdölimporteur ist, wurde 2011 vom US-amerikanischen Kongress unterschrieben und trat 2012 in Kraft. Restaurants mit höheren Preisniveaus spiegeln diesen Wandel der Konsumgewohnheiten einer wachsenden Mittelschicht wider, die in den letzten Jahren um beinahe 50 Prozent anstieg. Der Aufwärtstrend steht noch auf wackeligen Beinen. Drogenhandel, Unterbeschäftigung und mangelnde Infrastruktur sind nach wie vor Herausforderungen. Aber es bestehen Hoffnung und der Wille zur Veränderung. Diese Meinung teilt auch ein Bloomberg-Bericht der dem Land einen Anstieg seines BIP für 2016 prognostiziert. Die Schlagzeile lautet: »Es gibt Hoffnung für Kolumbien. Ja, Kolumbien.«[31] Es ist auf gutem Kurs und wird seinen Platz als Spitzenreiter unter den größten lateinamerikanischen Wirtschaften behalten.

Costa Rica

Bevölkerung: 4.695.942
Anteil der Stadtbevölkerung: 64%
BIP: $ 61,43 Mrd.
BIP-Verteilung: Landwirtschaft 6,2%; Industrie 21,3%; Dienstleistungen 72,5%
Wirtschaftswachstumsrate: 3,5% *(World Factbook)*
BIP pro Kopf stieg von $ 4.058,04 im Jahr 2000 auf
$ 10.184,61 im Jahr 2013 *(World Bank)*
2014 Index of Economic Freedom: 53 *(Heritage Foundation)*

---

31 http://www.bloombergview.com/articles/2015-08-18/colombia-has-problems-but-investors-see-the-bright-side-

Am 1. Dezember 1948 traf der damalige Präsident Costa Ricas, *José Figueres*, eine mutige Entscheidung, die sein Land einen ungewöhnlichen Weg einschlagen ließ. Er beendete sprichwörtlich mit einem Schlag die Militärpräsenz in seinem Land. In einer beeindruckenden Rede verkündete er die Abschaffung des Militärs von Costa Rica und schlug im Rahmen einer Zeremonie eine Wand mit einem Hammer nieder, um das Ende der militärischen Ära zu symbolisieren. Er übergab dem Bildungsministerium die Schlüssel der Militärzentrale und übertrug das Militärbudget dem Gesundheitswesen, der Bildung und dem Umweltschutz. Heute sind ein Viertel des Landes entweder Naturschutzgebiete oder Nationalparks.

Costa Rica hält heute sowohl den ersten Platz im *Happy Planet Index* als auch in der *World Data Base of Happiness*, auch wenn solche Ranglisten nicht besonders aussagekräftig sein mögen. Trotz der im Allgemeinen glücklichen Bevölkerung kämpft Costa Rica ähnlich wie andere lateinamerikanische Länder nach wie vor darum, Arbeitslosigkeit und Armut zu verringern, und konnte die Arbeitslosigkeit 2015 auf unter 10 Prozent senken, während sie in den letzten zwei Jahrzehnten noch zumeist zwischen 20 und 25 Prozent lag. Dennoch ist Costa Rica für die benachbarten Länder ein attraktives Arbeitsumfeld. Bis zu 500.000 Nicaraguaner arbeiten – teils legal, teils illegal – in Costa Rica, was Grund zur Sorge bereitet.

Die geschätzte Wachstumsrate von 4,2 Prozent für 2016 stimmt jedoch optimistisch. Die politische Stabilität und die Anreize von Costa Ricas Freihandelszonen bewirkten die höchsten ausländischen Investitionen pro Kopf in Lateinamerika. Insgesamt ist die Lebensqualität eine der besten in Lateinamerika. Dies besagt zumindest eine Studie der *Economist Intelligence Unit*, die Costa Rica 2013 als zweitbestes Land einreihte, in dem man in Lateinamerika geboren werden kann, und weltweit auf Platz 30. Dieser Index misst

Gesundheit, Sicherheit und Wohlstand für die kommenden Jahre.

KUBA

Bevölkerung: 11.047.251 (geschätzt 2014)
Anteil der Stadtbevölkerung: 75%
BIP: $ 72,3 Mrd. (geschätzt)
BIP-Verteilung: Landwirtschaft 3,8%; Industrie 22,3%; Dienstleistungen 73,9%
Wirtschaftswachstumsrate: 13,1% (2012 geschätzt, Quelle: *The World Factbook*)
BIP pro Kopf stieg von $ 2.744,12 im Jahr 2000 auf $ 6.051,22 im Jahr 2011 (*World Bank*)
2014 *Index of Economic Freedom*: 177 *(Heritage Foundation)*

Wenn man dem Buch »La vie cachée de Fidel Castro« (Das verborgene Leben des Fidel Castro) von *Juan Reinaldo Sánchez*, Mitglied von Castros innerstem Elitekreis, Glauben schenken will, lag der Führungsstil von Fidel Castro zwischen dem eines mittelalterlichen Gutsherrn und des französischen Königs Ludwig XV.

Castros Herrschaft endete, als ihn eine schwere Erkrankung dazu zwang, die Macht an seinen Bruder Raúl zu übergeben, der 2008 offiziell die Macht übernahm.

Heute deuten erste Zeichen darauf hin, dass es Kubas Bevölkerung langsam gestattet wird, sich ihren Anteil an Kubas Potenzial zu erarbeiten. Etwa 20 Prozent der Kubaner arbeiten in der Privatwirtschaft und fast das gesamte Land wird heute von einzelnen Bauern anstelle von Staatsbetrieben bewirtschaftet. Nach einem halben Jahrhundert steht Kubas erster privater Großhandelsmarkt vor der Eröffnung. *Reuters* berichtete, dass Kubas erste unabhängige Online-Zeitung *14ymedio* von Kubas bekanntester Dissidentin, *Yoani Sánchez*, am 21. Mai 2014 online ging.

Kubas Toleranz gegenüber Kritik wächst, erlaubt aber nach wie vor nicht die Erstellung einer professionell aussehenden Website auf der Insel. Vom Internet geht allerdings kaum eine Gefahr aus, da die meisten Kubaner nicht in der Lage sind, einen Blog oder Online-Zeitungen zu lesen. Nur 2,6 Millionen der insgesamt 11 Millionen Kubaner haben Zugang zum Internet.

Trotz dieser Beschränkungen, deren Beseitigung noch einige Zeit dauern wird, öffnet sich Kuba langsam. »China and Cuba: Skip the Ideology, Let's Talk about Money« (China und Kuba: Pfeifen wir auf Ideologie und reden wir übers Geld) lautete der Titel eines Berichts der *International Business Times* vom 24. April 2014. Es ist nicht überraschend, dass »Peking Havanna zu Reformen drängt und auf seine Erfahrungen in den letzten dreißig Jahren verweist«, schreibt die *International Business Times*. »China und Kuba haben gemeinsame Ziele«, sagte *Bruno Rodríguez* nach seinem Treffen mit Chinas Außenminister Wang Yi bei seinem Besuch in Kuba im April 2014. Die Gemeinschaft der Auslandschinesen in Kuba, die über 150 Jahre alt ist und Castros Revolution unterstützte, unterstreicht die Verbindung zwischen den beiden Ländern.

Kubas Wirtschaftsöffnung beschränkt sich aber nicht auf China. Das Land baut neue Handelspartnerschaften unter kapitalistischen Bedingungen beispielsweise mit Brasilien oder Angola auf, nicht jedoch mit den USA, was aber an den USA liegt. Allerdings hat die Wirtschaft Kubas mit der Wiederaufnahme der US-kubanischen Beziehungen einen Anstoß erhalten. Die Frage ist, wie sehr und wie schnell die Bedingungen für Investments verbessert werden. Nicht nur Chinas Unternehmer stehen bereit. Auch Kubas gut ausgebildete und noch preisgünstigen Arbeitskräfte und seine engagierten Unternehmer warten auf ihre Chance.

Mexiko

Bevölkerung: 118.818.228
Anteil der Stadtbevölkerung: 78% (2010)
BIP: $ 1,327 Bio.
BIP-Verteilung: Landwirtschaft 3,6%; Industrie 36,6%; Dienstleistungen 59,8%
Wirtschaftswachstumsrate: 1,2% *(World Factbook)*
BIP pro Kopf stieg von $ 6.663,65 im Jahr 2000 auf $ 9.748,87 im Jahr 2012 (World Bank)
2014 Index of Economic Freedom: 55 (Heritage Foundation)

Der globale Südgürtel

Mexikos Wirtschaft wächst schneller als jene Brasiliens, seinem größten Konkurrenten in der Region. Laut *Financial Times* schloss Mexiko 44 Freihandelsabkommen ab – mehr als jede andere Nation der Welt. »Mexiko ist nicht mehr länger ein Sicherheitsproblem mit einer Wirtschaft, sondern eine Wirtschaft mit einem Sicherheitsproblem«, schreibt die *Financial Times* pointiert.

Präsident *Enrique Peña Nieto* kämpft gegen das organisierte Verbrechen, indem er versucht, die Brutalität anstelle der Drogenbarone zu bekämpfen. Erste Ergebnisse zeigten 2013 eine Verringerung der Mordrate, aber es ist noch zu früh, um seine Strategie beurteilen zu können. Die fallenden Ölpreise haben Mexikos Ambitionen jedoch einen Dämpfer versetzt, immerhin stammen rund 32 Prozent der Staatseinnahmen aus diesem Sektor. Investoren bleiben allerdings überwiegend optimistisch.

Mexiko hat inzwischen unterschiedliche Sozialprogramme und einen besseren Zugang zu Bildung etabliert, um einem größeren Teil der Bevölkerung den Aufstieg in die Mittelschicht zu ermöglichen. Die wirtschaftliche Mobilität steigt von Generation zu Generation und Mexiko sucht neue Märkte. Es wurde Mitglied der Pazifik-Allianz (der lateinamerikanischen Handelsvereinigung, welche sich wirtschaftliche Integration, freien Handel und visafreien Reiseverkehr als Ziele gesetzt hat.

Präsident *Enrique Peña Nietos* ehrgeizige Wirtschaftsreformen scheinen heute zu greifen. Es ist bemerkenswert, dass Mexiko die seit 1938 verstaatlichte Ölindustrie privatisiert und den Energiesektor so für ausländische Investitionen geöffnet hat. Um alle Energiereformen samt der Privatisierung des staatlichen Ölmonopolisten *Pemex* durchzubringen, mussten über 20 Gesetze geändert werden. Eine neue Struktur der Konditionen für Erdöl- und Erdgasverträge soll nun internationale Investoren anlocken.

Christine Lagarde, die Direktorin des IWF, sagte im Juni

2014 in ihrer Rede in Mexico City: »Mexiko ist das einzige Schwellenland, das in so kurzer Zeit so viele wirkungsvolle Reformen mit einer so großen politischen Unterstützung umgesetzt hat. Noch beeindruckender ist vermutlich, dass es keiner wirtschaftlichen oder finanziellen Krise bedurfte, um diese Reformen anzupacken. Stattdessen brauchte es einiges an Führungskraft, Widerstandsfähigkeit und Entschlossenheit von Seiten der mexikanischen Bevölkerung, um dies zu erreichen. Mexiko könnte eine Inspiration für den Rest der Welt werden.« In einem Interview mit *CNN* im Oktober 2014 rief Lagarde Europa dazu auf, endlich längst nötige Reformen umzusetzen, und bezog sich dabei auf Mexiko: »Wendet die mexikanische Formel an!«

Zu unseren lebhaftesten Erinnerungen an Mexiko zählt, als unsere Gastgeber Tortillas, gefüllt mit Würmern, bestellten. Sollten wir so etwas essen oder nicht? Die Würmer waren in etwa so groß wie der kleine Finger eines Kindes, weiß mit kleinen, braunen Pünktchen vom Grillen. Eigentlich waren sie Shrimps nicht so unähnlich, versuchten wir uns einzureden. Wer würde schon einen Unterschied merken, wenn man sie eingerollt in Tortillas aß? Wir aßen sie und schmeckten tatsächlich keinen Unterschied. Aber warum sollte man sie dann andererseits überhaupt essen? Unsere Lust auf kulinarische Abenteuer fand kurze Zeit später in Sambia bei einem Vortragstermin ihren Höhepunkt. Uns wurde gesagt, dass die Spezialität der Region ein bestimmter Wurm von der Größe einer Bratwurst sei, der gegrillt und unverhüllt in seiner ganzen Pracht serviert werde. Glücklicherweise hatte er gerade nicht Saison.

PERU

Bevölkerung: 29.849.303
Anteil der Stadtbevölkerung: 77%
BIP: $ 344 Mrd.
BIP-Verteilung: Landwirtschaft 6,2%; Industrie 37,5%; Dienstleistungen 56,3%
Wirtschaftswachstumsrate: 5,1% (2013 geschätzt) *(World Factbook)*
BIP pro Kopf stieg von $ 1.959,08 im Jahr 2000 auf $ 6.661,59 im Jahr 2013 *(World Bank)*
2014 *Index of Economic Freedom:* 47 *(Heritage Foundation)*

Am 27. Januar 2014 kam der Streit über 38.000 km² des Pazifischen Ozeans zwischen Peru und seinem Nachbarland Chile zu einem Ende. Aus dem Kampf über die Kontrolle der Nitratindustrie wurde eine neue Partnerschaft.

Das Urteil des Internationalen Gerichtshofes gestattet beiden Seiten, den Sieg für sich in Anspruch zu nehmen. Perus Präsident *Humala* nannte es den Beginn einer neuen Ära der Kooperation und Freundschaft, die die Beziehungen zwischen Peru und Chile auf eine neue Ebene hebt. Chile selbst, das südlich von Peru liegt, zieht ebenfalls viele wirtschaftliche Vorteile aus dieser Entwicklung.

Peru teilt die Regenwälder, die Pazifikküste und hervorragende Fischereigebiete mit seinen Nachbarn Chile, Kolumbien, Brasilien, Bolivien und Ecuador. Zwischen 2002 und 2012 erreichte es Wachstumsraten von über 6,4 Prozent. Peru ist eine der sich am besten entwickelnden Wirtschaften Lateinamerikas. Private Investitionen, eine freie Handelspolitik unter *Ollanta Humalas* Regierung und Handelsabkommen mit den USA, Kanada, China, Korea, Singapur und Japan sowie die Europäische Freihandelsassoziation öffneten die Tore für den Export. Dank der reichhaltigen Bodenschätze ist der Bergbau Perus stärkster Industriesektor, der mehr als 60 Prozent der Exporte ausmacht.

Die verbesserte Infrastruktur im Landesinneren bietet ein großes Potenzial, um das Wirtschaftswachstum weiter anzukurbeln. Rund ein Viertel der Peruaner lebt in der Hauptstadt Lima, welche dank der fortschrittlicheren nationalen Wirtschaftspolitik ebenfalls einen Wirtschaftsboom erlebt.

VENEZUELA

Bevölkerung: 28.459.085
Anteil der Stadtbevölkerung: 93% (2010)
BIP: $ 367,5 Mrd.

Der globale Südgürtel

BIP-Verteilung: Landwirtschaft 3,7%; Industrie 35,5%; Dienstleistungen 60,8%
Wirtschaftswachstumsrate: 1,6% *(The World Factbook)*
BIP pro Kopf stieg von $ 4.799,65 im Jahr 2000 auf $ 14.414,75 im Jahr 2013 *(World Bank)*
2014 *Index of Economic Freedom:* 175 *(Heritage Foundation)*

Sozialistisches Modell außer Kontrolle?

Scheinbar gibt es zwei Bilder von Venezuela: *Nicolás Maduros* Paralleluniversum und das Bild, das der Rest der Welt von Venezuela hat. Das Land mit den größten Ölreserven der Welt will offenbar den Beweis antreten, dass man auch mit einer Gans, die goldene Eier legt, ein Land durch Misswirtschaft in den Ruin treiben kann. »Wir müssen uns für Zucker anstellen, wir müssen uns für Reis anstellen. Die gute Nachricht ist: Wir müssen uns nicht für Toilettenpapier anstellen, denn in ganz Venezuela gibt es kein Toilettenpapier.« So beschrieben Freunde den Alltag in Venezuela, als wir sie im Februar 2014 in Costa Rica trafen. Venezuela wandelte sich von einer Zeit der extremen Ungleichheit, in der die Oberschicht fernab von den armen Massen lebte, zum heutigen extremen Sozialismus. Venezuelas Fehlinterpretation eines Wohlfahrtsstaats gerät völlig außer Kontrolle. Dazu kommen eine Wohnungsknappheit, Stromknappheit, eine Inflation von rund 55 Prozent und eine der höchsten Mordraten der Welt. Sowohl Regierung als auch Opposition sind stark radikalisiert.

Das Land verschwendet sein enormes Wachstumspotenzial mit einer Regierung unter *Nicolás Maduro*, die jeden Realitätsbezug verloren hat. Venezuela ist 2014 neben Argentinien eines der beiden größten Problemländer Lateinamerikas.

Lateinamerika: vom Hinterhof der USA zu Chinas Spielwiese?

Trotz Lateinamerikas Höhen und Tiefen schätzt *McKinsey* Lateinamerika gemeinsam mit China als Spitzenstandort für neue Unternehmen ein. Allein Sao Paolo wird vermutlich bis 2025 seine Anzahl an Firmensitzen verdreifachen.

Die lateinamerikanischen Länder haben sich heute in ihrem Denken von der Bevormundung der USA verabschiedet. Sie wollten nicht mehr, dass die USA etwas *für* sie tut, sondern *mit* ihnen. Zweifellos verlieren die USA ihre Vormachtstellung, auch wenn die Summe der Importe und Exporte von 850 Milliarden US-Dollar im Jahr 2013 noch weit vor den 244 Milliarden US-Dollar von China im Jahr 2012 liegt. Aber China holt rasch auf. Es bleibt abzuwarten, ob Lateinamerika vom Regen in die Traufe gerät, ob die Länder zum Spielball anderer werden oder ob sie es schaffen, ihr eigenes Spiel zu spielen. Der ehemalige Präsident Fernando Henrique Cardoso zeigt sich besorgt: »In der Vergangenheit fürchteten wir die Vorherrschaft der USA. Heute fürchten wir uns vor dem Gegenteil.«

»Während die USA schlafen, erobert China Lateinamerika«, lautete die Schlagzeile eines Gastkommentars im US-Magazin *Forbes* am 15. Oktober 2014. Der Autor, *Michael Fumento*, ein ehemaliger Reporter von *Investor's Business Daily*, ist sehr skeptisch, was die Rolle Chinas angeht. »China schickt Lateinamerika den Schrott, den es niemals nach Europa oder in die USA senden würde, und verlangt dafür wesentlich mehr«, ist seine Ansicht, die wir nach eigener Erfahrung aber nicht bestätigen können. Doch jedes Urteil, das auf subjektiven Erfahrungen beruht, auch wenn es von persönlichen Erlebnissen gestützt wird, bleibt zweifelhaft.

Mit dem Entstehen eines neuen Selbstbewusstseins versuchen die lateinamerikanischen Länder ihre Wirtschaften aufeinander abzustimmen, um wettbewerbsfähiger zu sein und ihre Rolle in der internationalen Gemeinschaft zu stärken. Jeder der lateinamerikanischen Spitzenpolitiker hat individuelle Präferenzen und trifft eigene Entscheidungen. Egal, ob sich die Länder in Richtung China oder USA wenden, die Zukunft dieser Schwellenländer wird auf Partnerschaften zwischen allen Nationen abhängen, aber primär auf Partnerschaften untereinander und ohne Einwirkung des Westens.

Asien

Asien macht in etwa ein Drittel der Landmasse der Erde aus. Es ist ein Kontinent der Superlative: Mit einer Bevölkerung von ungefähr 4 Milliarden Menschen ist Asien der bevölkerungsreichste Kontinent mit China als dem bevölkerungsreichsten Land. Russland ist das größte Land der Welt. Der Himalaya ist das größte Bergmassiv der Welt, der Baikalsee ist das tiefste und älteste Binnengewässer der Erde, der Mariannengraben ist der tiefste Punkt aller Weltmeere und das Tote Meer hat die geringste Seehöhe und das salzigste Wasser. Indien ist bekannt als die größte Demokratie der Erde.

Asien hat die meisten interkontinentalen Nationen und die meisten Länder, die auf zwei Kontinenten liegen: Russland, Kasachstan, Indonesien, Japan, Ägypten und die Türkei. Asien spielt eine wichtige Rolle als Wiege vieler Kulturen. Die meisten Weltreligionen stammen aus Asien.

Im 20. Jahrhundert startete das Wirtschaftswachstum Asiens in den Küstengebieten: in Japan, Südkorea und nach seiner Öffnung in den 1980ern auch in China. Die sogenannten vier Tigerstaaten Hongkong, Taiwan, Singapur und Südkorea erzielten zwischen 1960 und 1990 ein rasches Wirtschaftswachstum und eine schnelle Industrialisierung. Danach übernahm China die Führung und der Erfolg und das Potenzial des Landes wurden zum Katalysator für ganz Asien.

»Bis 2030«, schrieb der *Economist* in einem Sonderbericht über Asiens Wirtschaft am 31. Mai 2014, »wird Asien Nordamerika und Europa zusammengenommen als Weltmacht in Bezug auf BIP, Bevölkerungsgröße, Militärausgaben und Investitionen in Technologie überholt haben«. Einige der weltgrößten Konzerne haben ihren Sitz in Asien: *PetroChina* mit 202 Milliarden US-Dollar; *ICBC*, China mit 215 Milliarden US-Dollar; *Samsung Electronics*, Korea mit 186 Milliarden US-Dollar; *Toyota*, Japan mit 193 Milliarden US-Dollar; *China Construction Bank* mit 174 Milliarden US-Dollar; *Alibaba*, China mit 168 Milliarden US-Dollar; *tsmc*, Taiwan mit 101 Milliarden US-Dollar, um nur einige der Unternehmen mit einem Umsatz von mehr als 100 Milliarden US-Dollar zu nennen. Indiens größtes Unternehmen ist *Reliance Industries* mit einem Umsatz von 50,9 Milliarden US-Dollar (*Forbesdata* und *Economist*). Zum Vergleich: *Apple* hat einen Umsatz von 483 Milliarden US-Dollar, *Siemens*, Deutschland von 114 Milliarden US-Dollar und *Novartis*, Schweiz von 227 Milliarden US-Dollar.

Von den 10 Spitzenreitern der *Forbes*-Liste stammt die Hälfte aus den USA und die andere Hälfte aus China. Die 5 chinesischen Unternehmen sind in Staatsbesitz, die 5 amerikanischen in Privatbesitz. Aber aufgrund des Erneuerungsprogramms von Präsident *Xi* werden sich auch die Staatsbetriebe in China für Investoren öffnen.

Asien besitzt heute 27 Prozent des weltweiten Kapitals. Asiens Verbrauchermarkt ist mit 30 Prozent der Ausgaben der Mittelschicht riesig. 47 Prozent der Güterproduktion findet in Asien statt. Nahezu 55 Prozent von Asiens Handel bleiben in der Region und China ist zweifelsohne das weltweite Aushängeschild Asiens.

Ein kurzer Steckbrief asiatischer Nationen

CHINA

Bevölkerung: 1.349.585.838
Anteil der Stadtbevölkerung: 50,6% (2010)
BIP: $ 8.939 Billionen
BIP-Verteilung: Landwirtschaft 9,7%; Industrie 45,3%; Dienstleistungen 45%
Wirtschaftswachstumsrate: 7,6% *(World Factbook)*
BIP pro Kopf stieg von $ 949,18 im Jahr 2000 auf $ 7.590,0 im Jahr 2014 *(World Bank)*
2014 *Index of Economic Freedom:* 137 *(Heritage Foundation)*

China könnte man als weltweite Fallstudie für die Wichtigkeit der beiden E's ansehen: Education und Economics (auf Chinesisch übrigens die beiden »J«s für Jing Ji und Jiao Yu). Chinas zukünftige Öffnung wird in Kapitel 3 eingehender behandelt. Im vergangenen Jahrzehnt brachte Chinas »Go West«-Strategie das Wirtschaftswachstum in die ehemals ländlichen und rückständigen Regionen. Chengdu, die Hauptstand der Provinz Sichuan, wurde eine von Chinas wirtschaftlichen Superstars. Es ist Teil der Strategie Chinas, alle Regionen des Landes zu revitalisieren und zu erneuern. Jilin im Nordosten Chinas ist eine der Provinzen, die begierig danach streben, zu den Spitzenreiter zu zählen. Als wir Jilins Hauptstadt Changchun im April 2013 besuchten, hatten wir einen ähnlichen Eindruck wie in den Städten im Westen Chinas, die wir in den Jahren zuvor besucht hatten; mit einem Unterschied: Der Gouverneur Jiang Chaoliang der Provinz Jilin gibt vor, sich mehr auf eine Verbesserung der Lebensqualität als auf das Wachstum des BIP zu konzentrieren und versucht, mit seinen Bemühungen »den Weg für zukünftige Entwicklungen zu ebnen und langfristigen Nutzen zu schaffen«.

Changchun hat sich bereits als eine von Chinas Automobilstädten einen Namen gemacht. So ist es auch nicht erstaunlich, dass Changchun das Ziel hat, der größte Autoproduzent Chinas zu werden.

Zu Jilins wichtigsten Strategien zählen Schadstoffreduzierung, Stärkung der landwirtschaftlichen Entwicklung und des Dienstleistungssektors und Anreize zur Gründung privater Unternehmen, indem man ihnen erlaubt, Branchen zu betreiben, die bislang nur den Staatsbetrieben möglich waren. Ein Hauptaugenmerk der Regionalregierung richtet sich außerdem auf eine Verbesserung der Sozialleistungen Fürsorge, einschließlich des sozialen Wohnbaus, der Sicherheit und einer Verbesserung der Bildung.

Laut *China Daily* vom 28. Januar 2014 wird die Provinz Jilin eine Dreijahreskampagne starten, um den Dienstleistungssektor einschließlich Tourismus und Gesundheitswesen auszubauen. 30 Industriebereiche werden 700 Projekte umsetzen. Um Innovationsforschung und Entwicklung anzukurbeln, wird das Budget um mindestens 20 Prozent angehoben. *Li Yuanyuan*, Präsident der Universität von Jilin, sieht die Verantwortung der Universität darin, Ausbildungen anzubieten, die Chinas Bedarf an innovativen Forschern gerecht werden.

Die Regionalregierung hat große Anstrengungen angekündigt, um Jilin zu modernisieren. Das umfasst eine stärkere Durchsetzung der Gesetze, Kampf gegen Korruption und eine Verschlankung der administrativen Vorgänge. Aus Investorensicht bieten diese aufstrebenden Städte großartige Gelegenheiten in allen Einsatzbereichen. Aber China ist heute wesentlich wählerischer gegenüber ausländischen Investoren und legt großen Wert auf den gesamtwirtschaftlichen Ertrag einzelner Projekte und Verhandlungen auf Augenhöhe.

INDIEN

Bevölkerung: 1.220.800.359
Anteil der Stadtbevölkerung: 31,3% (2011)
BIP: $ 1.758 Billionen
BIP-Verteilung: Landwirtschaft 16,9%; Industrie 17%; Dienstleistungen 66,1%
Wirtschaftswachstumsrate: 3,8% *(World Factbook)*
BIP pro Kopf stieg von $ 455,44 im Jahr 2000 auf $ 1.498,87 im Jahr 2013 *(World Bank)*
2014 *Index of Economic Freedom:* 120 *(Heritage Foundation)*

In den 1990ern konnte man den Eindruck gewinnen, dass sich Indien zum Westen hin öffnet. Getragen von seiner Position im globalen IT-Segment, verbesserte sich der Ruf des Landes. Eine Jahreswachstumsrate von 9 Prozent im Jahr 2007 ließ sogar die Hoffnung aufkeimen, Indien würde sich wie China entwickeln, und zog viel ausländisches Kapital in das Land. Doch der Vergleich mit China hinkt. Vor 30 Jahren war Chinas Pro-Kopf-Einkommen das gleiche wie jenes in Indien. Heute ist es rund 4-mal so hoch. Indiens Aufschwung blieb im Keim stecken, dringend nötige Reformen wurden nicht umgesetzt. Es ist noch nicht lange her, als wir in Delhi darauf warteten, ins Flugzeug zu steigen, und dabei mit einem indischen Unternehmer und seiner Familie ins Gespräch kamen. Er erzählte, dass er seine Familie außer Landes brachte, nachdem er bereits sein Unternehmen nach Vietnam übersiedelt hatte. »Die Bürokratie in Indien hat uns umgebracht«, meinte er, »ich bin nicht mehr bereit, das länger mitzumachen!«

Sozialismus und Bürokratie haben in Indien gesiegt. »Indien wurde eine Verlierernation ... zu schwach, zu restriktiv«, wie *Gurcharan Das*, der ehemalige CEO von *Procter & Gamble India*, in seinen Buch »India Grows at Night« (Indien wächst in der Nacht) schreibt. Indiens Wachstumspotenzial ist demnach wie Dornröschen. Die Regierung, die es wachküssen soll, ist noch nicht gekommen.

Trotz des guten Rufs der »weltweit größten Demokratie« herrscht in Indien nach wie vor das Kastensystem, das alles andere als demokratisch ist. Das *Time Magazine* bezeichnete diesen Ruf als »sterbenden Slogan, der nur durch Zahlen (über 814 Millionen Wähler) am Leben erhalten wird, konterkariert von den Ungleichheiten und Ungerechtigkeiten, die nach wie vor das Land prägen.« Indiens Kastensystem beeinflusst nach wie vor nahezu alle Bereiche des täglichen Lebens. Die ererbte Zugehörigkeit zu einer sozialen Schicht beschränkt immer noch die Möglichkeiten eines

Großteils der Bevölkerung. Heirat und Berufswahl sind fast ausschließlich innerhalb einer Kaste organisiert. Die höchste der vier indischen Kasten bilden die Brahmanen, die intellektuelle Elite, bestehend aus Wissenschaftlern, Lehrern und religiösen Führern. Die zweite Kaste stellen die Kshatriyas dar, die traditionell aus Aristokraten, Offizieren, hohen Beamten und Gesetzeshütern besteht. Die dritte Kaste sind die Vaishyas, zu der vor allem Händler, Geschäftsleute, Grundbesitzer und Bauern gehören. Die vierte Kaste bilden die Shudras, die als Dienstleister, Handwerker, Pächter und Arbeiter tätig sind.

Das schlimmste Schicksal ist es, als kastenloser Dalit, als »Unberührbarer« am Rand der Gesellschaft geboren zu sein. UNICEF und Human Rights Watch schätzen die Anzahl der »unberührbaren« Hindi, Muslime, Buddhisten und Christen auf ein Viertel der Bevölkerung, also auf 250 Millionen Menschen.

Soweit die besorgniserregenden Fakten. Mit der Wahl des neuen Premierministers *Narendra Modi* steigen die Chancen und Erwartungen für Strukturreformen und Wirtschaftswachstum enorm an. Nach *Modis* atemberaubendem Wahlsieg ist nun ein starker Wirtschaftspolitiker an der Macht. Das Jahr 2014 wurde als Wendepunkt auf Indiens Weg in Richtung Moderne und zu einem bescheidenen Wohlstand für die Mittelschicht gesehen. Dies ist auch dringend notwendig.

Die Aussichten auf Besserung sind auch 2015 gering. Nach Jahren zweifelhaften Wirtschaftswachstums, eines handlungsunfähigen Parlaments und der eskalierenden Korruption könnte sich das gewählte Parlament mit *Modis* Mehrheit durchsetzen und zum Wohl der Bevölkerung seine wirtschaftliche Aufholjagd beginnen. Es heißt, *Modis* Ambition sei es, der größte Premierminister Indiens zu werden. Die Absicht, Indien, dem Beispiel Chinas folgend eine Supermacht der Fertigungsindustrie zu werden, um alle Möglichkeiten, die die Veränderungen der globalen Spielregeln mit sich bringen nutzen zu können, könnte zu einem bemerkenswerten Sieg für ein westliches Regierungsmodell werden, das im Wettbewerb mit Chinas effizienten, aber autokratischen Regierungsstrukturen steht. Es gibt aber einen wichtigen Aspekt bei der Umgestaltung eines Landes. Während Visionen für ein Land in der Hierarchie von der Führung abwärts kommuniziert werden müssen, kann sich die Energie für den Wandel von der Basis aufwärts entwickeln.

Deng Xiaopings Stärke lag nicht darin, Reden zu halten oder einzelne Schritte des Aufschwungs zu beschreiben, sondern den Menschen Entscheidungsmöglichkeiten zu eröffnen. Während der erste Ansatz, der eisernen Faust einer zentralen Planung zu entkommen aus reiner Verzweiflung erfolgte, wurden die nächsten, unorthodoxen Schritte mit der Duldung und später unter Anleitung der Beamten gesetzt. In dem im Umbruch befindlichen Land wurden Grauzonen eines halblegalen Handels aufgebaut. Bei allen Reformen erwiesen sich Versuch und Irrtum als wertvoll und wurden zu einer Strategie. Der wichtigste Samen, der gepflanzt wurde, war jener der Hoffnung, die eigene Zukunft gestalten zu können.

Premierminister *Modi* hat recht, wenn er sagt: »Weltweit werden enorme Erwartungen in Indien gesetzt.« Hohe Erwartungen können als Ermutigung verstanden werden und sind sicherlich ein Beweis des Vertrauens, das die Weltgemeinschaft in Indien setzt. Aber das Versprechen, »auf ein Konkursgericht, einen Mechanismus zur Beilegung von Streitigkeiten, auf ein Vergaberecht zu setzen«, wie dies von Indiens Finanzminister *Arun Jaitley* angekündigt wurde, wird nicht ausreichen. Ebenso wenig werden »der Versuch einer Reform und Liberalisierung« und die »Absicht, einen großen Betrag in die ländliche Infrastruktur zu investieren« ausreichend sein.

Hat Premierminister *Modi* wirklich damit begonnen, Indien zu reformieren?
»Indiens Führer muss eine Vision dessen, was er erreichen will, präsentieren und er muss sich dabei von anderen helfen lassen«, lautete der Titel eines Interviews mit Herrn *Modi* in The Economist vom 23. Mai 2015. *Modi* sagt, dass er die Beschäftigungsmöglichkeiten verbessern müsse. Doch die beste Unterstützung für Unternehmer ist ein unternehmerfreundliches Umfeld sowie Investitionen in die Bildung und die Gesundheitsvorsorge. Es heißt zu verstehen, wie man Indiens junge und talentierte Menschen ermächtigen kann, wie man ihnen Raum gibt ihre eigene Kreativität zu entwickeln und auf einen Pfad gegenseitiger Vorteile für sich und das Land zu lenken. Das Ziel Indiens, ein »Motor des internationalen Wachstums« zu werden, ist schön und gut, aber es ist ein Marathon, der mindestens 30.000 einzelne Schritte benötigt, um das Ziel zu erreichen. Es ist einfacher, sich auf Schritte zu beziehen als auf eine weit entfernte Ziellinie.
Ein wertvoller Vorteil beim Aufstieg Chinas war das Wissen und die wirtschaftliche Stärke der Auslandschinesen, der sogenannten »sea turtles«. Sie brachten Wissen, Technologie, Kapital und Verbindungen in das Land. Wie attraktiv ist Indien für die rund 27 Millionen im Ausland lebenden Inder? Im Ausland lebende Inder unterstützten die Wahl *Modi* zum Premierminister massiv. Wie viel könnten viele von ihnen zu einem modernen Indien beitragen? Sorgen über die Verfügbarkeit von Humankapital und Bedenken bezüglich der Qualitätsstandards in der Produktion halten viele zurück. »Würden sich die Dinge in Indien wirklich verändern, würden wir sehr gerne schnell zurückkehren«, sagte der Geschäftsmann, den wir am Flughafen in Delhi trafen.
Indiens Ziel ist es, bis zum Jahr 2020 seinen Anteil an der Weltwirtschaft von 2 auf 3,5 Prozent zu steigern. Dies ist kein unrealistisches Ziel. Vor allem weil die Gehälter in

chinesischen Städten steigen und Chinas wirtschaftliche Machtzentren – seine vielen Hochtechnologiezonen – sich schnell weg von Billiglohn zu hochtechnologischen Herstellungsprozessen bewegen, was Indien Raum gibt, die Lücke zu füllen.

Globale Lieferketten haben sich verändert und wir erwarten, dass die Länder des Globalen Südgürtels unsere Welt umformen werden. Gemessen am Bruttoinlandsprodukt nach Kaufkraftparität (PPP) liegt Indien weltweit an zweiter Stelle und könnte gewiss stark profitieren, wenn China sich von der Billig-Produktion verabschiedet. Es könnte die Brücke zwischen Humankapital, das in den Hochtechnologieindustrien benötigt wird, und den in Indien zur Verfügung stehenden Arbeitskräften bauen. Und sicher ist dies ein wichtiger Schritt, um das Ziel eines »Indischen Jahrhunderts« zu erreichen, da neue Investitionen verstärkt nach Standorten mit Niedriglohn suchen.

Obwohl Indien und China Gründungspartner der neuen *Asiatischen Infrastrukturinvestmentbank* sind, ist es eine wesentlich schwierigere Aufgabe, eine Vereinbarung zu Chinas Plänen für einen Bangladesch-China, Indien-Myanmar Korridor zu treffen. Dennoch, sich von Chinas neuer Seidenstraße zu isolieren, würde erhebliche Auswirkungen auf Indien mit sich bringen da sie Tore für neue Handels- und Kapitalflüsse öffnet und Kooperationen zwischen den Ländern Asiens und Europas beschleunigt.

In den nächsten Jahrzehnten werden sich Indien und China auf einem Zwillingspfad von Zusammenarbeit und Wettbewerb befinden, mit dem Ziel Handel und Investitionen voranzutreiben. Indiens dringender Bedarf einer Verbesserung der Infrastruktur und der Herstellungsprozesse trifft auf China Ziel, in den nächsten fünf Jahren 100 Milliarden US-Dollar von in Indien zu investieren. Und es hat den Anschein, dass die Führer beider Länder sich in ihrem Bestreben, das bilaterale Wirtschaftspotenzial auszuschöpfen, nicht nur auf wirtschaftliche Tatsachen, sondern auch auf einen emotionalen, persönlicher Ansatz stützen.

Die Verbesserung der Beziehung zwischen China und Indien und die Öffnung zur Welt sind zu einem guten Teil für das relativ optimistische Ein-Jahres-Resümee von *Modis* Herrschaft verantwortlich. Ausländische Direktinvestitionen steigen ebenso, wie Indiens Status und Gewicht in der Weltgemeinschaft.

Ein historisches Abkommen mit Bangladesch wird hoffentlich die Grenzstreitigkeiten beenden und zu neuen Handels- und Transportverträgen führen. Gleichzeitig verbessert Indien seine Beziehungen mit dem Iran als Teil seines Interesses am Aufbau einer stärkeren Anbindung an Zentralasien und Eurasien. Herr *Modi* bestätigte Afghanistan Indiens Engagement zum Bau des Hafens von Chabahar als Teil des Nord-Süd-Korridors, der durch den Iran an die Grenze Afghanistans führt. Wir sehen dies in Zusammenhang mit der wirtschaftlichen Öffnung Irans in den nächsten Jahrzehnten und seinem Ziel, als Tor zu neuen Märkten im Nahen Osten und Afrika eine neue Rolle zu spielen. Doch während der weltweite Handelsverkehr in den letzten Jahrzehnten von Großunternehmen beherrscht wurde, öffnet die Digitalisierung nun unzählige Türen für Klein- und Ein-Personen-Unternehmen. Die Verbrauchernachfrage der Schwellenländer wird sich vom typischen Warenkorb des Westens unterscheiden. Die wachsende und unterschiedliche Nachfrage der neuen Konsumentenschicht ist für die flexiblen und ambitionierten Inder von Vorteil. Ein neues Zeitalter für indische mikro-/multinationale Unternehmen hat begonnen.

»Die guten Tagen sind wieder zurück«, schrieb *Narendra Modi* in einem Tweet nach seinem Sieg. Vielleicht bietet Indien jenen Unternehmern, die das Land zugunsten eines unternehmerfreundlicheren Umfeldes verlassen haben, bald ausreichenden Grund zur Rückkehr. Wir werden am 21. Juni,

an Indiens neu eingeführtem Internationalen Yoga-Tag, tief
Luft holen, weiter auf das Beste hoffen und abwarten.

INDONESIEN

Bevölkerung: 249,9 Millionen
Anteil der Stadtbevölkerung: 50,7% (2011)
BIP: $ 878 Milliarden
BIP-Verteilung: Landwirtschaft 14,3%; Industrie 46,6%;
Dienstleistungen 39,1% *(World Factbook)*
Wirtschaftswachstumsrate: 6,2%
BIP pro Kopf stieg von $ 789,81 im Jahr 2000 auf
$ 3.475,25 im Jahr 2013 *(World Bank)*
2014 Index of Economic Freedom: 100 *(Heritage Foundation)*

Indonesien, das viertbevölkerungsreichste Land der Welt und Gründungsmitglied des Verbands *ASEAN* (*Association of Southeast Asian Nations*), erlebte nach dem Rücktritt von General *Suharto* 1998 eine bemerkenswerte wirtschaftliche und politische Erholungsphase und ist für beinahe 40 Prozent der wirtschaftlichen Produktion der Region verantwortlich. Indonesien ist der weltgrößte Exporteur von

Kohle, der größte Produzent von Palmöl und der zweitgrößte Produzent von Kakao und Zinn. Doch trotz dieser Ressourcen leben mehr als 100 Millionen Indonesier von 2 US-Dollar pro Tag oder weniger. Die Ungleichheit zwischen Arm und Reich ist auf einem Rekordhoch. Eine »volksnähere« Regierung, wie sie der neu gewählte Präsident *Joko Widodo* angekündigt hat, soll »Programme für Bauern, Fischer und andere traditionelle Arbeiter entwickeln und die Ausgaben für Gesundheit und Soziales für die Armen steigern«. Die Steigerung der Produktivität ist der Schlüssel, um wenigstens den heimischen Bedarf zu decken. Laut den Prognosen eines 2012 von *McKinsey* veröffentlichten Berichts über Indonesien werden bis 2030 90 Millionen Indonesier in der Verbraucherschicht angelangt sein. *McKinsey* identifizierte außerdem drei Schlüsselsektoren, in denen Indonesien »bis 2030 privatwirtschaftlich 1,8 Billionen US-Dollar umsetzen könnte: Dienstleistungen, Landwirtschaft und Energie«.[32]

Anfang Oktober 2013 war Indonesien der erste Halt von Chinas Präsidenten *Xi Jinping* unter den südostasiatischen Ländern. Indonesien ist in Xis Plänen, in schnell wachsenden Nationen zu investieren, auch ein wichtiges Investitionsziel. China ist heute Indonesiens wichtigster Handelspartner, doch bislang haben indonesische Firmen mehr in China investiert als umgekehrt. China signalisiert Bereitschaft zu mehr Aktivität in Indonesien, dessen Mittelschicht die 100-Millionen-Grenze erreicht, auch wenn das Investitionsvolumen derzeit noch nicht an jenes für Japan, Südkorea oder Singapur heranreicht. Indonesiens junge Bevölkerung, von der die Hälfte unter 30 Jahre alt ist, ist dynamisch und hat große Ambitionen.

Als wir das Manuskript zu diesem Buch im Oktober 2014 abschlossen, bereitete sich China gerade auf das Gipfeltreffen zur asiatisch-pazifischen wirtschaftlichen Zusam-

---

32 http://www.Mckinsey.com/insights/asia-pacific/the_archipelago_economy

menarbeit in Peking vor, wo Indonesiens neuer Präsident Joko Widodo begrüßt werden sollte, der erst am 20. Oktober angelobt wurde. *Susilo Bambang Yudhoyono*, Präsident von 2004 bis 2014, legte ein Wachstumsziel von jährlich 7 Prozent bis 2030 fest. Es wird spannend zu beobachten sein, wie der neue Präsident seine Pläne umsetzt, um aus Indonesien, dem größten Inselstaat der Welt, eine »Seemacht« zu formen.

KAZAKHSTAN

Einwohnerzahl: 17,95 Millionen
Städtische Bevölkerung: 53,3 % (2014)
BIP: 225,6 Milliarden USD (2014 geschätzt)
BIP-Verteilung: Landwirtschaft 4,9 %; Industrie 29,5 %; Dienstleistungssektor 65,6 %
Wirtschaftswachstumsrate: 4,6 % (World Factbook)
BIP pro Kopf stieg von 1.230,81 USD im Jahr 2000 auf 13.611,5 USD im Jahr 2013 (Weltbank)
2015 Index of Economic Freedom: 63,3 (Heritage Foundation)

Kasachstan ist das neuntgrößte Land und der größte Binnenstaat der Welt. Es liegt in Zentralasien und 5,4 Prozent seiner Landmasse reichen nach Osteuropa.

Im Dezember 1991 schied Kasachstan als letztes Land, aus der Sowjetunion aus. Dies bedeutete auch das Ende der Zeit, in der die Entscheidungen für das Land in Moskau oder St. Petersburg getroffen wurden. Präsident Nursultan Nasarbajew wurde vom Sowjet (deutsch: Rat) im April 1990 zum Präsidenten Kasachstans ernannt. Im Jahr 1995 wurde er mit 95 Prozent der Stimmen als Präsident bestätigt. Bei der letzten Wahl im Jahr 2015 erzielte er ein ähnliches Ergebnis.

Kasachstan hat von seinen reichen Erdölvorkommen profitiert, aber man ist sich sehr wohl dessen bewusst, dass die wirtschaftliche Entwicklung ohne Diversifizierung Kasachstans nicht nachhaltig sein wird.

Mit seinen 74 Jahren hat Präsident *Nasarbajew* ehrgeizige Pläne, Kasachstan in Richtung einer modernen Gesellschaft für alle zu führen. Das ehrgeizige Ziel ist zu den 30 weltweit führenden Industrienationen aufzuschließen. Ähnlich dem Ziel Chinas für das Jahr 2049, trachtet Kasachstan danach, das endgültige Ziel im Jahr 2050 zu erreichen.

Bei unserem Besuch im Mai 2015 war die Stimmung optimistisch. Astana, die neue Hauptstadt, bietet das Bild einer modernen Stadt. Die Weltausstellung für das Jahr 2017 ist eine riesige Baustelle.

Zweifellos wird Chinas Projekt der Revitalisierung der Seidenstraße ein Hauptfaktor für weiteres Wachstum der kasachischen Wirtschaft sein. Bei seinem ersten Besuch als Präsident Chinas stellte *Xi Jinping* im Jahr 2013 das Schlüsselprojekt an der Nasarbajew-Universität in Astana vor. Die auf dem Festland liegende Seidenstraße, wird durch Regionen Kasachstans führen und die Errichtung von Stromleitungen, Straßen, Eisenbahn- und Telekommunikationsverbindungen beinhalten.

Die neue Seidenstraße ist ein wichtiger Teil, aber nicht das einzige Band zwischen Kasachstan und China. Der Wert der chinesischen Direktinvestitionen in Kasachstan beträgt mittlerweile mehr als 17 Milliarden US-Dollar.

Als Teil Zentralasiens wird Kasachstan stark von den Verbesserungen der regionalen Kooperationen profitieren. Das Weltwirtschaftsforum 2014 schätzte in seiner Prognose für den Südkaukasus und Zentralasien, dass das BIP Kasachstans in den nächsten zehn Jahren um 20 Prozent wachsen wird. Der gesamte Handel in Zentralasien wird Schätzungen zufolge um 160 Prozent wachsen, die Einsparungen in der Versorgungskette werden auf satte 1,728 Milliarden US-Dollar geschätzt und in den an den neuen Transportstraßen beteiligten Ländern werden 1,8 Millionen neue Vollzeitstellen geschaffen werden.

JAPAN

Bevölkerung: 127.103.388 Millionen
Anteil der Stadtbevölkerung: 91,5% (2014)
BIP: $ 5.007 Billionen (2013 geschätzt)
BIP-Verteilung: Landwirtschaft 2,6%; Industrie 39,2%; Dienstleistungen 58,2%

Wirtschaftswachstumsrate: 2% *(World Factbook)*
BIP pro Kopf stieg von $ 37.291,71 im Jahr 2000 auf
$ 38.633,71 im Jahr 2013 *(World Bank)*
2014 Index of Economic Freedom: 72 *(Heritage Foundation)*

1994 begannen wir unsere Zusammenarbeit mit dem Buch *Megatrends Asia*. Wir schrieben damals: »Viele Jahre lang drehte sich alles um Japan. Die Japaner kommen. Man hatte den Eindruck, die Japaner würden in Kürze die gesamte Weltwirtschaft dominieren. Aber derzeit befinden wir uns in einer erstaunlichen Wandlungsphase: Die Chinesen kommen! Die japanische Wirtschaft hat ihren Gipfel erreicht und nimmt langsam wieder ab, während sich die Chinesen auf das Jahr 2000, das Jahr des Drachen, vorbereiten, welches dem Land des Drachens den Weg bereiten wird.« Selbstverständlich wollte 1995, als *Megatrends Asia* erschien, niemand in Japan diese Worte hören.

Japan sackte vom Spitzenreiter der industriellen Welt zur kränkelnden Wirtschaft Asiens ab. 1995 verlor Japan das erste Mal seit 1985 den ersten Platz der weltweit wettbewerbsfähigsten Nationen und rutschte auf Platz 4 ab (Platz 9 im *Global Competitive Index 2013–2014*). Der *Economist* schrieb damals, dass dies »keine wirtschaftliche Supermacht mit Kurs auf die Weltherrschaft ist. Es ist vielmehr eine auf Selbstzerstörung ausgerichtete Harakiri-Wirtschaft.« Japan hat sich seither nicht erholt. Während der letzten zwei Jahrzehnte gab es kein reales Wachstum. Die Regierung verweigert der Wirtschaft nach wie vor, sich selbst zu organisieren und setzt ihr lähmendes, unbeholfenes Mikromanagement fort. Und das wird sich unter der gegenwärtigen Führung auch nicht ändern.

Der globale Südgürtel

SÜDKOREA

Bevölkerung: 50,22 Millionen
Anteil der Stadtbevölkerung: 83,2% (2011)
BIP: $ 1.198 Billionen (2013 geschätzt)
BIP-Verteilung: Landwirtschaft 2,6%; Industrie 39,2%; Dienstleistungen 58,2%
Wirtschaftswachstumsrate: 2,8% *(World Factbook)*
BIP pro Kopf stieg von $ 11.947 im Jahr 2000 auf $ 25.976 im Jahr 2013 *(World Bank)*
2014 *Index of Economic Freedom:* 31 (Heritage Foundation)

Korea ist ein weltweites Musterbeispiel für ein Land, das aus eigener Kraft den Weg aus der Armut gefunden hat. Korea entwickelte sich vom Niveau armer afrikanischer und asiatischer Länder zur zwölftgrößten Wirtschaftsmacht der Welt und hält den volkwirtschaftlichen Rekord für die Verdreifachung seines BIP in 20 Jahren. Korea wurde führend bei der Entwicklung von IT-Produkten wie Mobiltelefonen und Speicherchips. Samsung und LG sind die beiden weltgrößten Hersteller von Fernsehgeräten, und Korea ist auch in der Automobilproduktion auf dem 5. Platz.

Im Dienstleistungsbereich hat Südkorea jedoch Verbesserungspotenzial. Das niedrige Niveau der Produktivität in diesem Bereich muss gesteigert werden, um hochwertige Arbeitsplätze zu schaffen und um die Wirtschaft voranzutreiben. Durch den Aufstieg des Globalen Südgürtels gibt es für Tourismus und wirtschaftliche Dienstleistungen ein großes Entwicklungspotenzial.

Koreas Industrieunternehmen sind in den Schwellenländern beständig und schnell gewachsen, was die negative Auswirkung einer niedrigen Beschäftigungsrate im eigenen Land mit sich brachte. Die sinkende heimische Beschäftigung in den Schlüsselindustrien führt zu einer Entwicklung, die mit jener in den USA vergleichbar ist. Koreas Mittelschicht schrumpft von 75 Prozent im Jahr 1990 auf 67 Prozent in 2013. Sinkende private Ersparnisse und eine der weltweit niedrigsten Geburtenraten (1,3 Geburten pro Frau) sind die Folgen.

Rasch steigende Wohn- und sehr hohe Bildungskosten beschleunigen diesen gefährlichen Trend. Unserer Beobachtung nach sind sich chinesische und südkoreanische Eltern in ihrem Ehrgeiz sehr ähnlich, ihre Kinder in den besten Schulen und Universitäten unterzubringen, oftmals unter großen finanziellen Belastungen für die Familien. Lange Gespräche mit koreanischen Studierenden zeigten, dass das Bestehen von Prüfungen und eine Position an der Spitze der Ranglisten für sie das Allerwichtigste ist. Dies führt naturgemäß zu einem Überangebot an Hochschulabsolventen und zu einem hohen Risiko von Arbeitslosigkeit und vielen überqualifizierten Absolventen in schlecht bezahlten Ausweichjobs.

Wenig überraschend war das Bildungswesen das Hauptthema unseres Gesprächs mit Präsidentin Park. Hoher Leistungsdruck und Auswendiglernen tötet die Kreativität. Korea muss die Innovationskraft seiner etablierten Industrie dringend ausbauen. Wie viele andere Staaten kämpft Präsidentin Park jedoch gegen verkrustete Strukturen, um eine – wie sie es nennt – »kreative Wirtschaft« zu schaffen, um »die Träume und Talente der Studierenden zu fördern«.

Zum Träumen bleibt jedoch wenig Zeit. Wir beobachten in Korea die längsten Arbeitszeiten, noch länger als in China. Die E-Mails von unserem koreanischen Verleger und von verschiedenen Geschäftspartnern wurden oft nach Mitternacht oder am Wochenende geschrieben. Es gibt Grenzen für Fleiß und Ehrgeiz, so erstrebenswert sie auch sind.

Korea muss an einem praxisorientierten Bildungswesen arbeiten und sich von der Vorstellung verabschieden, dass ein Universitätsabschluss das einzige Tor zu einer erfolgreichen Karriere und zu einem gesellschaftlichen Ansehen darstellt.

Laos

Bevölkerung: 6 Millionen
Anteil der Stadtbevölkerung: 34,3%
BIP: $ 10,1 Milliarden
BIP-Verteilung: Landwirtschaft 24,8%; Industrie 32%; Dienstleistungen 37,5%
Wirtschaftswachstumsrate: 8,3% *(World Factbook)*
BIP pro Kopf stieg von $ 321,29 im Jahr 2000 auf $ 1.660,71 im Jahr 2013 *(World Bank)*
2014 *Index of Economic Freedom:* 144 *(Heritage Foundation)*

Laos, seit 1997 Mitglied des Verbands ASEAN, ist nach wie vor eines der ärmsten Länder der Welt. Obwohl nur 4 Prozent seiner Fläche Ackerland sind, arbeiten mehr als 80 Prozent der Bevölkerung in der Landwirtschaft und bauen zumeist Reis an. Die industrielle Produktion beschränkt sich auf Mikrounternehmen. Laos wurde 2013 als Mitglied der Welthandelsorganisation aufgenommen und war im selben Jahr Gastgeber des jährlichen Asien-Europa-Treffens.

Nachdem Laos ernsthafte wirtschaftliche Probleme durchmachte, startete es 1986 eine Reform zur Öffnung des Landes mit dem Ziel, sich langsam von einer Planwirtschaft zu einer liberalen Marktwirtschaft zu entwickeln.

Laos hat Wachstumspotenzial, aber sieht sich einem Mangel an Infrastruktur, Bildung und finanzieller Strukturen gegenüber. Seine reichen Bodenschätze an Bauxit, Kohle, Kupfer, Gold, Zinn und anderen Metallen warten auf ausländische Investitionen, um das Marktpotenzial zu heben. Der Tourismus wächst rasch, aber von einem sehr niedrigen Punkt aus. Trotzdem hat Laos eine der höchsten Wachstumsraten der Welt: Zwischen 2002 und 2011 lag das Wirtschaftswachstum nie unter 6,2 Prozent und 2007 stieg es sogar auf 8,7 Prozent an.

Überraschenderweise gibt es in Laos mehr Patente und veröffentlichte wissenschaftliche Artikel als in Vietnam. Laut *VietNamNet Bridge* warnen Wirtschaftswissenschaftler davor, dass Vietnam in eine Art Mittelstandsfalle tappen und hinter Laos und Kambodscha zurückfallen könnte.

Das *International Railway Journal* berichtete am 16. Oktober 2014, dass die chinesische Staatliche Kommission für Entwicklung und Reform im Oktober 2014 den Bau einer neuen Eisenbahnlinie genehmigt habe. Sie wird die innere Mongolei, Laos und Myanmar miteinander verbinden. Die 504 Kilometer lange elektrifizierte Bahnlinie wird von Yuxi durch die Provinz Kunming mit Pu'er, durch Xishuangbanna und durch die Stadt Mohan an der Grenze zu Laos nach

Vientiane führen. Laos ist ein Binnenland und weitere neue Eisenbahnprojekte würden den Tourismus ankurbeln, zu Investitionen ermutigen und die Transportkosten für den Export und Konsumgütermarkt reduzieren.

Malaysia

Bevölkerung: 29,24 Millionen
Anteil der Stadtbevölkerung: 72,8% (2011)
BIP: $ 312,4 Milliarden (2013 geschätzt)
BIP-Verteilung: Landwirtschaft 11,2%; Industrie 40,6%; Dienstleistungen 48,1%
Wirtschaftswachstumsrate: 4,7% *(World Factbook 2013 geschätzt)*
BIP pro Kopf stieg von $ 4.004,56 im Jahr 2000 auf $ 10.538 im Jahr 2012 *(World Bank)*
2014 *Index of Economic Freedom:* 37 *(Heritage Foundation)*

In den letzten Jahrzehnten entwickelte sich Malaysia von einem Rohmateriallieferanten zu einer Wirtschaft mit vielen verschiedenen Sektoren. Das Land ist eines der wirtschaftlichen Erfolgsbeispiele dieser Region mit hohen Zielen für die Jahre bis 2020.

Im September 2010 startete die malaysische Regierung ein Programm zur Umgestaltung der Wirtschaft (ETP – *Economic Transformation Program*). Sein Ziel ist es, Malaysia von einem Land mit mittlerem Einkommen in eine Nation mit hohem Einkommen zu verwandeln, und zwar mit einem Pro-Kopf-Verdienst von mindestens 15.000 US-Dollar – der Schwelle der Weltbank für ein hohes Einkommen. Der strategische Plan zur Ankurbelung der Wirtschaft sieht vor, dass 92 Prozent der Investitionen aus dem privaten Sektor kommen. Die Regierung sieht ihre Rolle in diesem Prozess hauptsächlich in der Vermittlung.

Einer der Investoren, *Asia Media*, ein malaysisches Außenwerbeunternehmen, ist bereit, 152 Millionen US-Dollar in das ETP zu stecken, um Malaysia in eine globale Wirtschaftsmacht zu verwandeln und die Wettbewerbsfähigkeit des Landes in der ASEAN-Region zu stärken. *Asia Medias* CEO Ricky Wong: »Unser Unternehmen unterstützt die Umwandlung des Landes in eine Wissensgesellschaft durch Infotainment, indem wir unseren mobilen Rundfunk einsetzen ..., um die Kommunikation und Infrastruktur Malaysias zu verbessern.«

Malaysia ist einer der weltgrößten Emittenten von islamkonformen Finanzprodukten, einem Markt, der Schätzungen zufolge im Jahr 2015 2 Billionen US-Dollar wert sein soll. Islamic Banking entstand in den letzten Jahrzehnten als Ergebnis der Nachfrage nach Finanzprodukten und -dienstleistungen im Einklang mit islamischen Gesetzen. Islamic Banking versucht eine glaubwürdige Alternative zu herkömmlichen Bankprodukten anzubieten.

Myanmar

Bevölkerung: 55.746.253
Anteil der Stadtbevölkerung: 32,6% (2011)
BIP: $ 59,43 Milliarden
BIP-Verteilung: Landwirtschaft 38%; Industrie 20,3%;
Dienstleistungen 41,7%
Wirtschaftswachstumsrate: 6,8% *(World Factbook)*
BIP pro Kopf stieg von $ 194,61 im Jahr 2004 auf $ 1.203
im Jahr 2014 *(World Bank)*
2014 *Index of Economic Freedom:* (-)

Myanmar war lange Zeit isoliert, öffnet sich jetzt aber der Welt. Es ist auf einem guten Weg, sich in die globale Gemeinschaft zu integrieren. Die Einführung von Reformen und die Lockerung der Sanktionen des Westens eröffnen dem Land neue Chancen. Mikrokredite in ländlichen Gegenden helfen, die Lebensbedingungen zu verbessern und die Armut einzudämmen, von der noch immer ein Viertel der Bevölkerung betroffen ist. Seine junge Bevölkerung, seine reichen Ressourcen und seine günstige geografische Lage fördern direkte ausländische Investitionen in der Lebensmittel- und Getränkeindustrie, im Tourismus, in der Textilbranche und im Bereich der IT-Technologien. Trotz der niedrigen Rate an Internetnutzern (2012 waren es nur 1,1 Prozent der Bevölkerung) ist das Internet einer der wichtigsten Mechanismen für die Öffnung und globale Vernetzung, eine Eintrittskarte für Investoren. Digitalisierung ist einer der Schlüsselfaktoren, um dem Land dabei zu helfen, seine Entwicklung voranzutreiben. Aber es bedarf progressiver Pläne, um eine hochentwickelte IT-Infrastruktur auf die Beine zu stellen. »Der Moment für Myanmar: Einzigartige Gelegenheiten, große Herausforderungen« lautete der Titel eines *McKinsey*-Berichts über Myanmar aus dem Jahr 2013. Wie bei vielen seiner asiatischen Nachbarländer ist die Steigerung der Produktivität der Schlüssel zu stabilem Wachstum und dem Erreichen der ökonomischen Ziele. Der Bericht schätzt das Wachstumspotenzial von Myanmar auf 8 Prozent. Aber: »Wenn die derzeitige demografische Entwicklung und die Arbeitsproduktivität andauern, kann Myanmars Wachstum auch bei weniger als 4 Prozent liegen.«

Im Jahr 2014 führte Myanmar den Vorsitz des Verbands Südostasiatischer Nationen (ASEAN – *Association of South Asian Nations*) führen, ein Zeichen für die Wiederaufnahme in den Kreis solider Nationen. Myanmar war Gastgeber der ASEAN-Gipfelkonferenz im November 2014 sein, an dem Präsident Obama und andere Spitzenpolitiker teilnahmen.

Sri Lanka

Bevölkerung: 21.866.445 (Juli 2014 geschätzt)
BIP: $ 65,22 Milliarden
Anteil der Stadtbevölkerung: 15,1% (2011)
BIP-Verteilung: Landwirtschaft 31,8%; Industrie 25,8%; Dienstleistungen 42,4% *(World Factbook)*
Wirtschaftswachstumsrate: 6,3%
BIP pro Kopf stieg von $ 854,93 im Jahr 2000 auf $ 3.279,89 im Jahr 2013 *(World Bank)*
2014 *Index of Economic Freedom*: 90 *(Heritage Foundation)*

Sri Lanka exportiert heute nahezu alles, angefangen von Unterwäsche bis hin zu Fußballtrikots für Marken wie *Zara* (Spanien) oder *Marks & Spencer* (Großbritannien). Wie James Crabtree in der *Financial Times* schrieb, ergreift Sri Lanka die Gelegenheit, eine Kleidungsdrehscheibe »direkt an der Küste der verkehrsreichsten Ost-/Westschifffahrtsroute« zu errichten.

Neue Fabriken, Lager und Logistikzentren könnten es Sri Lanka rechtzeitig ermöglichen, Kapazitäten, vergleichbar mit Konkurrenten aus den Industrienationen, anzubieten. »Es ist ein kleines Beispiel«, schreibt Crabtree, »aber es zeigt uns, wie Unternehmen in Asien immer mehr Wege finden, sich in Lieferketten einzuklinken und dadurch immer größere Stücke des globalen Kuchens abschneiden.«

THAILAND

Bevölkerung: 66,79 Millionen
Anteil der Stadtbevölkerung: 34,1 % (2011)
BIP: $ 400,9 Milliarden
BIP-Verteilung: Landwirtschaft 12,1 %; Industrie 43,6 %; Dienstleistungen 44,2 % *(World Factbook)*
Wirtschaftswachstumsrate: 3,1 % *(The Factbook)*
BIP pro Kopf stieg von $ 1.968 im Jahr 2001 auf $ 5.977,40 im Jahr 2013 *(World Bank)*
2014 *Index of Economic Freedom*: 72 *(Heritage Foundation)*

In den asiatischen Ländern, vor allem in Bhutan, wurde in letzter Zeit viel davon gesprochen, Glück als aussagekräftigen Indikator für das Wohlbefinden der Menschen zu messen. Thailands gegenwärtiger Militärführer, General *Prayut Chan-o-cha*, scheint diese Diskussion wieder aufzugreifen. Er hebelte die Verfassung aus und verlangte, dass Kritik für sich behalten und durch öffentliches Glück ersetzt werden sollte.

Unternehmern ist in Thailand dennoch weiterhin zum Lachen zumute. Die Weltbank reiht Thailand in ihrem Geschäftsklima-Index »Ease of Doing Business Index« auf Platz 18 von 189 Nationen. Dennoch konnte Thailand seit der asiatischen Finanzkrise 1997/1998 sein niedriges Wirtschaftswachstum von etwa 4 Prozent nicht wieder steigern. Historisch gewachsene hierarchische Strukturen sind nach wie vor in den Köpfen verankert und gelten immer noch. An der Spitze nahezu jeder Pyramide sitzt der König, das Fundament bilden glücklich lebende Bauern. Die umliegenden asiatischen Nachbarstaaten bauten Glück in den letzten Jahrzehnten jedoch auf wirtschaftlichem Fortschritt und der Glättung von Hierarchien auf. Und Thailands Entwicklung ist alles andere als beeindruckend. Es bleibt nach wie vor eincs der Länder mit der größten Ungleichheit der Welt.

General *Prayuth Chan-o-cha* genehmigte kürzlich eine Investition von 120 Milliarden Baht, rund 3,7 Milliarden US-Dollar. Die ausländischen Direktinvestitionen in Thailand lagen 2013 bei 13 Milliarden US-Dollar (*Bangkok Post*, 27. Juni 2014), verglichen mit Singapurs 64 Milliarden US-Dollar eine eher bescheidene Zahl.

Politisch polarisiert, wirtschaftlich hinter seinen asiatischen Nachbarn abgeschlagen, blickt Thailand unsicheren Wahlen entgegen, die unter einer neuen Verfassung abgehalten werden, die Ähnlichkeiten mit jener von Burma hat, in der Militär und Aristokratie über genügend Sitze verfügten, um Gesetze im Parlament zu blockieren.

Nichtsdestotrotz wurde Thailand, Mitglied des Verbands ASEAN, das Automobilproduktionszentrum von Südostasien mit dem weltweit zweitgrößten Hersteller von Pickup-Trucks und Computerfestplatten. Das Land ist der größte Gummiproduzent der Welt. Die steigenden Herstellungskosten in China, Thailands geringe Körperschaftssteuer und eine relativ gute Infrastruktur lassen noch viele Chancen in diesem Land erahnen.

TÜRKEI

Bevölkerung: 81.619.392
Anteil der Stadtbevölkerung: 71,5 %
BIP: $ 821,8 Milliarden (2013 geschätzt)
BIP-Verteilung: Landwirtschaft 8,9 %; Industrie 27,3 %; Dienstleistungen 63,8 %
Wirtschaftswachstumsrate: 3,8 % *(The Factbook)*
BIP pro Kopf stieg von $ 4.219,54 im Jahr 2000 auf $ 10.515,0 im Jahr 2014 *(World Bank)*
2014 *Index of Economic Freedom:* 64 *(Heritage Foundation)*

Rasantes Wirtschaftswachstum, Modernisierung und Industrialisierung während der letzten Jahrzehnte zeichneten für die Türkei eine Erfolgsstory. Eine neue Mittelschicht entstand, die Einkommen stiegen. Ein Bauboom und steigende Konsumausgaben machten die Türkei zu einem der vielversprechendsten Schwellenländer mit Platz 17 in Bezug auf das BIP. *Forbes* veröffentlichte einen Masterplan zur Investition von 200 Milliarden US-Dollar: 29 Milliarden US-Dollar für den Bau des neuen Flughafens Yeni Havalimani, der eine Kapazität von 150 Millionen Passagieren pro Jahr haben soll. Er wird der größte Flughafen Europas sein, sogar sein Parkplatz, der 70.000 Fahrzeuge fassen kann, ist beeindruckend. Bis 2019 werden 15 Milliarden US-Dollar für *Erdoğans* gigantisches Projekt, einen 26 Meilen langen Schifffahrtskanal zwischen dem Marmarameer und dem Schwarzen Meer, verbaut werden. Weiters 8,4 Milliarden US-Dollar für den Bau von öffentlich-privaten Bauvorhaben, die rund 5.000 Luxusappartements schaffen werden, 1,35 Milliarden US-Dollar für zwei Jachthäfen, zwei 5-Sterne-Hotels, ein riesiges Einkaufszentrum, eine 1.000 Personen fassende Moschee.

Premierminister *Tayyip Erdoğan*, im August 2014 zum Präsidenten gewählt, ist einerseits sehr stark für den Fortschritt in der Türkei verantwortlich, andererseits eine stark umstrittene Person. Für viele Türken ist das Leben viel besser geworden. Die Armut wurde zwar nicht zur Gänze besiegt, aber wie *Die Zeit* am 3. April 2014 unter dem Titel »Warum lieben ihn die Türken?« schrieb: »Beinahe jeder [Türke, *Anm. des Hrsg.*] kann sich Haus und Auto leisten ... *Erdoğan* hat die Türkei in den vergangenen zehn Jahren zu einem anderen, ja vielleicht besseren Land gemacht – auch wenn das seine Gegner nicht hören wollen.«

Liberale, moderne Türken hingegen verstehen die Welt von *Erdoğans* Fans nicht. Wie konnte die brutale Niederschlagung der Proteste im Gezi-Park, die Aufzeichnungen der Korruption, die auf *YouTube* und *Twitter* veröffentlicht werden, und das Blockieren dieser Websites keinen Einfluss auf die Anhänger *Erdoğans* haben. Gleichzeitig hat sich 2014 das Wachstum der Türkei auf enttäuschende 2,9 Prozent verringert, mit einer wahrscheinlichen Steigerung auf 4 Prozent im Jahr 2015. Die Arbeitslosenrate bleibt auch zu Beginn des Jahres 2016 bei knapp über 10 Prozent und rund 20 Prozent der Jugend ist ohne Job. Die Türkei befindet sich an einer Weggabelung, entweder zurück oder vorwärts in der Geschichte.

Die türkischen Verhandlungen zum EU-Beitritt sind heute festgefahren und seit 2006 in acht Punkten ausgesetzt. Ob die Abhängigkeit vom guten Willen der Türkei in der Flüchtlingsproblematik, in der sich Europa sieht, daran wirklich etwas ändert, bleibt fraglich. Das geringe Wachstum des Westens veranlasst die Türkei andererseits, sich andere Märkte unter den Schwellenländern zu suchen. Gleichzeitig will das Land aber auch eine prominentere Rolle in Afrika spielen. 2003 flogen türkische Fluglinien nur 4 afrikanische Destinationen an, heute sind es über 30. Der CEO der *Turkish Airlines* erklärt warum: »Unsere Strategien und Aktivitäten sind eng verknüpft mit der türkischen Außen- und Handelspolitik. Um wachsen zu können, arbeiten wir sehr eng mit der Regierung zusammen.« Die Vorteile und Synergien einer solchen engen Bindung sind offensichtlich: Jede neue Destination öffnet türkischen Unternehmen die Tür zu neuen Märkten.

Die Politik der Öffnung hin zu Afrika begann für die Türkei 2002. Das Land eröffnete 19 neue Botschaften in Afrika. »Das Ziel ist es, Verbindungen aufzubauen und die Lücken zu Regionen, in denen wir noch nie zuvor waren, zu schließen«, sagt ein türkischer Funktionär. Türkische Unternehmen und Politiker werden ihr Engagement in Afrika weiter verstärken. Der türkische Handel sprang von 742 Millionen US-Dollar im Jahr 2000 auf fast 7,5 Milliarden US-Dollar 2011 und das ist nur ein Bruchteil der gesamten Wirtschaft der Türkei. Mit einem Anstieg von knapp 30 Prozent seit 2011 erreichten die Exporte der Türkei nach Afrika 2012 13,3 Milliarden US-Dollar.

Die Türkei zeigte uns ihr wirtschaftliches Potenzial und läuft nun in Gefahr eines wirtschaftlichen Einbruchs mit beängstigenden Auswirkungen. Die Türkei wurde 2013 im Investment-Status aufgewertet, die Fremdkapitalkosten sanken stark, die Mittelschicht wuchs schnell, die junge Bevölkerung zog Investoren an und die Inflation war unter Kontrolle. 2014 wurde die Türkei auf die Liste der wirtschaftlich gefährdeten Schwellenländer gesetzt, in der auch Indien, Indonesien, Südafrika und Brasilien stehen. Mit dem größten Leistungsbilanzdefizit und dem höchsten Anteil an Schulden von Bürgern aus diesen Problemländern könnte die Türkei entgleisen, wenn einmal kein leicht verdientes Geld mehr verfügbar ist.

Die Türkei bleibt fürs Erste ein widersprüchliches Land, mit einem sehr hohen Potenzial und einer strategisch bedeutenden geografischen Lage als kulturelle Brücke zwischen Europa und Asien.

VIETNAM

Bevölkerung: 93.421.835 Millionen (Juli 2014 geschätzt)
Anteil der Stadtbevölkerung: 34,3 %
BIP: $ 170 Milliarden
BIP-Verteilung: Landwirtschaft 19,3 %; Industrie 38,5 %; Dienstleistungen 42,2 %
Wirtschaftswachstumsrate: 5,3 % (*World Factbook*)
BIP pro Kopf stieg von $ 433,33 im Jahr 2000 auf $ 1.910,53 im Jahr 2013 (*World Bank*)
2014 *Index of Economic Freedom*: 147 (*Heritage Foundation*)

Wenige Europäer wissen, dass der Kaffee, den sie täglich morgens trinken, aus Asien oder gar aus Vietnam kommen könnte. Und dennoch ist Vietnam nach Brasilien der zweitgrößte Kaffeeexporteur der Welt. Die EU ist Vietnams zweitgrößter Handelspartner mit einem wachsenden bilateralen Handel von 26 Milliarden Euro im Jahr 2014. In den letzten Jahrzehnten konnte sich Vietnam allmählich von der starren Zentralplanung lösen und ein wettbewerbsfähiges, exportorientiertes Land werden. Es wurde die am zweitschnellsten wachsende Wirtschaft nach China, obwohl nach wie vor 40 Prozent des BIP aus staatlichen Unternehmen stammen. Die Arbeitsproduktivität konnte quer über alle Branchen verbessert werden. Vietnam ist in Nischenbereichen, angefangen bei der Textilproduktion über Tourismus und Kaffee bis hin zum IT-Bereich, international erfolgreich. Im Vergleich zu den übrigen Ländern des Verbands ASEAN ist Vietnams Anteil an Mehrwertprodukten mit 1 Prozent noch sehr niedrig. Ein Anstieg der Verkäufe von Mehrwertprodukten von 54,9 Prozent im ersten Quartal 2014 verspricht jedoch ein großes Potenzial für die Zukunft. Vor allem Mehrwertprodukte bei Meeresfrüchten zeigten ein starkes Wachstum.

Im Zuge seiner Europatour 2014 bemühte sich Vietnams Premierminister Tấn Dũng, ein Freihandelsabkommen zwischen EU und Vietnam zu erreichen, um Zölle zu reduzieren, Rechtssicherheit zu garantieren und Investments zu schützen. Das Ziel war, das Wirtschaftswachstum zu stimulieren und Jobs auf beiden Seiten zu schaffen, aber auch die Beziehungen zwischen der EU und Vietnam zu stärken. Da die Spannungen mit China größer werden, versucht Vietnam stärkere Bindungen zum Westen aufzubauen und sich besser in die globale Wirtschaft zu integrieren.

Wir haben Hanoi und Ho-Chi-Minh-Stadt in den vergangenen Jahren mehrere Male besucht, und der enorme Fortschritt, den Vietnam in sehr kurzer Zeit erzielt hat, ist allgegenwärtig. Obwohl die farbenprächtigen Bilder der Bauern, die ihre von Ochsen gezogenen Pflüge durch ihre Reisfelder führen, nach wie vor ein häufiger Anblick sind, hat sich das Land von einem Bauernstaat zu einer Produktions- und Dienstleistungsnation entwickelt.

Ausgehend von seiner steigenden Anzahl an Universitätsabsolventen können wir davon ausgehen, dass Vietnam sein Potenzial im internationalen Wettbewerb ausbauen können wird.

Vietnam verfügt über eine junge Erwerbsbevölkerung, einen Überfluss an natürlichen Ressourcen, aber wie in vielen asiatischen Ländern fehlt es an qualifizierten Ingenieuren und Managern. Die Herausforderung der kommenden Jahre wird darin bestehen, die Ausbildung zu verbessern, die Produktivität zu erhöhen und die Betriebsführung zu verbessern, um die Wettbewerbsfähigkeit in den verstaatlichten Unternehmen zu erhöhen. Aber Vietnam kann das schaffen!

2. AFRIKA – ASIEN – LATEINAMERIKA

Neue Wirtschaftsallianzen und Alternativen zu internationalen Organisationen

Im Juni 2001 feierten wir unseren ersten Hochzeitstag in Peking. Ein amerikanisch-chinesischer Freund, der an der Peking-Universität unterrichtete, führte uns in ein neu eröffnetes Restaurant in einem der Stadtteile, die damals nach einigen Jahrzehnten des Tiefschlafs wieder sehr beliebt wurden. Wir saßen in einem kleinen Garten und unterhielten uns über ein lange erstrebtes Ziel, das im selben Jahr erreicht werden würde: Chinas Beitritt zur Welthandelsorganisation. Doch diese stärkere Integration Chinas in die Weltwirtschaft rief bei einigen auch Bedenken hervor. Wir erinnern uns heute noch gut an die Befürchtungen, dass China den USA zu weit entgegenkomme. Die große Frage war damals: Bedeutet Globalisierung automatisch auch Amerikanisierung?

Rund 13 Jahre später, am 6. Juli 2014, schrieb die *Financial Times*: »China beginnt eine mächtige Rolle in den

Welthandelsgesprächen zu übernehmen.« Zu diesem Zeitpunkt war China bereits der größte Warenhändler der Welt geworden und der Westen begann sich, über Chinas Einfluss und seine Intentionen in der WHO Sorgen zu machen. »Der Welthandel verändert sich und China verändert sich mit ihm«, endete der Artikel.

Änderung der Spielregeln im globalen Wirtschafts- und Finanzsystem

Die Zeiten, in denen der Westen das vorherrschende Zentrum der globalen Gemeinschaft und die globale Schnittstelle politischer und wirtschaftlicher Verbindungen war, gehen langsam zu Ende.

Internationale Institutionen wie die *Vereinten Nationen*, der *Internationale Weltwährungsfonds* und die *Weltbank* wurden vom Westen zugunsten der Interessen des Westens gegründet und haben die internationale Politik seit dem Ende des Zweiten Weltkriegs dominiert. Aber die Welt ist nicht mehr dieselbe wie zu jener Zeit, als diese Institutionen gegründet wurden.

»Ich behaupte, dass diese Institutionen, die zwar einen gewissen Erfolg bei der Lösung der Probleme des zwanzigsten Jahrhunderts haben mochten, nicht in der Lage waren sich den neuen globalen Herausforderungen zu stellen, denen wir uns heute gegenüber sehen«, schreibt Ian Goldin, ehemaliger Vizepräsident der *Weltbank* in seinem Buch *Divided Nations, Why Global Governance is Failing and What We Can Do About It* (Geteilte Nationen: warum die Weltpolitik versagt und was wir dagegen tun können).

Weder die globalen Institutionen noch die westlichen Regierungen werden in der Lage sein, die Schwellenländer weiterhin nach ihren Vorstellungen zu dirigieren. Es herrscht eine neue Realität, was die Machtverteilung anbelangt, in der der Westen nicht länger die zentrale Rolle spielt. Das westlich zentrierte Weltbild zerfällt zusehends. Dabei begann es just in dem Moment zu bröckeln, als es in Stein gemeißelt schien. Mit dem Zusammenbruch der Sowjetunion 1991 und der Implosion des Kommunismus in Europa schien es nur mehr eine Frage der Zeit zu sein, wann die westlichen Prinzipien – Liberalismus, Demokratie und freie Märkte – endgültig und überall triumphieren würden. Francis Fukujamas »*The End of History and the Last Man*« (»Das Ende der Geschichte. Wo stehen wir?«, Kindler Verlag 1992) wurde mit großer Begeisterung aufgenommen. Aber der Dünkel war nur von kurzer Dauer.

Während sich der Westen nach wie vor als Hüter der universellen Werte und Rechte feiert und seinen Status als moralisches und wirtschaftliches Zentrum der globalen Gemeinschaft verteidigt, haben die Schwellenländer des Globalen Südgürtels allmählich ein Tor zu einer neuen Weltanschauung geöffnet. Auf der Basis ihrer eigenen Geschichte und Kultur legen sie einen neuen Grundstein für ihre Zukunft. Sie haben erkannt, dass sie sich, statt sich vom Westen lenken zu lassen, ebenso gut gegenseitig unterstützen können.

Und sie begriffen, dass sie auf eigenen Beinen stehen können. Das angekündigte »Ende der Geschichte« verwandelte sich in eine »Änderung der globalen Spielregeln« für neue wirtschaftliche Allianzen im Umfeld sich verändernder Weltanschauungen, einer neuen geopolitischen Gewichtung und neuer Wirtschaftsabkommen.

Die Schwellenländer des Globalen Südgürtels, in denen mehr als 80 Prozent der Weltbevölkerung leben, sind sich ihrer eigenen Rhythmen immer stärker bewusst. Und immer mehr Organisationen wie das *Boao Forum* stimmen ihre Instrumente, um als unabhängige Orchester aufzutreten – natürlich nicht ohne Dissonanzen!

Der Verband Südostasiatischer Nationen (ASEAN – Association of South Asian Nations) wurde vor fast 50 Jahren gegründet, war jedoch viele Jahre lang kaum auf der Weltbühne präsent. Doch im Laufe der Jahre gewannen seine 10 Mitglieder immer mehr an Bedeutung: Indonesien, Malaysia, die Philippinen, Singapur, Thailand, Brunei, Myanmar, Kambodscha, Laos und Vietnam. Mit nunmehr 600 Millionen Menschen und einem gemeinsamen BIP von 2,4 Billionen US-Dollar im Jahr 2014 wurden die ASEAN-Staaten zu treibenden Wirtschaftsmächten des Globalen Südgürtels und haben sich zu einem großen Stabilisator und Wirtschaftsmotor entwickelt. Würde es sich bei den ASEAN-Staaten um nur ein Land handeln, wäre sein BIP das drittgrößte asiatischer Länder und das siebtgrößte der Welt. Sie bilden nach der EU, Nordamerika und China die viertgrößte Exportregion der Welt.

International betrachtet sind die ASEAN-Staaten heute topfit und ein Großteil ihres Wachstums ist auf Erfolge bei Produktivitätssteigerungen zurückzuführen. Ihr Markt ist mit unterschiedlichen Kulturen, Religionen und ethnischen Gruppierungen sehr vielfältig.

Die Bank *HSBC* prognostiziert: »Er (Anm.: ASEAN-Raum) wird in den nächsten zwei Jahrzehnten einer der am schnellsten wachsenden Konsumregionen sein.« 2014 gehören rund 67 Millionen Haushalte in den ASEAN-Staaten der »Konsumentenschicht« an (mit substantiellen, frei verfügbaren Einkommen). Diese Zahl soll sich Schätzungen zufolge bis 2025 fast verdoppeln (*McKinsey*, Mai 2014).

Eine Vision – eine Identität – eine Gemeinschaft

Am 23. Mai 2014 trafen sich die Arbeitsminister der ASEAN-Staaten und ihre Amtskollegen aus China, Japan und Korea (keine Mitgliedsstaaten, aber sogenannte *Plus Three Countries* des Verbands ASEAN) in Myanmar, um ihre gegenseitige Zusammenarbeit zu verstärken. Premierminister *Li Keqiang* bezeichnete den Verband ASEAN als Chinas Priorität bei Investitionen im Ausland, forderte eine Ausweitung der Güterimporte von den ASEAN-Staaten nach China und lud Unternehmen aus den ASEAN-Staaten ein, in China zu investieren und Unternehmen zu gründen.

»China ist nicht mehr der Exportkonkurrent der vergangenen Jahrzehnte«, schrieb *HSBC* im Januar 2014, »es ist jetzt ein bedeutender Markt für die ASEAN-Staaten.« Ein Absolvent und wissenschaftliches Mitglied der Technischen Universität Nanyang sagte: »Eine intensivierte gegenseitige wirtschaftliche Zusammenarbeit zwischen China und den ASEAN-Staaten ist nicht nur naheliegend, sondern auch äußerst wichtig, nicht zuletzt, um den kostbaren Frieden in der Region zu erhalten, was immer wieder eine Herausforderung darstellt. Unter diesen Gesichtspunkten und in diesen Zeiten wirtschaftlicher Unsicherheit ist es besonders dringend, Premierminister *Li Keqiangs* Aufruf zu einer stärkeren Zusammenarbeit für ein gemeinsames Wachstum zu beherzigen.« *HSBC* hofft, dass »das erwartete Wachstum im beidseitigen Handel und in den gegenseitigen Investitionen zu einem neuen, positiveren Umgangston in den Beziehungen führt, da sich diese mächtigen Regionen doch zu ausgereiften Märkten mit 1,9 Milliarden Menschen entwickeln«.[33]

Die vorausgesagte glänzende Zukunft Asiens wurde beim *Boao Forum* im April 2014 in Boao, Hainan etwas getrübt,

---

33 http://www.hsbc.com/news-and-insight/2014/china-and-asean-relations

trotz des vielversprechenden Titels »Asiens neue Zukunft: Neue Wachstumstreiber erkennen«.

»Asiens Stimme Gehör verschaffen«, »Förderung der asiatischen Zusammenarbeit«, »Schaffung eines asiatischen Konsens« lauteten die Slogans, die auf der Website des *Boao Forums* auftauchten. Das Forum, das 2001 gegründet worden war, entwickelte sich zu einer wichtigen Plattform für Gespräche auf der höchsten Ebene zwischen asiatischen Nationen und Schwellenländern.

Aber nur eine Woche nach Ende des *Boao Forums* entstand der Eindruck, dass die angepeilte Kooperation versanden könnte. Wir saßen damals an einem wunderschönen Strand von Sanya, nicht weit von Boao entfernt, wo das Forum abgehalten wurde. Als die Sonne hinter dem Golf von Tonkin unterging, sahen wir flackernde Lichter entlang des Horizontes auf der ruhigen See: Chinesische Kriegsschiffe, erzählte man uns, patrouillieren im Meer zwischen China und Vietnam, beide Mitglieder des *Boao Forum*.

Ein Jahr zuvor hatte Präsident *Xi Jinping* in seiner Ansprache auf dem Forum 2013 die Staaten dazu gedrängt, den »Sinn für Gemeinschaft, für ein gemeinsames Schicksal« zu fördern, um die Entwicklungen in Asien und dem Rest der Welt zu neuen Rekorden zu verhelfen. Sein ambitioniertes Ziel ist es, den Handel zwischen China und den ASEAN-Staaten bis 2020 auf 1 Billion US-Dollar zu bringen. Im Jahr 2013 betrugen Chinas Direktinvestitionen in ASEAN-Staaten 5,74 Milliarden US-Dollar und in der ersten Jahreshälfte 2014 bereits 3,56 Milliarden US-Dollar.

Es bleibt die Hoffnung, dass dieser Konflikt, der Unstimmigkeiten unter den ASEAN-Staaten und im *Boao Forum* hervorruft, trotz des politischen Säbelrasselns friedlich gelöst werden kann, indem auf die Zusage ehemaligen Präsidenten Hu gebaut wird, dass sich China dafür einsetzen wird, seine Entwicklung auch zum Nutzen seiner Nachbarländer zu verwenden. Er unterstrich damit Chinas Einsatz, für alle Seiten gewinnbringende Kooperationen mit anderen asiatischen Ländern zu schaffen und neue Partnerschaften mit seinen Nachbarn anzustreben. Eine der derzeitigen Prioritäten von ASEAN ist es, präventive diplomatische Maßnahmen zu entwickeln, um regionale Konflikte und Streitigkeiten über territoriale Ansprüche zu entschärfen.

Änderung der Spielregeln für den US-Dollar?

Zwischen 2002 und 2012 stieg das chinesisch-asiatische Handelsvolumen von 54,8 Milliarden US-Dollar auf 400,1 Milliarden US-Dollar[34]. Der Slogan auf der Website www.asean.org gibt Auskunft über das Ziel der ASEAN-Staaten, bis 2015 eine Wirtschaftsgemeinschaft zu gründen, was nicht erreicht werden konnte. Innerhalb des Verbands ASEAN sollte bis Ende 2015 die ASEAN-Wirtschaftsgemeinschaft (AEC) errichtet werden.

Die AEC hat das Ziel, den ASEAN-Raum zu einer Region mit freiem Verkehr von Gütern, Dienstleistungen, Investitionen, Fachkräften und Kapital zu machen. Das Ziel ist eine regionale wirtschaftliche Integration durch das Entstehen eines der weltweit größten Binnenmärkte. Vielleicht bietet dies auch eine Vorschau auf eine einheitliche Wirtschaft für die gesamte Welt, die wir als langfristige Zukunft der Weltwirtschaft kommen sehen.

»Der ASEAN-Raum wird dazu führen, dass die Welt den Yuan als globale Währung übernimmt, um ihn für Geschäfte, Finanzierungen und Investitionen einzusetzen, da das Vertrauen und die Abhängigkeit vom US-Dollar ab-

---

34 Quelle: Handelsministerium China

nimmt«, sind die abschließenden Worte der *Thailand Business News* vom 27. Oktober 2014 über Chinas Investitionen im ASEAN-Raum im Hinblick auf die Gründung der AEC 2015. Bislang läuft der Handel in Yuan über Singapur. Laut den SWIFT-Daten erreichten die Yuan-Einlagen in den letzten 3 Monaten 2014 in Singapur 220 Milliarden US-Dollar. Die Yuan-Anleihen stiegen um 25 Prozent auf mehr als 300 Milliarden US-Dollar. SWIFT reiht den Yuan auf den 7. Platz der globalen Zahlungsmittel.

»Der Yuan beansprucht einen größeren Anteil an Reserven«, lautete der Titel eines Reuters-Berichts vom 29. Oktober 2014. Reuters zitiert eine Studie von *Central Banking* über 69 Zentralbanken, von denen zwei Drittel der befragten Personen angaben, dass der Yuan »aufgrund der relativen Stärke und des wachsenden Einflusses der chinesischen Wirtschaft immer attraktiver geworden ist ... er gewinnt in Finanzinstituten und multinationalen Unternehmen immer mehr Einfluss.«

Im Jahr 2015 war es soweit, der Internationale Währungsfond nahm den chinesischen Yuan mit Wirksamkeit im Oktober 2016 in seinen Währungskorb auf. Christine Lagarde sprach von einem »Meilenstein der Integration der chinesischen Wirtschaft in das globale Finanzsystem.« Damit hat der Prozess der Ablöse des US-Dollars als dominante Weltwährung begonnen.

Das Zentrum der wirtschaftlichen Schwerkraft hat sich in die Entwicklungsländer des Südens verlagert.

Konflikte zwischen starken Nationen können aus vernünftigen Gründen überwunden werden, wie Indien und China zeigen. Die Beziehungen zwischen diesen beiden Nationen, die von langjährigen Grenzkonflikten geprägt sind, haben sich verbessert, ebenso wie die Handels- und Wirtschaftsverbindungen. *Li Jian*, der Generalsekretär der Niederlassung der chinesischen Industrie- und Handelskammer in Delhi, die mehr als 100 chinesische Unternehmen vertritt, meint dazu, dass Indiens Wachstumspotenzial chinesische Unternehmen dazu ermutigt, in Indien zu bleiben, wo es ihnen bereits jetzt sehr gut geht. *Arun Jaitley*, Indiens neuer Finanzminister, konnte nicht genau definieren, welche Reformen in den nächsten Jahren Indiens Wachstum wieder zurück auf 7–8 Prozent jährlich bringen werden, aber er versprach ein Ende der rückständigen Steuern, die klarerweise von den Investoren abgelehnt werden.

Der bilaterale Handel zwischen den China und Indien erreichte 2012 bereits 66 Milliarden US-Dollar und wird bis 2015 100 Milliarden US-Dollar überschritten haben. Indiens neu gewählter Premierminister *Narendra Modi* erhielt zwar Vorschusslorbeeren, aber jetzt muss er zeigen, was er kann. Manche schätzen, dass unter seiner Führung der Handel zwischen Indien und China bis 2018 300 Milliarden US-Dollar erreichen wird.

Die Schwellenländer des Globalen Südgürtels, in dem Asien derzeit die stärkste Region ist, läuten eine neue Ära ökonomischer Entwicklung ein. Eine offizielle Stellungnahme aus Chinas Informationsministerium erklärt, dass die internationale Situation »tiefgreifende und komplexe Veränderungen erlebt« und dass »neue Schwellenländer zur zentralen Kraft wurden, die die weltwirtschaftliche Entwicklung vorantreiben«.

Bereits im Oktober 2010 schrieb die *Weltbank* in ihrem Bericht *Rise of the Global South and Its Impact on South-South Cooperation* (Aufstieg des globalen Südens und seine Auswirkungen auf die Süd-Süd-Kooperationen): »Das Zentrum der wirtschaftlichen Schwerkraft wandert unaufhalt-

Afrika – Asien – Lateinamerika

sam in Richtung Süden. Die bemerkenswerte Zunahme der Kooperationen zwischen den Entwicklungsländern, die Süd-Süd-Kooperationen, müssen als Teil einer größeren Entwicklung angesehen werden.«

Unter dem Titel »*The Global South*« (Der Globale Süden) schätzte *Al Jazeera* am 20. März 2013, dass »die gemeinsame Wirtschaftsleistung von Brasilien, Indien und China im Jahr 2020 die gemeinsame Wirtschaftsleistung von Kanada, Frankreich, Deutschland, Italien, Großbritannien und der USA überholen wird«. Des Weiteren werden »bis 2030 rund 80 Prozent der weltweiten Mittelschicht in den heutigen Entwicklungsländern leben«.

Die zur Jahrtausendwende geborenen Kinder werden dann voll im Berufsleben stehen. Und die Welt, in der sie leben und arbeiten werden, wird völlig anders sein als die Welt, die wir heute kennen.

Chinas Vision einer offenen Weltwirtschaft

Dieses Buch handelt von der Öffnung des Globalen Südgürtels und seinem enormen Potenzial als Wirtschaftstreiber des 21. Jahrhunderts. Obwohl wir unsere Forschungstätigkeit unter einem globalen Blickwinkel durchführen, gibt es kaum ein globales Thema, in dem China keine Rolle spielt. Allein das zeigt die enorme Bedeutung Chinas für die Zukunft.

China, das sich historisch als das Königreich der Mitte sah, marschiert, springt, schlittert und kriecht bisweilen in eine wesentlich größere Rolle als jene des globalen Königreichs der Mitte. Die Nachrichtenagentur *Xinhua*, Chinas offizielle Pressestelle, zeigt in der Artikelreihe »*New Silk*

Road, New Dreams« (Neue Seidenstraße, neue Träume) Chinas Vision eines neuen »Seidenstraßengürtels« und seine neue Rolle als Zentrum des Welthandels. Der erste Artikel zeichnet ein großes Bild: »Wie kann die Welt ein Win-win-Geschäft sein? China gibt Antworten auf die Frage.«

Der Artikel der *Xinhua* vom 8. Mai 2014 zeigt eine Landkarte mit Chinas ehrgeizigen Vorstellungen von der »neuen Seidenstraße« und der »neuen maritimen Seidenstraße«. Die Seidenstraße auf dem Festland wird in Xi'an in Zentralchina beginnen und durch Zentralasien in den nördlichen Iran und dann in die Türkei über den Bosporus Richtung Norden nach Europa und Rotterdam und schließlich nach Süden verlaufen und in Venedig enden.

Die maritime Seidenstraße beginnt in Quanzhou, führt durch Guangzhou und Hainan, danach Richtung Süden durch die Straße von Malakka nach Kuala Lumpur, Kalkutta, Nairobi, um das Horn von Afrika herum durch das Rote

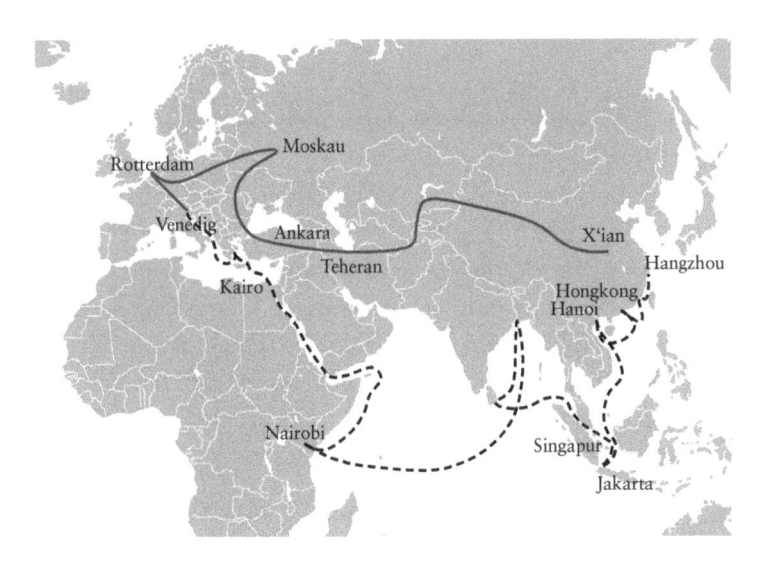

Afrika – Asien – Lateinamerika

Meer nach Athen und trifft in Venedig auf die Seidenstraße auf dem Festland.

Das Magazin *The Diplomat* schrieb am 9. Mai 2014: »Die Seidenstraße und die maritime Seidenstraße werden gemeinsam eine riesige Schleife bilden und drei Kontinente verbinden. Wenn irgendein Bild Chinas Ambitionen als ›Königreich der Mitte‹, welches mit der Welt durch Handel und kulturellen Austausch verbunden ist, widerspiegeln kann, dann ist es die *Xinhua*-Karte der Seidenstraßen. Sogar der Name des Projektes, Seidenstraße, ist untrennbar mit Chinas Vergangenheit als Lieferant von Gütern und Informationen für den Rest der Welt verbunden.«

Für *The Diplomat* ist es eindeutig, dass China »glaubt, dass seine Prinzipien die führende Kraft in dieser neuen Staatengemeinschaft« sein werden. *Xinhua* schrieb: »Chinas Weisheit dafür, eine offene Weltwirtschaft zu begründen und seine internationalen Beziehungen zu öffnen, zeigt sich jeden Tag stärker.«

Indiens *The Financial Express* schreibt: »Während China sein One Belt One Road (OBOR) Projekt, das 900 Projekte im Wert von 890 Billionen Dollar umfasst, als Beweis für Können und Führung in der globalen Notwendigkeit der Förderung weltweiter Verbindungen und Kommunikation bejubelt, sehen Beobachter darin mehr als einen freundlichen Segen Chinas[35].

Wir, die Autoren des Buches, werden mit Beginn Frühling 2016 an der Bejing Foreign Studies University ein Forschungsprojekt zur neuen Seidenstraße leiten. Die Vision, eine Gemeinschaft mit »gemeinsamen Interessen, Verantwortungen und einem gemeinsamen Schicksal« in einem Modell von »gegenseitigem Respekt und Vertrauen« zu begründen, das sich von Asien bis nach Afrika und Europa erstreckt, ist gewaltig. Die Umsetzung eines solch ambiti-

---

35 http://www.financialexpress.com/article/fe-columnist/reviving-the-silk-route-via-one-belt-one-road/217271/

onierten Vorhabens ist eine Herausforderung fantastischer Dimensionen. Gegenseitiger Respekt und gegenseitiges Vertrauen zwischen allen beteiligten Nationen klingt tatsächlich nach einem Märchen. In jedem Fall ist es nicht nur von wirtschaftlicher Bedeutung. China, das keine Religion und auch keine Ideologie als verbindendes Element seiner Bürger hat, schafft damit ein Projekt, dass eine ähnliche Zugkraft entwickeln wird wie jenes der Landung auf dem Mond, mit dem Präsident Kennedy die Amerikaner in den 1960er-Jahren in einem starken Glauben an die herausragenden Fähigkeiten Amerikas vereinte. Wir sollten uns daran gewöhnen, China hat große Träume.

Die Wiedergeburt der chinesisch-arabischen Beziehungen – der Geist der Seidenstraße

Die chinesisch-arabischen Beziehungen führen bis zu den Tagen des Rashidun-Kalifats (632–661 v. Chr.) zurück und blieben ohne Unterbrechung bis zu den Weltkriegen des 20. Jahrhunderts erhalten. Im 21. Jahrhundert wurden die chinesisch-arabischen Beziehungen als neue mächtige Wirtschaftsallianz wiederbelebt und durch die Gründung der *China-Arab State Coorporation* 2004 verstärkt. Seitdem wurde China der zweitgrößte Handelspartner der arabischen Länder. Das bilaterale Handelsvolumen erreichte 2012 222 Milliarden US-Dollar mit einem Wachstum von 14 Prozent in einem Jahr.

In der ersten Juniwoche 2014 wurde das 6. China-Arab State Coorporation Forum in Peking abgehalten, zur selben Zeit wie der 10. Jahrestag seiner Gründung. Das Ziel des Forums ist es, den Handel und die Investitionsmöglichkeiten für China zu steigern und ein Freihandelsabkommen zwischen beiden Seiten zu schaffen. Bei der Eröffnungssitzung sagte Präsident *Xi Jinping*: »Das nächste Jahrzehnt stellt eine kritische Entwicklungsphase sowohl für China als auch für die arabischen Staaten dar, was uns dazu veranlasst, verstärkt im Geist der Seidenstraße zu arbeiten und unsere Länder zu erneuern.« Er ermutigte chinesische Unternehmen, weiter in arabischen Ländern in Sektoren wie Energie, Petrochemie, Landwirtschaft, Produktion und Dienstleistungen zu investieren. Der Präsident kündigte auch an, dass beide Seiten ihr Handelsvolumen in den nächsten 10 Jahren auf 600 Milliarden US-Dollar steigern werden.

Das Forum einigte sich darauf, die Bemühungen für ein baldiges Freihandelsabkommen zwischen China und dem Golf-Kooperationsrat zu forcieren. Letzterer ist eine wirtschaftliche Union der 6 größten Ölexporteure der Golfregion: Bahrain, Kuwait, Oman, Katar, Saudi-Arabien und die Vereinigten Arabischen Emirate.

In den nächsten 3 Jahren wird Peking 6.000 Menschen für die Arbeit in den arabischen Ländern ausbilden und 10.000 Künstler werden sich gegenseitig in den kommenden 10 Jahren besuchen (*China Daily*, 6. Juni 2014; *CCTV*, 4. Juni 2014).

Das Dreieck zwischen China, Afrika und Lateinamerika

Der Globale Südgürtel umfasst mehr als 150 der 196 (die Zahl variiert je nach Quelle) anerkannten Staaten der Welt. Viele davon haben eingeschränkte oder kaum entwickelte Ressourcen. Sie kämpfen mit Herausforderungen wie politischen Unruhen und wirtschaftlichem Chaos, aber es gibt auch laute Rufe nach Reformen, klare Signale für ein Wirtschaftswachstum und viele dynamische Wirtschaftsallianzen.

Die größte Konsequenz dieser interkontinentalen Vernetzung der Nationen des Globalen Südgürtels bezeichnen wir als China-Africa-Latinamerica Triangle, das »Dreieck zwischen China, Afrika und Lateinamerika«. Im ersten Kapitel beschrieben wir die starken und weiter wachsenden Verbindungen zwischen Afrika und China. Aber China steht nur mit einem seiner Beine in Afrika, mit dem zweiten steht es in Lateinamerika und in der Karibik. »China benötigt Rohstoffe, die es nicht mehr nur aus Asien und Afrika importieren kann und will«, schrieb die *Deutsche Welle online* (*DW*) im Oktober 2013.

So sehr sich ihre Kulturen ethnisch unterscheiden und so groß die Unterschiede ihrer Geschichte auch sein mögen, China, Afrika und Lateinamerika haben das gemeinsame Bestreben, Hunderte Millionen von Menschen aus der Armut herauszuholen. China möchte mehr Vielfalt in seine Märkte und Rohstoffquellen bringen. Lateinamerikanische Länder möchten ihre Verbindungen mit ihren Haupthandelspartnern, den USA und Europa, lockern. »Viele südamerikanische Länder profitieren inzwischen von ihren Beziehungen zu China«, folgert *DW*. Der *Guardian* zitiert *Yan Xuetong*, Dekan des Instituts für moderne internationale Beziehungen der Universität Tsinghua, in einem Bericht darüber, wie die USA in ihrer Außenpolitik China Möglichkeiten offen lassen (Januar 2014). In einem Artikel in *The World Post* meint er, dass China eine neue Außenpolitik mit dem Ziel der Konvergenz und nicht der Konflikte gestartet hat. »Deng Xiaoping«, schreibt *Yan*, »konzentrierte sich zunächst auf die Beziehungen zu den USA unter der Prämisse, wenig Profil zu zeigen (Tao Guang Yang Hui). President *Xi* hingegen äußerte in mehreren Ansprachen eine andere strategische Richtung: Erfolge anstreben (Fen Fa You Wei).«

Und *Yan Xuetong* fügt noch einen weiteren interessanten Aspekt hinzu: »Mehr als 20 Jahre agierte China unter der außenpolitischen Rahmenbedingung, weder Feinde noch Freunde zu haben. Bis auf wenige Ausnahmen wurden alle Staaten gleich behandelt, und es wurde ein Umfeld gepflegt, dessen höchste Priorität war, möglichst vorteilhaft für Chinas eigene Entwicklung zu sein. Unter *Xi* beginnt China, Freunde und Feinde unterschiedlich zu behandeln. Jenen, die bereit sind, eine konstruktive Rolle bei Chinas Aufstieg zu spielen, stellt China Möglichkeiten in Aussicht, größere Vorteile aus Chinas Entwicklung zu ziehen.«

Während seiner ersten Besuchsrunde in Afrika unterzeichnete Chinas Premierminister *Li Keqiang* 16 Handelsabkommen, darunter Anleihen und Vereinbarungen für den Bau von Straßen und Industriezonen. China engagiert sich in Wasser- und Stromversorgung, Eisenbahnen und Telekommunikationsprojekten (*South Asian Analysis Group*, »*China a close friend or an neo colonialist*« (China – ein enger Freund oder Neokolonialist), 12. Mai 2014).

Zweifelsohne werden die anderen Parteien dieses Dreiecks zwischen China, Afrika und Lateinamerika von Chinas neuer Politik profitieren. Afrika beispielsweise würde gern sein altes Image abstreifen und von Chinas Fähigkeiten bei der Entwicklung von Industrie und Landwirtschaft profitieren.

Das Dreieck zwischen China, Afrika und Lateinamerika wird wohl kein institutionelles oder formales Übereinkommen sein, aber die wirtschaftlichen, politischen und kulturellen Aktivitäten zwischen den Ländern des Dreiecks werden dramatisch steigen. Ein neuer dreiseitiger Handelsstrom beginnt zu steigen. Und bei all diesen wirtschaftlichen Öffnungen wollen viele ein Stück vom Kuchen abbekommen.

China – Afrika: Die »Schatzsuche« unserer Zeit

Es ist schade, dass wir in der Schule so wenig über China als Entdecker gelernt haben. Welch faszinierende Geschichten hätten uns Geschichteprofessoren erzählen können. Die Erfindung des Kompasses im 11. Jahrhundert machte diese Entdeckungen erst möglich. Im 15. Jahrhundert, zu Zeiten der Ming-Dynastie, begab sich eine Flotte von 70 Schiffen mit einer Crew mit mehr als 27.000 Menschen unter der Leitung von Admiral *Zheng He* auf die erste der 7 sogenannten »Schatzreisen«.

Das Ziel war, Chinas Einflussbereich zu vergrößern. Die Schatzflotte segelte über den Pazifik und den Indischen Ozean bis nach Arabien und Ostafrika. Chinas umfassendes strategisches Denken, das es sich bis heute bewahrt hat, war der Hintergrund für die Gründung eines linguistischen Instituts in Nanjing, das es China erlaubte, mit anderen Ländern zu kommunizieren. Im Jahr 2005 feierte China den 600. Jahrestag von Zheng Hes erster Expedition mit einem kleineren Nachbau des Schiffs, das von Qingdao aus zu asiatischen und afrikanischen Häfen segelte, ganz so wie *Zheng He* es Jahrhunderte zuvor getan hatte.

Die afrikanisch-chinesischen Beziehungen der vergangenen Jahrhunderte sind nicht gut dokumentiert, andererseits auch nicht mit einer kolonialen Vergangenheit belastet. Wahrscheinlich richtet die *Maine East High School*, wo Hilary Clinton ihre ersten High-School-Jahre absolvierte, nicht mehr Aufmerksamkeit auf Chinas Seefahrer-Vergangenheit als Gymnasien in Österreich oder anderen Teilen der USA. Dass sie das Engagement Chinas in Afrika, vor dem Hintergrund der Geschichte des Westens, als Schatzreisen bezeichnete, kann man ihr deshalb nicht vorwerfen.

Vermutlich war dies der Hintergrund für eine scharfe Bemerkung, die Hilary Clinton bei einem Besuch in Sambia 2011 in Richtung China machte: »Wir haben in den Kolonialzeiten gesehen, wie leicht es ist zu kommen, die Bodenschätze auszubeuten, den Herrschern eine Abfindung zu zahlen und wieder zu verschwinden.«

Chinas erste dokumentierte Beziehung zu Afrika reicht zurück ins Mittelalter des 15. Jahrhunderts, als Ibn Battuta von Marokko nach China reiste. Wesentlich jünger sind die chinesisch-afrikanischen Verbindungen und Emotionen anlässlich der Unterstützung der afrikanischen Bewegung gegen die Apartheid. Dambisa Moyo, die sambische Wirtschaftswissenschaftlerin und Autorin des Buchs *Winner take all: China's Race for Resources and What It Means for the World* (Gewinner nehmen alles: Chinas Kampf um Ressourcen und seine Bedeutung für die Welt), schrieb in der *New York Times* am 29. Juni 2012, dass Chinas Investitionen in Afrika keine neue Form des Imperialismus sind – sie sind Afrikas größte Hoffnung auf Wirtschaftswachstum.

Afrikas erste Schritte in Richtung wirtschaftliches Erwachen bestanden darin, sich immer mehr vom Westen abzuwenden und nach neuen Allianzen zu suchen. »Politisch gesehen verliert das Modell der liberalen Demokratie an Attraktivität«, schreibt der Afrikakorrespondent *Bartholomäus Grill* in seinem Buch *Oh Africa*. Afrikas politische Elite blickt auf die autokratischen Regime der asiatischen Entwicklungsländer. Afrikaner suchen nach neuen Vorbildern. Die Hegemonie des Westens, seine Ansprüche auf moralische und politische Vorherrschaft und die Akzeptanz der westlichen universellen Sichtweise schwinden. »Es ist kein Wunder, dass die amerikanische Regierung ihren neuen Konkurrenten bei jeder Gelegenheit kritisiert – während China riesige Investitionen in Afrika tätigte, standen die USA daneben und sahen zu, wie ihr Einfluss auf diesem Kontinent schwand«, schreibt Dambia Moyo.

Es kann durchaus als Zeichen angesehen werden, dass die neue Zentrale der 54 Länder der Afrikanischen Union in Addis Ababa, Äthiopien, ein Geschenk Chinas ist. Chinas Einfluss beschränkt sich nicht auf Investitionen und Handel, China bringt auch Informationen an. Im Januar 2012 startete *China Central Television* in Kenia mit *CCTV Africa*. Das Ziel ist, »eine Plattform zu schaffen, die es seinem chinesischen Publikum ermöglicht, Afrika besser zu verstehen und die chinesisch-afrikanische Freundschaft zu fördern, sodass das echte China in Afrika vorgestellt und das echte Afrika der Welt gezeigt werden kann.«

Das westliche Meinungsmonopol wurde bereits mit *Al Jazeeras* (Deutsch: »die Insel«) neuem TV-Netzwerk mit Sitz in Katar geknackt. *Al Jazeera* wurde im April 1996 gegründet, als die Medienkooperation zwischen BBC und dem saudi-arabischen Orbit an der Frage der Zensur zerbrach. Der Emir von Katar, Scheich Hamad bin Chalifa Al Thani, gründete *Al Jazeera* und stellte 17 der damals entlassenen BBC-Journalisten ein.

China hat keine Intentionen, sein politisches Modell nach Afrika zu exportieren.

»Die größte Herausforderung, der sich Afrika gegenüber sieht, ist die Wahrnehmung«, sagte James Mwangi, Vorstandsvorsitzender von Kenias *Equity Bank* und Gewinner des *Ernst and Young World Entrepreneur of the Year Award*. »Ich hätte gerne, dass die mehr als 50 Unternehmensgründer, die an diesem Wettbewerb teilnahmen, Afrika als ihre nächste Grenze ansehen.« Aber die westliche Wahrnehmung des Dialogs mit afrikanischen Nationen findet kaum auf Augenhöhe statt. China hat eine andere Herangehensweise in Richtung Afrika. Und China kämpft mit dem gleichen Problem, einer negativen Wahrnehmung durch den Westen.

Nach »100 Jahren der Erniedrigung« durch westliche Mächte und Japan ist das chinesische Beispiel, wieder auf die Füße zu kommen und die Wunden der Vergangenheit zu heilen, als verbindendes Element mit afrikanischen Ländern nicht zu unterschätzen. Wenn China auf die afrikanischen Märkte zugeht, kommuniziert es auf Augenhöhe. »Chinas Sichtweise eines dynamischen Afrikas steht auch im scharfen Gegensatz zum westlichen schwarzmalerischen Bild von Afrika«, schreibt Chen Weihua, Chefredakteur der *China Daily USA* vom 17. Mai 2013. »China ist nicht perfekt, weder zu Hause noch in Afrika. Aber es wäre absolut falsch, Chinas Arbeit in Afrika als egoistisches Raffen von Land und Ressourcen oder als Neokolonialismus abzuwerten.«

Die große Zeit westlicher Doppelmoral

Am 12. Juli hörten wir das österreichische Radioprogramm *Hörbilder*, in dem Länder, Städte und historische Ereignisse porträtiert werden. An diesem Tag ging es um Deutsch-Südwestafrika, das heutige Namibia, im Jahr 1904. Es war schwer, sich die grauenhafte Geschichte anzuhören, die davon berichtete, wie die Deutschen unter General Lothar von Trotha das afrikanische Nomadenvolk der Herero bekämpfte, das sich gegen die Kolonialmacht auflehnte. Nach Jahren erbitterter Guerillakriege wurden die überlebenden Herero in Konzentrationslager deportiert, enteignet und als landwirtschaftliche Arbeiter ohne Rechte versklavt.

Aber es dauerte 100 Jahre, bis 2004, bis Deutschland seine historische und moralische Schuld an der Kolonialverwaltung zugab. Der heutige Anführer der rund 100.000 in Namibia lebenden Herero, Kuaima Riruako, forderte 4 Milliarden US-Dollar als Entschädigung für die Verbrechen Deutschlands in der Kolonialzeit. Der damalige deutsche Außenminister Joschka Fischer verweigerte jede Entschuldigung und meinte, er sei nicht willens »irgendwelche Kommentare zu Entschädigungsklagen abzugeben«.

Bartholomäus Grill beschreibt in seinem Buch *Oh Africa*, wie die politische Elite in Afrika Chinas Engagement begrüßt, das ihnen erlaubt, ihre Macht zu erweitern, ihre Taschen zu füllen und ein luxuriöses Leben zu führen. »Aber«, schreibt er weiter, »die Chefideologen in den USA und Europa gleichen sich in ihrer Doppelmoral: Wir, die Länder des Westens, kooperieren mit Afrika. Die Chinesen beuten den Kontinent nur aus und handeln rein egoistisch. Der Mitbewerber China wird beständig dämonisiert, während das Ziel des Westens, der ungehinderte Zugang zu Afrikas Ressourcen und Märkten, hinter einem moralischen Schleier versteckt wird.«

China will bei seinen Bemühungen in Afrika beides: Vorteile erlangen und Vorteile bringen.

China setzt auf die sogenannte Soft Power (weiche Macht) und Investitionen, ohne sich in die lokale Politik einzumischen. Und Chinas Kampagne der Soft Power kombiniert mit seinem wirtschaftlichen Engagement könnte mehr Einfluss auf die Bildung nachhaltiger Regierungsmodelle in Afrika haben als die westliche Entwicklungshilfe, seine Sozialprogramme und Vorträge. Dambia Moyo, Wirtschaftswissenschaftlerin und Autorin von *Dead Aid* (Tote Hilfe) schreibt: »Spenden trennen die Verbindung zwischen Afrikanern und ihren Regierungen, da die Bürger meist keinen Einfluss darauf haben, wie die Hilfsgelder ausgegeben werden, und die Regierungen sich allzu oft an den Wünschen der Spender anstelle der Bedürfnisse seiner Bewohner orientieren. Glücklicherweise bietet der Rückgang der westlichen Entwicklungshilfe seit der Finanzkrise von 2008 eine Chance, diesen strukturellen Fehler zu korrigieren, sodass die Afrikaner ihre Regierungen wieder zur Verantwortung ziehen.«

Afrikanischen und auch anderen Schwellenländern ist bewusst geworden, dass die westliche Hilfe niemals ohne Bedingungen kommt. Während direkte ausländische Investitionen seit 2009 abnahmen, stiegen Chinas direkte Investitionen. Im Jahr 2012 erreichte der afrikanische Export nach China 113,17 Milliarden US-Dollar, was einen Anstieg von über 20 Prozent seit 2011 bedeutet. Das Gesamtvolumen des chinesisch-afrikanischen Handels wird auf 198,5 Milliarden US-Dollar geschätzt, und man geht davon aus, dass es bis 2015 über 380 Milliarden US-Dollar betragen wird. Den 30 ärmsten Ländern Afrikas bietet China Zollfreiheit auf 60 Prozent aller Exporte.

»Afrika ist nun Chinas Hauptimportquelle, der zweitgrößte Partner bei Bauprojekten und die viertgrößte Zielregion für Investitionen«, schreibt Chinas Staatsrat für Information im August 2013. Mehr als 2.500 chinesische Unternehmen investieren in Afrika, und Chinas Wirtschaftsoffensive gewinnt an Fahrt, schreibt *China Daily* im Januar 2014.

Afrika erlebt dieselbe industrielle Transformation wie China, kopiert China aber nicht.

»Chinas Bild in Afrika«, schreibt *The Economist* am 23. März 2013, »das früher durch Misstrauen getrübt war, verändert sich. Eine wachsende Zahl von Afrikanern ist der Meinung, dass die Chinesen Jobs schaffen, Wissen bringen und Geld in die lokale Wirtschaft stecken. Die afrikanische Elite sieht in China ihren größten Partner unter den Schwellenländern, aber keineswegs den Einzigen.«

Afrikanische Länder wollen China nicht kopieren. Sie werden – so wie China 30 Jahre zuvor – aus unterschiedlichen Modellen jene herauspicken, die ihnen dabei helfen, ihren Wirtschaften Wachstum zu bringen. Das Schaffen neuer Allianzen, die nicht unter der Vormundschaft des Westens stehen, ist Teil des neuen Afrikas.

Das chinesische Handelsministerium und die chinesische Gesellschaft zur Förderung des Guangcai-Programms (ein Programm zur Verringerung der Armut, an dem mehr als 16.500 chinesische Privatunternehmen teilnehmen) gründeten das *China-Africa Business Council* (*CABC*) als eine gemeinsame Initiative. Es hat die Aufgabe, praktische betriebswirtschaftliche Mittel zur Erleichterung des Handels und der Investitionen zwischen China, Angola, Kamerun, der Demokratischen Republik Kongo, Äthiopien, Ghana, Kenia, Kongo, Liberia, Mosambik, Nigeria und Tansania zu schaffen.

Um Afrikas Entwicklung weiter zu unterstützen, gab Präsident Hu Jintao anlässlich des Forums für China-Afrika-Kooperation im November 2006 auch die Gründung eines China-Afrika-Entwicklungsfonds bekannt. Chinas erster Kapitalbeteiligungsfonds wurde von der *China Investment Bank* mit Schwerpunkt auf Investitionen und Projekten aus den Bereichen Landwirtschaft, Produktion, Infrastruktur und Ressourcen aufgelegt.

Im Hinblick auf die Änderung des globalen Investitionsumfeldes legten das *China-Africa Business Council* (*CABC*) und der *China-Afrika-Entwicklungsfonds* (*CAD*) 2013 zwei neue Fonds auf, die Chinas Investitionen in Afrika weiter beschleunigen sollen. Wie Chi Jianxin, der Präsident des *China-Afrika-Entwicklungsfonds* (*CAD*) sagt, ist das Ziel des Fonds, die Partnerschaft zwischen den afrikanischen Ländern und China zu festigen, indem weitere 2,4 Milliarden US-Dollar in afrikanische Projekte gepumpt werden.

Zheng Yuewen, der Vorsitzende des *CABC*, sagte in einem Interview mit *China Daily* am 6. Juni 2013: »Der Kontinent kann denselben industriellen Transformationsprozess durchlaufen wie China vor drei Jahrzehnten, und nach einiger Zeit wird Afrika ein bedeutender Güterproduzent sein, anstatt nur Rohstoffe in andere Länder zu liefern.«

Rund 80 Prozent der *CABC*-Investoren sind auch private Unternehmen. Die *Lifan Group*, ein Automobilproduzent mit Sitz in Chongqing, die *Huajian Group*, ein Schuhproduzent mit Sitz in Guangdong, und die *Shenzhen Energy Corporation*, ein Energielieferant, investierten 1,1 Milliarden US-Dollar in 32 afrikanischen Ländern und planen, 2016 weitere 5 Milliarden US-Dollar zu investieren.

Während der ersten Besuche von Premierminister *Li Keqiang* in Äthiopien, Nigeria, Angola und Kenia unterzeichnete Chinas stellvertretender Handelsminister Zhang Xiangchen rund 60 Verträge, die »eine gute Basis für die künftigen chinesisch-afrikanischen Beziehungen legen. China hat die Erfahrung und die Fähigkeiten, um bei Afrikas Entwicklung mitzuwirken.«

Präsident Xis strategische Richtung: »Erfolge anstreben«

»China betritt eine neue Ära mit raschem Ausbau direkter Investitionen in afrikanische Länder«, heißt es auf der *CAD*-Website. »Einige arbeiten daran, Marktanteile auszuweiten, indem sie sich nahe der Endverbraucher ansiedeln oder nach natürlichen Ressourcen suchen. Der CAD-Fonds versucht, seine vielen Vorteile wie die Identifizierung von Strategien, Risikomanagement oder Mehrwertdienste zu nutzen, um einen aktiven Beitrag zur Kooperation zwischen chinesischen und afrikanischen Unternehmen zu leisten und eine neue strategische Partnerschaft zwischen China und Afrika zu etablieren.«

2010 löste China die USA als Afrikas größter Handelspartner ab

In einer Grundsatzrede bei der 6. Ministerkonferenz des Forums für China-Afrika-Kooperation 2012 machte Präsident Hu Jintao klar, dass China seine Positionen in den afrikanischen Ländern nicht aufgeben werde: »China unterstützt die afrikanischen Nationen ganzherzig und aufrichtig bei der Wahl ihres eigenen Entwicklungswegs und wird sie ganzherzig und aufrichtig dabei unterstützen, ihre Entwicklungspotenziale auszubauen.«

Bei seinem Besuch in Afrika im März 2013 kündigte Präsident *Xi* eine Reihe neuer Maßnahmen zur Unterstützung der afrikanischen Entwicklung an. Einige der krisengeschüttelten afrikanischen Länder werden genau das brauchen – einen starken Arm, auf den sie sich stützen können.

Südafrika, für das China der wichtigste Handelspartner ist, steckt in einer turbulenten Übergangsperiode fest. Dennoch verkündete der südafrikanische Minister für Staatsbetriebe, Malusi Gigaba, 2012: »Wenn wir die wechselseitigen Investitionen in unseren verschiedenen Regionen erhöhen können, schaffen wir Wachstumsmärkte als starke Macht in der Welt.«

Im Mai 2014 besuchte Premierminister *Li Keqiang* auf seiner ersten Afrikareise Äthiopien, Nigeria, Angola und Kenia. Es war bestimmt kein Zufall, dass dieser Besuch 50 Jahre nach dem Afrikabesuch von Zhou Enlai im Februar 1964 stattfand. *Li* kündigte an, dass China seinen derzeitigen bilateralen Handel von 210 Milliarden US-Dollar bis 2020 verdoppeln werde. Ebenso gab er bekannt, dass China ein Entwicklungszentrum für Hochgeschwindigkeitszüge in Afrika bauen werde.

Anders sieht das George Soros: Er kritisiert China, Japan und andere Länder als die neuen Kolonialisten in Afrika. Die *Columbia University Press* veröffentlichte eine Abhandlung, in der Chris Alden, Daniel Large und Ricardo Soares de Oliveira unter anderem meinen: »Die übergeordnete Triebfeder für diese Entwicklung war das strategische Streben der chinesischen Regierung nach Ressourcen in dem Versuch, den steigenden Rohstoff- und Energiebedarf Chinas zu decken.« Auch ein Bericht des IWF besagt, dass 20 Prozent von Afrikas Entwicklung der chinesisch-afrikanischen Zusammenarbeit zuzuschreiben sind. Die Regierungen in China und Afrika sehen das als Partnerschaft, von der beide Seiten profitieren (South African Analysis Group, *China in Africa: A Close Friend or a Neo Colonialist* [China in Afrika: Ein enger Freund oder ein Neokolonialist], 12. Mai 2014).

Um weiter wachsen zu können, muss Afrika einen höheren Platz in der Wertschöpfungskette einnehmen.

Rund 80 Prozent von Afrikas Exporten nach China sind Mineralprodukte. Kenias Präsident Uhuru Kenyatta verteidigte China, das oft beschuldigt wird, nur an der Ausbeutung der afrikanischen Rohstoffe interessiert zu sein. In der *China Daily* vom 13. August 2013 spricht er davon, dass die Beziehung zwischen Kenia und China nicht auf dem Abbau von Bodenschätzen basiert, sondern »auf Investitionen, Produktion und Infrastrukturentwicklung«.

Afrikas bilateraler Handel mit China ist in rund 12 Jahren um das 20-Fache gestiegen: von 10 Milliarden US-Dollar auf 210 Milliarden US-Dollar 2013. Das ist das 2.000-Fache des Volumens von 1960. Im Jahr 2013 besuchten mehr als 1,4 Millionen Chinesen Afrika, was Afrikas Deviseneinnahmen entsprechend steigerte. Mehr als 2.000 chinesische Unternehmen, etwa 1 Million Chinesen, von Ingenieuren über Arbeiter bis hin zu Managern, arbeiten auf dem afrikanischen Kontinent. Weitere Wertsteigerungen und neue Arbeitsplätze werden in anderen Ländern geschaffen. Afrika befindet sich in der Wertschöpfungskette immer noch zu weit unten.

Chinas Politik der Nichteinmischung fördert natürlich fragwürdige, autokratische Führer, doch seine Direktinvestitionen in Infrastruktur und Staatsbetriebe öffnen auch neue Geschäftsmöglichkeiten für die örtliche Bevölkerung. Gleichzeitig schaden die chinesischen Billigexporte in viele afrikanische Länder der örtlichen Industrie. Brenthouse Trust schätzt, dass im letzten Jahrzehnt allein in der Textilindustrie 750.000 Arbeitsplätze verloren gingen. Sogar in Südafrika kommen 40 Prozent aller Schuhe und Textilien aus China.

Je wichtiger andere Schwellenländer für Afrika werden,

desto abhängiger wird Afrika von diesen sein. Afrika muss den Kreislauf der immer wiederkehrenden, alten Probleme durchbrechen: Korruption, Arbeitslosigkeit, die Kluft zwischen Stadt und Land von Büropalästen und heruntergekommenen Siedlungen ohne Strom. Die chinesischen Direktinvestitionen in Forschungsprojekte zur Energieversorgung und in Dienstleistungen im Technologiebereich wirken als Brücke zum Erreichen dieses Ziels. Chinas Ziel, kleine und mittlere Investoren in afrikanische Gesellschaften weiter zu integrieren, liegt im Interesse Chinas wie auch Afrikas.

Ein interessanter, globaler Nebenaspekt ist, welche Konsequenzen Afrikas »engere Verbindungen« zu China für Taiwan bringen werden. Gambia ließ Taiwan im November 2013 zugunsten des größeren China fallen. Somit bleiben nur mehr drei afrikanische Staaten, die diplomatische Beziehungen zu Taiwan unterhalten: Swasiland, der Inselstaat São Tomé und Príncipe und Burkina Faso.

China führt, Indien versucht aufzuholen ...

Wir zuvor beschrieben, durchkreuzten chinesische Schiffe in sieben Schatzreisen den Indischen Ozean, um die afrikanische Ostküste zu erreichen. Und es ist kein Zufall, dass der drittgrößte Ozean der Welt Indischer Ozean genannt wird. Im frühen 20. Jahrhundert kamen viele Inder für den Eisenbahnbau nach Afrika und deren Nachfahren leben heute noch in afrikanischen Ländern. Auch Mahatma Ghandi lebte zwei Jahrzehnte lang in Südafrika. Afrikas nationale Bewegung wurde von Jawaharlal Nehru, Indiens erstem Premierminister (1947–1964) unterstützt. Sein sozialistisches Vermächtnis beeinflusst Indien nach wie vor stark. Indiens

BIP für 2015/16 wurde zwar auf 7,6 nach oben revidiert, dennoch schafft die überbordende Bürokratie immer wieder Hürden für unternehmerische Ambitionen. Allerdings bewahren indische Manager ihren Enthusiasmus für die afrikanischen Märkte. In einem Artikel mit dem Titel »*A burgeoning commercial axis on India-Africa*« (Eine wachsende Wirtschaftsachse zwischen Indien und Afrika) zitiert *The Financial Times* Temi Ofong, den Leiter des Firmenkundengeschäfts von Barclays Afrika: »Die Beziehung zwischen Indien und Afrika ist sehr alt und sehr intensiv. Das Interesse am afrikanischen Kontinent nimmt keineswegs ab … Meiner Meinung nach wird Afrika nicht nur in den nächsten fünf Jahren ein Thema sein. Die Beziehungen werden die nächsten 20 bis 30 Jahre stetig wachsen.«

Unter Indiens neuem Premierminister *Narendra Modi*, der ankündigte, dass Afrika eine wichtige Rolle in seinen internationalen Wirtschaftsplänen spiele, kann sich alles zum Guten wenden. Die signifikante indische Diaspora in Afrika wird bei Modis vorrangigem Ziel einer aktiveren, internationalen Struktur durchaus hilfreich sein. Laut einem 2014 über die indisch-afrikanischen Beziehungen erschienenem Bericht von *McKinsey* »kann Indien von einer Vervierfachung seiner Erträge aus Afrika auf 160 Milliarden US-Dollar bis 2025 ausgehen. Indien kann mit einem Marktanteil von 7 Prozent bei IT-Diensten, von 5 Prozent im sich rasch verändernden Markt für Konsumgüter, von 10 Prozent im Energiesektor und von 2 bis 5 Prozent bei Dienstleistungen im landwirtschaftlichen Bereich rechnen.«

The Economist (26. Oktober 2013) sieht Indien und China als »Elefanten und Tiger« und glaubt, dass »Afrika in vielerlei Hinsicht ein Test ist, wie sich Indien als aufsteigende Macht verhalten wird«. Vielleicht wird China Indien einige Gelegenheiten geben, um aufzuholen. Und ganz sicher rangiert Indien in Hinblick auf Chinas verstärktem Engagement in asiatischen Ländern und Märkten an der Spitze.

Unserer Erfahrung nach ist es wahr, was Zhang Xiping, Direktor des National Research Center of Overseas Sinology, am 13. April 2014 in *China Daily* schrieb: »Chinesischen Studierenden fällt es leicht, über westliche Intellektuelle zu reden und Geschichten in Zusammenhang mit der westlichen Kultur zu erzählen, aber sie wissen kaum etwas über Kambodscha oder Laos.« Das ist natürlich eine Folge der westlichen Vorherrschaft in nahezu allen Belangen. Durch die Veränderung der Situation, in der sich Asien zur wirtschaftlich dynamischsten Region entwickelt, kann eine bessere Kenntnis der asiatischen Kulturen zu wirtschaftlichen Begleiterscheinungen führen. Besonders zu beachten ist hierbei der Rat von Justin Leverenz, den wir bereits in der Einleitung zitierten: »Wenn man die Realität der Orte verstehen möchte, in denen man sein Geld investiert, sollte man deren Literatur lesen.«

»Während der letzten hundert Jahre«, schrieb Zhang, »haben wir Europa und den USA wesentlich mehr Aufmerksamkeit geschenkt als unseren Nachbarn«. Das ändert sich nun und trifft besonders auf Indien zu.

China – Lateinamerika

»Lateinamerika ist der klare wirtschaftliche Gewinner der globalen Integration Chinas, lautete das Fazit einer Studie der OECD bereits im Jahr 2006. 4 Jahre später schlug der damalige chinesische Premierminister Wen Jiaboa während seines Besuchs in Südamerika ein Investitionsvolumen von 5 Milliarden US-Dollar und einen Kreditrahmen von 10 Milliarden US-Dollar vor, um die Infrastrukturindustrie in Lateinamerika zu unterstützen. Zu diesem Zeitpunkt betrugen Chinas Anleihen in Lateinamerika bereits 37 Milliarden US-Dollar und chinesische Investitionen waren auf mehr als 10

Milliarden US-Dollar gestiegen, ein Zuwachs von 50 Prozent seit 2009. Zwischen 2005 und 2013 erreichte Chinas Engagement in Lateinamerika fast 100 Milliarden US-Dollar. Seine Investitionen wuchsen von 621 Millionen US-Dollar 2001 auf 44 Milliarden US-Dollar 2010. Zusätzlich hatten Darlehen von 2005 bis 2011 eine Höhe von 75 Milliarden US-Dollar erreicht.

> *Möglicherweise beeinflusste im letzten Jahrzehnt nichts stärker die Veränderung Lateinamerikas als das chinesische Engagement in dieser Region.*

Unter dem Titel »*Flexible Friends*« (Flexible Freunde) schrieb *The Economist* am 12. April 2014: »Der Aufstieg Chinas hat jede Region verändert.« Chinas wirtschaftliche Präsenz in Lateinamerika und in der Karibik wächst stetig, die Investitionen in Lateinamerika sind gestiegen und werden auch unter der neuen chinesischen Führung weiter steigen – nicht gerade zur Freude von Lateinamerikas früherem bestem Freund, den USA.

Bereits auf seiner ersten Lateinamerikareise besuchte Präsident *Xi Jinping* vier Freihandelspartner Chinas: Trinidad, Tobago, Mexiko und Costa Rica. *International Business Times* schrieb in der Ausgabe vom 30. Dezember 2013: »Der wirtschaftliche Erfolg des chinesischen Giganten in Lateinamerika scheint unaufhaltsam und zeigt keinerlei Anzeichen einer Verlangsamung.«

Xi Jinpings Reise quer durch die Region im Jahr 2013 war eine hochsymbolische Geste und er wurde mit offenen

Armen empfangen. Kein Wunder, denn als *Xi* Trinidad und Tobago besuchte, waren seine Taschen mit Entwicklungsdarlehen in der Höhe von 3 Milliarden US-Dollar gefüllt. Seit seinem Amtsantritt im März 2013 legte *Xi* strategischen Wert auf die Vertiefung der Beziehungen zu Mexiko, die zuvor mehrere Jahre lang sehr angespannt waren. Er reiste im Juli 2014 zur Weltmeisterschaft nach Brasilien und nahm an einem Treffen der BRICS-Staaten teil. Diesem Treffen ging eine Reise des chinesischen Außenministers Wang Yi vom 18. bis 27. April 2014 nach Argentinien, Brasilien, Kuba und Venezuela voraus. Für einen chinesischen Außenminister ist dies eine beachtliche Zeitspanne und zeigt die Bedeutung, die Peking dem Aufbau von Beziehungen zu dieser Region beimisst.

»Ist China damit zum Konkurrent der USA um Herz und Kopf der Menschen in Lateinamerika und der Karibik geworden?«, fragt Eric Farnsworth, Vizepräsident der Americas Society in Washington DC. Seine Antwort lautet, dass beide Regierungen »ihre Schritte aufgrund eigener Berechnungen und Prioritäten unternehmen und nicht im gegenseitigen Wettstreit oder auf Kosten des jeweils anderen.« Das ist die märchenhafte Sicht der Dinge.

Chinas Strategie der Errichtung lateinamerikanischer Allianzen

Rush Doshi und Davit Walter äußern in ihrem Kommentar im *Wall Street Journal* vom 2. Oktober 2013 eine andere Sichtweise: »Um Chinas Werben um die Karibik zu verstehen, denkt man am besten an die letzte große Macht, die Pläne in der Region hatte: die Sowjetunion. Die Karibik wird heute als strategischer und wirtschaftlicher Nebenarm

Washingtons gesehen. Aber die Sowjets sahen – und Peking sieht – etwas anders: eine Schwachstelle der USA.«

Die *Financial Times* geht in ihrem Bericht »*Checkbook Diplomacy*« (Scheckbuch-Diplomatie) vom 12. Dezember 2013 davon aus, dass China sich »bei seiner Präsenz in der karibischen Region nicht um die Gefühle der USA kümmert. Da die USA eine abwesende Großmacht in dieser Region geworden sind, füllt China nun das Vakuum und untermauert seine Angebote mit Investitionen in die Infrastruktur.« *Cheng Li*, ein leitender Wissenschaftler des Brookings Institute meint: »Die USA sollte ihre Aufmerksamkeit mehr auf China in der Karibik richten, auch wenn es erst am Beginn ist.«

Eine aktuelle Studie der Wirtschaftskommission der Vereinten Nationen über Lateinamerika und die Karibik besagt, dass China 2016 höchstwahrscheinlich die EU als zweitgrößten Wirtschaftspartner (hinter den USA) ablösen wird, was einigen Experten zufolge seinen Handel mit den USA schließlich eintrüben wird.

Im Oktober 2012 fand der 6. jährliche Chinesisch-Latein-Amerikanische Wirtschaftsgipfel LAC (Latin America and Caribbean) in Hangzhou statt. Die Teilnehmer beider Seiten hatten allen Grund, in Bezug auf die multilateralen wirtschaftlichen Beziehungen und den »großen Spielraum für Unternehmen in China und Lateinamerika optimistisch zu sein, der nicht nur neue Partnerschaften schafft, sondern auch den beiderseitigen Handel vorantreibt und gegenseitige Investitionen ankurbelt.«

Während des 7. Gipfels, der im November 2013 in Costa Rica abgehalten wurde, unterzeichnete China mehr als 50 bilaterale Abkommen mit lateinamerikanischen und karibischen Nationen. Die wirtschaftliche Entwicklung in Chile, Kolumbien und Mexiko, wo China 2012 insgesamt 55 Milliarden US-Dollar investierte, macht Fortschritte. Um Logistikdienstleistungen und Kapitalflüsse verstärkt zu fördern, unterzeichneten die Wirtschafts- und Handelskammern von Chile, Kolumbien, Mexiko und Peru eine Vereinbarung zur Gründung der China-Pacific Alliance Multi-Chamber Union (Mehrkammernunion der China-Pazifik-Allianz). Zukünftige Investitionen werden breit gefächert angelegt und sollen Produktion, Agrarwirtschaft sowie kleine und mittelständische Unternehmen beinhalten. China ist auch der größte Kreditgeber der lateinamerikanischen Länder, wobei Venezuela mit 50 Milliarden US-Dollar an der Spitze liegt.

> *Die Beziehungen zwischen China und Lateinamerika werden immer enger.*

Mexiko ist jedoch nach wie vor eng mit seinem Nachbarn, den USA, verbunden. Das Land verkauft in einer Woche mehr an die USA als an China in einem Jahr. Dennoch stieg der Handel 2012 zwischen China und Mexiko um 7,6 Prozent und erreichte 62,66 Milliarden US-Dollar. Mexiko importierte 2014 Waren im Wert von 400 Milliarden US-Dollar und exportierte 2015 Waren im Wert von 381 Milliarden US-Dollar. Mexiko als Billighersteller ist ein Mitbewerber, könnte aber ebenso zu einer Exportplattform für chinesische Güter, die für den US-amerikanischen Markt bestimmt sind, werden. Das Land will aber auch das alte Schema durchbrechen, Rohstoffe und unverarbeitete Agrarprodukte, hauptsächlich Kupfer, Eisenerz und Sojabohnen, zu exportieren, und günstig hergestellte Produkte und Basistechnologien importierten. Einige Handelsabkommen wurden von den beiden Ländern unterzeichnet, seitdem Peking versprach, mehr in die Region Lateinamerika zu investieren.

Chinas größter Handelspartner in Lateinamerika ist Brasilien. 2012 erreichte der Handel zwischen China und Brasilien 75 Milliarden US-Dollar, gefolgt von 83,3 Milliarden US-Dollar im Jahr 2013. In nur 2 Jahren eroberten chinesische Autohersteller 2 Prozent des brasilianischen Automarkts. »In der neuen Realität nimmt Chinas Beziehung zu Brasilien, der bei weitem größten lateinamerikanischen Volkswirtschaft, eine zentrale Stellung ein. Gleichzeitig verändert sich die Beziehung zwischen diesen beiden Riesen, verlässt ihre Anfangsphase und bewegt sich in Richtung eines reiferen Verständnisses der Gegebenheiten des jeweils anderen Landes und darüber, was vernünftigerweise vom anderen erwartet werden kann«, schreibt *China US Focus* online. Clodoaldo Hugueney, ehemaliger brasilianischer Botschafter in China, meint, dass »China und Lateinamerika ergänzende Positionen einnehmen – sie brauchen Rohmaterialien, wir können sie tonnenweise liefern. China ist nicht nur wichtig für Lateinamerika, es ist wichtig für die gesamte Welt.«

Bezugnehmend auf den IWF schreibt die *South China Morning Post* am 17. März 2014: »Der Handel zwischen China und Lateinamerika wuchs 2012 um 8 Prozent auf 255,5 Milliarden US-Dollar. Das ist mehr als das sechsprozentige Wachstum des Handels mit den USA. Chinas Investitionen in die Energie und Infrastruktur des Kontinents steigen rapid, wobei Infrastrukturprojekte von mehr als 500 Milliarden US-Dollar in den lateinamerikanischen Markt getätigt wurden.« Lateinamerikanische Unternehmen investierten allein in den letzten 5 Jahren mehr als 200 Milliarden US-Dollar in ausländische Abkommen, viele davon mit China. Chinas Exporte nach Lateinamerika stiegen von 3,9 Milliarden US-Dollar im Jahr 2000 auf 86 Milliarden US-Dollar 2011 (Quelle: *Inter-American Development Bank*).

Trotzdem hat Chinas Handel mit Lateinamerika nach wie vor gewaltiges Wachstumspotenzial und viele gute Gründe, an seinem neuen Image als Weltmacht zu arbeiten.

Chinas Medien expandieren nach Lateinamerika.

Es besteht kein Zweifel, dass China seinen Einfluss in Lateinamerika vergrößern möchte. Wenn Rogerio in Chile mehr über China und die chinesische Politik erfahren will, muss er nicht zu Chinas englischem Fernsehkanal wechseln. Seit 2007 kann er die Nachrichten auf *China Central Television* (*CCTV*) in seiner Muttersprache Spanisch sehen. Oder er kann sich die wöchentlich gesendete Dokumentation Americas Now ansehen, die sich auf zentral- und südamerikanische Themen spezialisiert. Wenn ihm die Informationen im Fernsehen nicht ausreichen, kann Rogerio auch die offiziellen chinesischen Medienberichte in *People's Daily* lesen, das seine spanische Website 2011 startete. Es gehört zur oft zitierten Soft Power, die Lateinamerikaner in ihrer Muttersprache anzusprechen. Zusätzlich sorgen mehr als 30 Konfuzius-Institute in Lateinamerika für ein besseres Verständnis von China.

China und Lateinamerika rücken näher zusammen. Und während China bis jetzt kein privates globales Fernsehnetzwerk – wie CNN in Amerika – hat, erzielt CCTV große Fortschritte in der weltweiten Berichterstattung. In seinen Anfängen im Jahr 2000 agierte CCTV International (damals CCTV9) noch vergleichbar mit dem wirtschaftlichen Öffnungsprozess Chinas: Zunächst kopierte CCTV, und dann wurde es, während es seine ersten Schritte auf der Bühne der globalen Medien machte, zumindest unserer Meinung nach, langsam sogar manchmal besser als das CNN. Wir haben das Nachrichtenprogramm von CCTV seit seinen ersten Tagen bis zur ihrer heutigen ausgezeichneten internationalen Berichterstattung verfolgt.

Kubas Öffnung

Der jüngste Ausblick der Weltbank ist positiv: Er besagt, dass das Wachstum in Lateinamerika und in der Karibik bis 2016 3,7 Prozent betragen wird. In einigen Ländern wie Kolumbien sogar über 4 Prozent. Christopher Sabatini schrieb dazu im März 2012 in *Foreign Affairs*: »Wissenschaftler und politische Entscheidungsträger in den USA sollten daran erinnert werden, dass Entwicklung nicht das Ende der Politik bedeutet und dass das Lateinamerika des 21. Jahrhunderts seine eigene, autonome Dynamik hat. Ein wenig Realismus würde schon viel helfen.«

Weder Europa noch die USA waren 2013 beim Gipfeltreffen der Comunidad de Estados Latinoamericanos y Caribeños – CELAC (Gemeinschaft der Lateinamerikanischen und der Karibischen Staaten) in Havanna vertreten, an dem 33 Staaten teilnahmen. Der Schwerpunkt war die regionale Integration.

Julia Sweig vom Rat für Außenbeziehungen in Washington glaubt, dass dieser zweite Gipfel einen Wendepunkt darstellen könnte: »Ich kann mir keine Rückkehr zum alten Muster, in dem Washington das interamerikanische System dominiert, vorstellen. Ich würde gerne daran glauben, dass die Regierung unter Obama die Vorstellungskraft, Kreativität und das Selbstvertrauen hat, sich an das neue Lateinamerika mit einer außenpolitischen Unabhängigkeit anzupassen.«

Christopher Sabatini schreibt in *Foreign Affairs*: »Washingtons regionale Agenda ist von dem Glauben geprägt, dass eine demokratische politische Entwicklung und eine multilaterale wirtschaftliche Liberalisierung sich gegenseitig stärken und dass davon sowohl das jeweilige Land als auch die USA profitieren. Unglücklicherweise ignoriert dieser Ansatz größtenteils die regionalen Wirtschaftsstrukturen und die hartnäckige Konkurrenz zwischen den Staaten, ganz zu schweigen von der Vielfältigkeit der Marktwirtschaften ... Peking hat ebenfalls einen Schritt ins Leere gemacht, als es seine wachsende wirtschaftliche Stärke dazu benutzte, Washingtons wirtschaftlichen Einfluss in der südlichen Hemisphäre zu schwächen.«

Das erste Treffen eines China-CELAC-Forums wurde am 8. und 9. Januar 2015 in Peking abgehalten. Das nächste Treffen wird 2018 in Chile stattfinden. China bestätigte seine Bemühungen, indem es das China-CELAC-Forum als wichtige Plattform für die weitere Entwicklung der chinesisch-lateinamerikanischen Kooperationspartnerschaft aktiv unterstützt. Präsident *Xi Jinping*, der seine Gratulation übermittelte und den Plan, ein China-CELAC-Forum zu gründen, begrüßte, verkündete, dass die Partnerschaft für beide Seiten gleichermaßen Vorteil sein solle und der gemeinsamen Entwicklung dienen werde.

In einem Bericht in *Inside Costa Rica* am 1. Februar 2014 heißt es: »Neben der Integration der 33 Mitgliedsländer ist eines der Hauptziele der CELAC, den Einfluss der USA in Lateinamerika und in der Karibik zu verringern. Sogar Länder, die enge Verbündete von Washington sind, nähern sich China nun mit dem Ziel, neue Handelsmöglichkeiten zu schaffen.«

> *»Washington verlor den Kontakt mit der kontinentalen Realität so sehr, dass es die US-Politik ist, die zunehmend in Isolation geriet.«*

Für Kuba, dessen Vorsitz der Organisation 2014 endete, war es eine Gelegenheit, »ein Land in einem Reformprozess zu zeigen, mit einer bedeutenden Expansion des Privatsektors, steigender Reisefreiheit und zunehmend offen für ausländische Investitionen. Der Gipfel ist ein Schlag gegen Washington ..., das den Kontakt mit der kontinentalen Realität so sehr verlor, dass es die US-Politik ist, die zunehmend in Isolation geriet.« (*HuffPost, Latinovoices*, 3. Februar 2014)

Die große Anzahl an Staatsoberhäuptern aus Lateinamerika, die in Havanna anwesend waren, zeigten die Kluft zwischen Washingtons Kubapolitik und der Kubapolitik der übrigen Region. Die lateinamerikanischen und karibischen Länder setzen auf Versöhnung durch wirtschaftliche Reformen und auf ein langsames Öffnen Kubas. Sie hoffen, dass dies auch Einfluss auf Kubas Lippenbekenntnisse zu »mehr Demokratie und Menschenrechte« haben wird (*HuffPost*).

Der Gipfel der Gemeinschaft der lateinamerikanischen und karibischen Staaten ist jedoch nur einer von vielen. Um die Flagge der lateinamerikanischen Integration zu schwenken, bedarf es mehr als einem Bekenntnis zu einer »weiterer Annäherung«– eine Formulierung, die wir nur allzu gut von vielen Gipfeltreffen der EU kennen und die nichts weiter als Lippenbekenntnisse produzieren.

Der Durchbruch des Freihandels in den lateinamerikanischen Volkswirtschaften

Die lateinamerikanischen Länder binden sich nicht nur immer stärker an China, viele weitere Bemühungen zielen auf die Stärkung des Freihandels einschließlich einer Ankurbelung des interkontinentalen Handels ab. Die westlichen Medien berichten kaum von diesen Bemühungen.

Größere Aufmerksamkeit wurde jedoch den Präsidenten Enrique Peña Nieto von Mexiko, Juan Manuel Santos von

Kolumbien, Sebastián Piñera von Chile und Ollanta Humala von Peru im Mai 2013 geschenkt, als sie ein Handelsintegrationsabkommen, die Pazifik-Allianz, zum Abschluss brachten, das im Juni 2012 unterzeichnet worden war. Das *Wall Street Journal* vom 7. Juli 2013 nannte es den »wahrscheinlich effektivsten Wachstumsbeschleuniger in der Region seit dem Nordamerikanischen Freihandelsabkommen von 1994«. Das Abkommen über die Pazifik-Allianz umfasst 210 Millionen Menschen, das sind 36 Prozent der Bevölkerung Lateinamerikas. Das Ziel der Allianz ist auch die Schaffung von Sicherheit und Stabilität für ausländische Investoren. Betrachtet man die Allianz als eine Region, so wäre sie die achtgrößte Volkswirtschaft und der siebtgrößte Exporteur der internationalen Gemeinschaft.

Seit 2011, als die Idee entstand, bedurfte es 7 Treffen der 4 Präsidenten, um auszuarbeiten, wie die Region den freien Verkehr von Gütern, Dienstleistungen, Investitionen, Kapital und Personen implementieren wird – nach westlichen Standards eine Rekordzeit. Kolumbiens Medien feierten dies als die Abschaffung der Zölle auf 92 Prozent aller Güter.

Lateinamerika – Afrika

Viele Schlagzeilen konzentrieren sich auf Chinas starke wirtschaftliche Präsenz in den afrikanischen Ländern. Auf weniger Interesse stößt Brasiliens wachsendes Engagement in Afrika, speziell in portugiesisch sprechenden Ländern wie Guinea-Bissau, Cap Verde, Angola und Mosambik. Im kommenden Jahrzehnt werden Lateinamerika, China und Afrika sowohl die Rolle von Konkurrenten als auch von Partner in unterschiedlichen Allianzen einnehmen.

Lateinamerika und die Karibik intensivieren nicht nur die Beziehungen untereinander und zu China, sie verbessern gleichzeitig auch die Wirtschaftsbeziehungen zu afrikanischen Ländern. Rund 75 Millionen der 200 Millionen Einwohner Brasiliens haben afrikanische Vorfahren. Viele Länder der beiden Kontinente teilen nicht nur die düstere Vergangenheit der Ausbeutung durch westliche Kolonialmächte, sondern auch enorme Herausforderungen wie eine schlechte Regierungsführung, die Kluft zwischen Arm und Reich und Korruption. Beide Regionen haben den Vorteil einer jungen Bevölkerung, enorme natürliche Ressourcen und gute Wachstumschancen. Trotz unterschiedlicher historischer, kultureller und ethnischer Hintergründe sind sie immer mehr bestrebt, die wechselseitigen Beziehungen voranzutreiben und institutionelle Mechanismen zu entwickeln, um die Beziehungen zu fördern und langfristige Visionen zu teilen. Es bedarf des politischen Dialogs, um das noch relativ bescheidene Niveau der Zusammenarbeit zu steigern und die Möglichkeiten der Kooperation in Wissenschaft, Technologie, Bildung, Umwelt, Energie, Infrastruktur und Tourismus voll auszuschöpfen.

> *Das Tor für eine stärkere Zusammenarbeit zwischen Lateinamerika und Afrika ist weit offen.*

Wenn Konferenzen und Gipfeltreffen zu mehr als nur zu Lippenbekenntnissen führen, sind sie Wege, um Probleme zu beseitigen und auf gemeinsame Interessen zu bauen. Das 3. Gipfeltreffen zwischen Afrika und Südamerika (ASA), das im Februar 2013 in Malabo, Äquatorialguinea stattfand, hatte zum Ziel, die »Strategien und Mechanismen zur Förderung der Süd-Süd-Kooperation« zu sondieren. Der Handel zwischen Südamerika und Afrika stieg im Jahr 2011 von 7 Milliarden US-Dollar auf 39 Milliarden US-Dollar an. »Afrika und Südamerika teilen eine Geschichte des Kolonialismus«, sagte Ecuadors Außenminister Ricardo Patino, »aber nach wie vor wissen wir wenig voneinander, wir haben wenig Erfahrung im Bereich der Zusammenarbeit ... es gibt so viel, das wir einander anbieten können, nicht nur in Bezug auf den Handel.«

Marco Hausiku, der damalige Vizepremierminister von Namibia meinte: »Die Menschen in Südamerika und Afrika teilen einen gemeinsamen geschichtlichen Hintergrund des Kampfes für Freiheit und Selbstbestimmung. Wir müssen mit einer Stimme sprechen, um das gemeinsame Interesse unserer Bürger voranzubringen.« (*GlobalResearch*, 4. März 2013)

> *Brasilien und Nigeria, beide die bevölkerungsreichsten Länder ihres Kontinents, agieren nach wie vor weit unter ihrem Potenzial.*

Es ist eine Herausforderung, eine gemeinsame Basis über kulturelle, politische und wirtschaftliche Unterschiede auszubauen, die heimischen Bedürfnisse zu befriedigen und gleichzeitig die langfristigen Interessen aller Beteiligten zu berücksichtigen. Dies ist das Ziel der beiden Länder mit der größten Bevölkerungszahl auf ihren Kontinenten: Brasilien und Nigeria. Das Handelsvolumen zwischen diesen beiden Ländern stieg von 2002 bis 2012 von 1,5 Milliarden US-Dollar auf 9 Milliarden US-Dollar, das sind 500 Prozent. Der brasilianische Ölkonzern Petrobras investierte Hunderte von Millionen in Nigerias Energiesektor. Besuchsdiplomatie folgte dem Südafrika-Gipfel, als Präsidentin Dilma

Rousseff Nigerias Präsidenten Goodluck Jonathan besuchte. Das sehr ambitionierte Memorandum der Abkommen umfasst »Landwirtschaft und Ernährungssicherheit, Erdöl, Energie, Bio-Treibstoffe, Handel und Investitionen, Bergbau, Bildung, Luftfahrt, Infrastrukturmanagement, Finanzen und Kultur«.

> *Während von den USA nur Lippenbekenntnisse kamen, schritt China zur Tat.*

Wir erinnern uns sehr gut daran, als wir im Juli 2004 zum ersten Mal auf Barack Obama aufmerksam wurden. Wir waren in einem Hotel in Singapur, und CNN berichtete live von der Tagung der Demokraten, bei der sie verkündeten, dass John Kerry ihr Präsidentschaftskandidat sein werde. Der junge Obama hielt damals die Grundsatzrede. Wir waren beeindruckt. Wie sehr muss jeder Afrikaner, der ihn hörte, überrascht gewesen sein! Und das war erst der Anfang der Geschichte.

Wohl niemanden überraschte die Begeisterung, die die afrikanischen Länder erfüllte, als 2008 dieser Mann, einer ihrer Söhne, Barack Obama, zum Präsidenten der Vereinigten Staaten von Amerika gewählt wurde. Es gab Hoffnung zu einer neuen Vision der Beziehungen zwischen den beiden Kontinenten. Präsident Obamas Worte, »Ich habe das Blut Afrikas in mir und meine eigene Familiengeschichte umfasst sowohl die Tragödie als auch die Triumpfe der großen afrikanischen Geschichte«, waren wirklich bewegend. Aber es war Präsident *Xi Jinping*, der Afrika auf seiner ersten Auslandsreise als neuer chinesischer Führer mit »ehrlicher Freundschaft« umwarb.

Afrikas Erwartungen wurden bestärkt, als das Weiße Haus ankündigte, Präsident Obamas Reise nach Senegal, Südafrika und Tansania 2013 habe zum Ziel, »den Einsatz der USA für die Erweiterung des Wirtschaftswachstums, der Investitionen und des Handels zu verstärken«. Aber ganz oben auf der Agenda der USA waren die alten Forderungen, »demokratische Institutionen zu stärken und in die nächste Generation der afrikanischen Führer zu investieren«.

Ein Warnruf an die USA bezüglich Afrika kam von Senator Chris Coons, dem Vorsitzenden des Außenpolitikausschusses für Afrika-Angelegenheiten des Senats: »Amerika verliert an Boden und überlässt die wirtschaftlichen Möglichkeiten in Afrika den Mitbewerbern. China, das in den letzten Jahren auf dem gesamten Kontinent an Einfluss gewonnen hat, könnte die wertorientierten Ziele der USA in der Region unterminieren oder sogar dagegen wirken. Dies sollte ein Weckruf für die Verbesserung des amerikanischen Handels und der amerikanischen Investitionen sein.«

Im Mai 2014 meldete die *Financial Times* große Neuigkeiten: »USA bereiten Handelsvorstoß in Afrika vor. Nach mehr als einem Jahrzehnt verschiedener China-Afrika-Foren haben die USA angekündigt, im August das erste US-afrikanische Wirtschaftsforum zur ›Stärkung des Handels und der finanziellen Beziehungen‹ abzuhalten.« Vielleicht besteht ein gewisses Bewusstsein, dass die USA nicht gerade der Spitzenreiter dieses »Handelsvorstoßes« sind. Ein höherer Beamter der US-Regierung, der anonym bleiben wollte, meinte dazu: »Natürlich weiß man, dass Afrika große Chancen bietet, und die amerikanische Regierung ergreift diese. Wir sehen Afrika als reale Quelle der Möglichkeiten an.«

Zum Vergleich: Während sich der Handel zwischen den USA und Afrika im letzten Jahrzehnt auf 110 Milliarden US-Dollar verdoppelte, stieg der Handel zwischen China und Afrika im Jahr 2013 auf über 200 Milliarden US-Dollar.

> *Die Realität ist, dass Amerikas Einfluss in den Schwellenländern des Globalen Südgürtels sinkt.*

»Die USA verlieren an Einfluss in Lateinamerika«, lautete Eric Johnsons Warnung beim Interamerikanischen Dialog (*Financial Times*, 7. August 2013). »Wie wird Chinas Beteiligung in der Region Lateinamerikas internationale Position verändern? ... Lateinamerika wird nicht länger der Hinterhof (der USA) sein, sondern kann verstärkt seine eigenen Ziele im Ausland verfolgen.« Johnson zeigt sich besorgt, dass China immer mehr in jene Rolle schlüpft, die die USA lange Zeit innehatten, indem es Lateinamerika mit einem Wirtschaftsmarkt und militärischer Ausrüstung versorgt und somit Amerikas politischen und wirtschaftlichen Einfluss in der Region verringert.

Kevin Gallagher, Professor für internationale Beziehungen an der Boston University, wirft den USA vor, »blind gegenüber Lateinamerika« zu sein (*China Daily*, 3. Juni 2013). Während das Angebot für Amerikas Transpazifische Partnerschaft an anspruchsvolle Bedingungen geknüpft ist, so schreibt Gallagher, ist Präsident Xis Angebot, über 3 Milliarden US-Dollar zu investieren, nur an einige wenige Bedingungen geknüpft.

Gallagher fährt fort, dass seit 2003 »Chinas politikorientierte Staatsbanken Lateinamerika 86 Milliarden US-Dollar an finanziellen Mitteln zur Verfügung stellten, mehr als ihre Gegenspieler, die Weltbank, die Interamerikanische Entwicklungsbank und die Amerikanische Export-Import-Bank zusammen«. Es sieht so aus, als ob sich Obamas Ziel einer »Neudefinierung der Beziehungen« seit seinem Lateinamerikabesuch im März 2011 noch immer im Wartemodus befindet.

Präsident Obamas Bild der USA stammt nach wie vor aus ruhmvollen Tagen: »Tatsächlich ist Amerika nach fast allen Maßstäben im Vergleich zum Rest der Welt kaum jemals stärker gewesen. Diejenigen, die dies bestreiten, die unterstellen, dass Amerika sich im Abstieg befinde oder seine globale Führungsrolle verliere, missverstehen entweder die Geschichte oder handeln parteipolitisch motiviert.«

Game Changers auf dem Vormarsch
5 Chancen für Wachstum und Erneuerung in den USA

Die USA haben ihre Fähigkeit, wieder auf die Beine zu kommen, immer wieder bewiesen. Mit einem positiven und pragmatischen Zugang, anstatt zu jammern, haben die Amerikaner die Fähigkeit, den Kurs zu ändern und das Ruder herumzureißen. In einem Bericht vom Juni 2013 beschreibt *McKinsey* 5 Wachstumsgelegenheiten für die USA. Es gibt immer mehr positive Signale für eine Erholung der USA. Die Anträge auf Arbeitslosenunterstützung sind mit 264.000 so wenige wie seit 14 Jahren nicht mehr (*Reuters*, Oktober 2014). Im Schnitt lagen sie in den letzten 3 Jahren unter 300.000. Die Produktion in Fabriken, Minen und der Versorgungsindustrie verbesserte sich im September um 1,0 Prozent, was den größten Anstieg seit November 2012 bedeutete.

Die Förderung von Schiefergas und Erdöl wurde zur wichtigsten Triebfeder und steuert geschätzte 690 Milliarden US-Dollar pro Jahr zum US-Bruttosozialprodukt bei, was. bis 2020 zusätzliche 1,7 Millionen Arbeitsplätze schaffen wird.

Dies könnte bedeuten, dass Amerika keine Energie mehr importieren muss und von Energieimporten unabhängig wird, aber es birgt auch Herausforderungen in Form von Umweltrisiken. Jeder, der in die USA reist, wird das hohe Potenzial der Investitionen in die Infrastruktur bestätigen, das *McKinsey* als eine der Wachstumschancen der USA listet. Sie haben das Potenzial, bis 2030 geschätzte 1,8 Millionen Jobs zu schaffen und das BIP jährlich um bis zu 320 Milliarden US-Dollar zu erhöhen.

Zu den weiteren »Game Changers«, die *McKinsey* für die USA auflistet, gehören die Steigerung der Wettbewerbsfähigkeit bei wissensintensiven Gütern, die Steigerung der operativen Effizienz durch Nutzung großer Datenmengen als Produktivitätswerkzeug und ein effektiveres System zur Förderung von Talenten. Aber jeder Punkt ist mit einem »wenn« und »könnte« versehen. *McKinsey* schließt seinen Bericht mit den Worten: »Wenn jetzt Maßnahmen ergriffen werden, könnte das einen Wendepunkt für die amerikanische Wirtschaft darstellen und Wachstum und Wohlstand für die kommenden Jahrzehnte bringen.«

»Aufeinandertreffen von Hoffnung und Finsternis in der globalen Prognose«, lautete der Titel einer Analyse der *Financial Times* zum jährlichen Treffen des Internationalen Währungsfonds am 10. Oktober 2014. Während die Prognose des IWF für die USA und Europa eher düster ist, zeigt sich für die Schwellenländer ein ganz anderes Bild. »In ihren Augen«, schreibt die *Financial Times*, »verläuft das globale Wachstum schneller als im Durchschnitt der vergangenen 30 Jahre und mit China als größte Weltwirtschaft verändert sich der Ausblick rasch. Die Ungleichheit geht zurück und obwohl Reformen schwer umsetzbar sind und einige Länder schwer zu kämpfen haben, bewegen sich die meisten in Richtung Wohlstand.«

Alle diese Stellungnahmen basieren auf einer unserer Ansicht nach veralteten, westlich zentrierten Weltanschauung. Das wirtschaftliche Erwachen von zwei Drittel der Erde birgt auch für die Industrienationen große Chancen, wie die

Beispiele in diesem Buch zeigen. Aber wir müssen auch zugeben, dass einige der Errungenschaften, derer wir uns rühmen, wie kürzere Arbeitszeiten, vorzeitiger Ruhestand und unverhältnismäßige Sozialleistungen, in stagnierenden und rückläufigen Volkswirtschaften nicht mehr leistbar sind. Das ist die Realität. Und alle Bemühungen, die wirtschaftliche Leistungsfähigkeit des Westens wieder zu steigern, müssen dieser Realität ins Auge sehen.

Änderung der Spielregeln im globalen Wirtschafts- und Finanzsystem: ein neuer Fahrplan?

Unter den Nationen des Globalen Südgürtels genießt die Entwicklung der BRICS (Brasilien, Russland, Indien, China und Südafrika) die größte Aufmerksamkeit der globalen Märkte. Ob man nun mit der Auswahl, die O'Neill im Jahr 2001 traf, einverstanden ist oder nicht, im Laufe der Zeit wurde der Ausdruck BRICS von den BRIC-Staaten selbst im Rahmen eines ersten Treffens im September 2006 in New York und eines ersten formellen BRIC-Gipfels in Jekaterinburg in Russland im Juni 2009 angenommen. Im Dezember 2010 lud China Südafrika offiziell ein, der Gruppe beizutreten, und mit der Zustimmung der anderen Mitgliedsstaaten wurde ein »S« hinzugefügt, und der Ausdruck BRICS entstand. Wir sind der Ansicht, dass die Transformation der Weltwirtschaft nicht nur von den BRICS-Staaten angetrieben wird (zu der besonders Russland einen bescheidenen Beitrag leistet), sondern von einer wesentlich größeren Anzahl an Schwellenländern des Globalen Südgürtels.

Dennoch haben die BRICS-Staaten, die 43 Prozent der Weltbevölkerung auf 4 Kontinenten repräsentieren, mit einer zunehmend selbstbewussten und zuversichtlichen Beteiligung an der internationalen Gemeinschaft eine führende Rolle unter den Schwellenländern eingenommen.

Laurence Brahm, ein sehr erfahrener internationaler Anwalt, Ökonom, Autor und Gründer der wirtschaftlichen Paradigmen des Himalaya Consensus und Africa Consensus, drückt es so aus: »Die BRICS-Staaten verschieben die tektonischen Platten unter unserer gegenwärtigen globalen Finanzordnung. Sie müssen ihre eigenen Herausforderungen bewältigen. Ihre Stimme und ihr Einfluss werden mit den sich ändernden Geldströmen des weltweiten Kapitals erstarken. Es ist eine rein logische Folge, dass die BRICS-Staaten nun die Führungsrolle bei der Schaffung ihrer eigenen bilateralen Handelsabkommen außerhalb der Welthandelsorganisation übernehmen und dadurch einen Fahrplan für eine neue Entwicklungsbank, einen neuen Währungsstabilisierungsfonds und einen neuen Mechanismus zur Beilegung von Handelsstreitigkeiten vorlegen, welche dieselben Funktionen übernehmen, die früher nur Weltbank, IWF und WHO innehatten.«

Vorerst bilden die BRICS-Staaten die Stimme der Schwellenländer des Globalen Südgürtels, der Teil jener Dynamik ist, die daran arbeitet, das alte Finanzsystem zu ersetzen. Sie teilen die chinesische Philosophie: »Jede Erkenntnis kommt aus der Praxis.« Die Länder des Globalen Südgürtels glauben nicht an Theorien, die am grünen Tisch entschieden werden, sondern daran, was sich in der Praxis bewährt hat und auf einem gesunden Menschenverstand beruht. Es gibt wirklich vieles, das Russland, Indien, China, Südafrika und Brasilien voneinander unterscheidet, doch weitaus größere Unterschiede trennen sie von Washington und Brüssel.

> *Schritt für Schritt emanzipieren sich die Schwellenländer von der westlichen Vormundschaft.*

Die Führer der BRICS-Staaten, die gemeinsame Interessen eines neuen globalen Konsenses teilen, trafen sich am 20. März 2012 in Indien und vereinbarten, in der sogenannten »Erklärung von Delhi« einen Aufruf zu einem neuen globalen Finanzsystem zu starten. In ihr ist das Prinzip begründet, dass eine alternative finanzielle Struktur, die parallel mit der alten arbeitet, notwendig ist, – kurz gesagt, die Demokratisierung unseres globalen Finanzsystems.

»Wir fordern ein repräsentativeres, internationales Finanzsystem mit einer stärkeren Repräsentation und Stimme der Entwicklungsländer und der Einrichtung und Verbesserung eines gerechten internationalen Währungssystems, das die Interessen aller Länder bedient und die Entwicklung von Schwellen- und Entwicklungsländern unterstützt. Zudem tragen diese Volkswirtschaften mit ihrem breitgefächerten Wachstum deutlich zur globalen Erholung bei.«

Im Vorfeld des 5. Gipfeltreffens der BRICS-Staaten am 26. und 27. März 2013 in Durban, Südafrika, unterzeichneten Präsident *Xi Jinping* und Präsident Putin im März rund 30 Abkommen. Die Staatsoberhäupter der BRICS-Staaten legten einen klaren Plan für eine BRICS-Entwicklungsbank als Alternative zur Weltbank vor und gründeten während des Gipfeltreffens der Staatsoberhäupter der BRICS-Staaten im März 2013 den BRICS-Wirtschaftsrat, der als Verwaltungsorgan einer neue Freihandelszone unter den BRICS-Staaten dienen und parallel zur WHO arbeiten soll. Am 24. Oktober 2014 unterzeichneten China und 20 andere Länder ein Memorandum zum Start der Internationalen Entwicklungsbank. Die Bank, deren Schwerpunkt auf der Finanzierung von Infrastrukturprojekten in unterentwickelten Ländern der Region liegt, ist eine logische Konsequenz der wachsenden Frustration in China und anderen Schwellenländern. Zusätzlich klaffen Chinas weltwirtschaftliche Stellung (gemessen an der Kaufkraftparität die größte Wirtschaft der Welt) und sein Stimmenanteil an den Tätigkeiten der Weltbank, welcher 5,3 Prozent gegenüber 16 Prozent der USA beträgt, immer weiter auseinander.

Unter den Unterzeichnerstaaten sind große Volkswirtschaften wie Indien und China, reiche Länder wie Brunei, Katar und Singapur sowie Entwicklungsländer wie Bangladesch, Laos, Myanmar und Thailand. Australien. Indonesien und Korea haben trotz Chinas großer Bedeutung als Handelspartner noch nicht entschieden, ob sie unterzeichnen werden. Die Reaktionen sind naturgemäß unterschiedlich. Während die Weltbank und die Asiatische Entwicklungsbank die neue Bank offiziell begrüßten, zeigten sich die USA besorgt über diesen »Versuch, die Weltbank und die Asiatische Entwicklungsbank zu untergraben«, die von den USA und Japan dominiert werden (*New York Times*, 25. Oktober 2014).

Als weiteren Schritt zur Umgehung der globalen Finanzinstitute segneten die BRICS-Staaten im September 2013 einen Währungsstabilisierungsfonds in der Höhe von 100 Milliarden US-Dollar als Alternative zum IWF ab. China steuerte 41 Milliarden US-Dollar bei, Brasilien, Russland und Indien jeweils 18 Milliarden US-Dollar und Südafrika 5 Milliarden US-Dollar (*Reuters*, 5. September 2013). Ein BRICS-Währungsstabilisierungsfonds, das Contingent Reserve Arrangement (CRA), könnte geschätzte 240 Milliarden US-Dollar an Devisenreserven aufbringen, was mehr wäre als das gemeinsame BIP von ungefähr 150 Nationen. Die BRICS-Staaten streben eine geringere Abhängigkeit vom Dollar als globale Reservewährung an. Ein Topf aus Pesos, Rubel, Rupien, Yuan und Rand als international gehandelte

Währungen wird vermutlich als Alternative eingesetzt werden. Die Führer der BRICS-Staaten sprechen sich dafür aus, den Handel zwischen den 5 Ländern in deren eigenen Währungen abzuwickeln, eine Idee, die breite Akzeptanz unter den anderen Schwellenländern findet. Zwei Vereinbarungen zwischen den Entwicklungsbanken von Brasilien, Russland, Indien, China und Südafrika legen fest, dass Darlehen in den örtlichen Währungen für den Handel zwischen diesen Ländern zur Verfügung stehen werden. Eine einfache Konvertierbarkeit der Währungen der 5 Länder wird eine echte Alternative zum Dollar als Abrechnungswährung darstellen und die Volkswirtschaften außerdem vor Verlagerungen im Westen schützen.

Gemeinsam bemüht man sich, die Gestalt der BRICS-Staaten zu verbessern, sodass sie nicht nur regionale Kompetenzzentren der Schwellenländer bilden, sondern auch Kräfte sind, die ihre Nachbarn aus der Unterentwicklung ziehen. *WallAfrica* kommt zu dem Schluss, dass »vieles über die BRICS-Entwicklungsbank unbekannt ist, aber nur wenige ihr Potenzial anzweifeln ... die Chance, die mächtige Symbolkraft der Gruppe in eine Quelle des Handelns zu verwandeln, indem der BRICS-Raum mit der realen Kapazität gestärkt wird, seine Visionen umzusetzen«.

Andrew Kenningham, Volkswirt bei der Capital Economics Ltd in London, ist skeptischer: »Es wird nicht einfach sein, eine Einigung über die Kapitaleinlagen und Führungsstruktur der Bank zu erzielen. Falls die Bank wirklich ihre Tätigkeit aufnimmt und in Schwung kommt, könnte sie einfach die Mittel von Chinas Entwicklungsbank duplizieren oder ersetzen.« (*Bloomberg*, 27. März 2013).

»Die BRICS-Mitglieder haben einen bedeutenden Fortschritt bei der Bildung von gemeinsamen Institutionen gemacht, der in Zukunft die Zusammenarbeit stärken sollte«, heißt es im Bericht von Russland und Indien im Vorfeld des BRICS-Treffens in Fortaleza, Brasilien, am 14. Juli 2014.

Laurence Brahm: »Ein BRICS-Währungsstabilisierungsfonds könnte den IWF effektiv als letzte Refinanzierungsinstanz für Entwicklungsländer (und vielleicht auch für Teile der Industrieländer) ablösen. Und mit diesen Entwicklungen wird sich die Post-Bretton-Woods-Ordnung, die wir alle kennen und widerwillig akzeptieren, für immer verändern.«

3. CHINA, DER »GAME CHANGER«

Ungefähr 6 Monate, nachdem dieses Buch im Januar 2015 in China erschienen war, lautete eine Headline der *Financial Times* (29. Mai 2015): »Nun setzt China die Regeln fest.« Was im Westen dabei gerne übersehen wird, ist, dass China seine Strategie und Ziele während der vergangenen 3 Jahrzehnte kaum geändert hat. Sie wurden nur immer sichtbarer, und nun kann sich nicht einmal ein sehr westlich orientierter Beobachter der Rolle gegenüber blind stellen, die China spielen wird. Ein Schritt in diese Richtung war auch das gescheiterte Bemühen der USA seine Verbündeten davon abzuhalten, die von China initiierte Asian Infrastructure Investment Bank (AIIB) zu boykottieren: »Das Versagen der USA, eine ganze Reihe von Ländern der globalen Gemeinschaft davon abzuhalten, Mitglied der AIIB zu werden, ist nicht nur ein Rückschlag für das Bemühen der USA, die globalen Finanzmärkte zu kontrollieren. Es ist ein Präzedenzfall, der möglichen US-Alliierten erlaubt, sich von den Machtansprüchen der USA zu distanzieren.« (*Global Times*, 4. August 2015).

Obwohl die wirtschaftlichen Fortschritte Chinas weitgehend anerkannt werden, ist und bleibt China ein polarisierendes Land, umso mehr es sich in einem ganz deutlich von anderen Mitgliedern der globalen Gemeinschaft abhebt: Es kann die Spielregeln der globalen Gemeinschaft verändern. China ist ein Game Changer, eine Rolle, die während der

200 Jahre währenden westlichen Dominanz in dieser Tragweite kein Land beanspruchen konnte.

China bewies seine »Game Changing«-Kapazität zuallererst im eigenen Land, als es seine Wirtschaftspolitik Politik radikal umkehrte. Obwohl das offizielle China jede Absicht, sich in die Angelegenheiten souveräner Staaten einzumischen, bestreiten wird, ist sein indirekter Einfluss auf die Staatengemeinschaft unbestreitbar.

In den vergangenen Jahren, während derer die globale Bedeutung Chinas wuchs, haben wir festgestellt, dass besonders das westliche Publikum sehr sensibel auf eine positive Sichtweise über China reagiert. Der Vorwurf, dass wir allzu chinafreundlich seien, ist bei Vorträgen stets im Raum. Vielleicht sind wir das. Aber es gibt mehr als einen Blickwinkel, aus dem man die Entwicklung Chinas betrachten kann. China hat viele Gesichter und Facetten. Forschung über China zu betreiben, ist eine spannende und nie enden wollende Aufgabe, da sich das Land mit beispielloser Geschwindigkeit verändert. In den letzten 10 Jahren haben wir das Land intensiv bereist. Unsere Beurteilung resultiert aus vielen Begegnungen mit unterschiedlichen Bevölkerungsschichten und Gesprächen mit führenden Politikern auf allen Ebenen. Kritik, solange sie konstruktiv ist, ist dabei durchaus willkommen. Natürlich ist das Resultat der Betrachtung Chinas stark vom Blickwinkel des Beobachters abhängig. Dabei wird oft vergessen, oder besser beiseitegeschoben, dass Chinesen ihr Land nicht von einem westlichen Standpunkt getragen, sondern aus ihrer eigenen Perspektive beurteilen.

Wir als amerikanisch-österreichisches Ehepaar bringen eine Mischung aus zwei Kulturen mit: die amerikanische unabhängige, optimistische Einstellung nach dem Motto »just do it« und die österreichische Vorsicht mit einer Neigung zur präventiven Anpassung. So gut wir es können, schlüpfen wir bei unseren Analysen in die chinesische Denkweise, die das

Individuum als Teil eines Ganzen sieht, mit einer Loyalität zur 5.000 Jahre alten Geschichte des Landes, die geprägt ist vom Respekt gegenüber Vorgesetzten und Bürgern, die Autoritäten vielmehr zuhören als sich zu widersetzen.

China: globaler und chinesischer

Unser Ziel ist es, die Veränderung innerhalb Chinas zu beschreiben und zu beleuchten, welche Rolle es als Führungsnation des Globalen Südgürtels und als Game Changer in der internationalen Gemeinschaft spielen wird. Wir fanden ein Ungleichgewicht in der Beurteilung Chinas, da die westliche Presse sich vorwiegend auf Chinas Fehler und Mängel konzentriert. Wir beanspruchen das Recht, unseren Fokus auf Chinas Potenzial und seine Stärken zu richten. Aber vor allem richten wir unsere Aufmerksamkeit auf die wirtschaftliche Entwicklung, die Chancen, die sein Aufstieg auch für den Westen und besonders für Unternehmer mit sich bringt, und auf den globalen Einfluss des Landes.

Präsident *Xi Jinping* und die neue Führung sind entschlossen, China in die nächste Phase zu führen: Chinas Verjüngung und Neupositionierung auf einer globalen Ebene. Wie China sich selbst und wie es die Rahmenbedingungen der internationalen Gemeinschaft verändert, entwickelt sich aus seiner Geschichte, Kultur, Selbstwahrnehmung, seinen Visionen und Träumen, aber niemals dadurch, es dem Westen zu erlauben, es in vom Westen gefertigte Formen zu pressen. In anderen Worten, wir sollten davon ausgehen, dass China sich zu Hause chinesischer und auf internationaler Ebene globaler verhalten wird.

Auf globaler Ebene wird China seine Position als bedeutender globaler Investor weiter ausbauen. Seine Investitionen sind geografisch gut verteilt und Chinas Unternehmer und Unternehmen haben an Erfahrung gewonnen und ihre Flexibilität, in unterschiedlichem Umfeld tätig zu sein, verbessert. Dennoch bleibt der Spagat, in internationalen Angelegenheiten weltoffener zu werden und gleichzeitig in heimischen Belangen chinesischer zu agieren, ein Balanceakt. Um Stabilität zu erreichen, muss an beiden Bereichen gearbeitet werden. Chinas wirtschaftliche Stärke verlieh dem Land zunehmendes Gewicht in der internationalen Gemeinschaft, aber als Autorität in der internationalen Gemeinschaft ist es nach wie vor ein Leichtgewicht. Die globale Anerkennung ist eng mit der Akzeptanz oder Ablehnung von Chinas heimischer Entwicklung verknüpft, die, wie wir beobachten, chinesischer wird.

Xi Jingpings Verjüngung Chinas wird unterschiedliche Interpretationen zulassen. Es ist ein Prozess, kein einzelner Akt und wird sowohl wirtschaftliche als auch politische Reformen beinhalten. China bleibt ein Game Changer in der internationalen Gemeinschaft und im eigenen Land. Noch ist nicht absehbar, wie weit Chinas interne Veränderungen reichen werden, doch der chinesische Traum sollte keinesfalls auf die leichte Schulter genommen werden.

Chinas Veränderung der heimischen Spielregeln

Chinas Fähigkeit, sich rasch zu verändern, darf nicht unterschätzt werden. Die bedeutendste Charakteristik und Stärke bei Chinas Aufstieg war und ist sein Wille zu radikaler Veränderung. 1978 machte China den Schritt vom ideologisch orientierten zum ergebnisorientierten Handeln. *Deng Xiaopings* Kehrtwende in Richtung Reform und Öffnung veränderte den Kurs des Landes von einem Abwärts- zu einem Aufwärtstrend. Chinas Öffnung basierte auf der Öffnung gegenüber den Fehlern der Vergangenheit, kombiniert mit dem Willen, die Fehler zu analysieren, sich neu zu organisieren und den Kurs zu wechseln. Die Korrekturmaßnahmen unter *Deng* waren hart, aber sie waren Teil des langfristigen strategischen Plans Chinas: der Schaffung eines bescheidenen Wohlstands für alle Chinesen bis zum Jahr 2020. Es ist Bestandteil der chinesischen Denkmuster, dass unter veränderten Bedingungen auch völlig neue und unvorhersehbare Wege eingeschlagen werden können, um das Ziel zu erreichen.

Viele von Chinas Reformschritten erforderten Kühnheit. 1999 erklärte der *Nationale Volkskongress (NVK)* die Privatwirtschaft zum Schlüsselfaktor der nationalen Wirtschaft und damit nicht mehr wie zuvor als Ergänzung der staatlichen Wirtschaft – ein Durchbruch in Chinas Wirtschaftspolitik. Was für westliche Ohren wie der nächste logische Schritt klingen mag, war eine weitere Kehrtwende für China. Es erlaubte privaten Unternehmen, die Lokomotiven im erfolgreichen Wettbewerb auf dem Weltmarkt und der Antrieb des industriellen Wachstums zu werden. Globale Mitbewerber sollten unter dem Schutzschirm der *WHO* mehr Zugang zu den heimischen chinesischen Märkten erhalten, was eine höhere Flexibilität der chinesischen Unternehmen erforderte. Dieser Kurs war 1993 unter Vizepremier Zhu Rongji festgelegt worden, einem der großen Baumeister des neuen, globaleren Chinas.

Es gibt viele Anzeichen dafür, dass Präsident *Xi* Jingping und Premierminister *Li Keqiang* die nächsten kühnen Schritte setzen, um Chinas Rolle als Führungsnation des Globalen Südgürtels und als Schlüsselfigur in der internationalen Gemeinschaft auszubauen. Man kann Chinas Wandel von der Vergangenheit in die Zukunft nicht geradlinig ableiten, aber man kann schlussfolgern, dass Chinas Führung den Willen und die Fähigkeit hat, den Kurs zu verändern, um es auf Kurs zu halten. Premierminister *Li* sprach von der Notwendigkeit einer »selbstbestimmten« Revolution, um die Macht der Regierung zu verringern und die »Marktmechanismen« für das Wachstum voranzutreiben. Unserer Erfahrung nach ist »Selbstbestimmung« das Schlüsselwort.

Chinas Rolle als globaler Game Changer

Bereits zu Beginn von Chinas Reformen und Öffnung war klar, dass sich China der Welt öffnen will. Von Anfang an lag die Betonung auf *der Welt*. Die westliche Interpretation *der Welt* war jedoch *der Westen*. Als der Westen China 2001 endlich einlud, der WHO beizutreten, erwartete der Westen, dass China weiter näher zum Westen rücke.

Aus Chinas Sicht bedeutete die Mitgliedschaft in der WHO das, was der Name der Organisation bedeutet: Welthandelsorganisation, also eine Organisation, die Mitglieder aus der ganzen Welt zusammenbringt. Darin eingeschlossen sind auch jene Länder, die jahrzehntelang kaum im Fokus westlicher Wirtschaftsberichterstattung waren. Aber sie waren bereits vom Radar Chinas langfristiger strategischer Planung erfasst.

Um die eigenen Kapazitäten auszubauen, war es in den ersten Jahren der Renaissance Chinas von größter Bedeutung, von Industrieländern zu lernen. Der nächste strategische Schritt war die Annäherung an die unterentwickelte Welt, wie sie der Westen nannte. Das Engagement wuchs schnell: Von 2005 bis Mitte 2013 betrugen Chinas globale Auslandsinvestitionen 688 Milliarden US-Dollar. Ein sehr starker Fokus lag auf den Nationen des Globalen Südgürtels, an die der größte Teil dieser Investitionen und Verträge ging.

Südamerika:	$ 77,0 Milliarden
Ostasien:	$ 157,2 Milliarden
Westasien:	$ 84,9 Milliarden
Subsahara-Afrika:	$ 119,7 Milliarden
Arabische Welt:	$ 60,2 Milliarden

Quelle: Derek Scissors, »China's steady Global Investment: American Choices [Chinas beständige globale Investitionen: Amerikanische Entscheidungen] Grundlagenpapier der Heritage Foundation, 22. Juli 2013

Auf globaler Ebene war China 2013 bereits zum 2. Mal der drittgrößte Investor der Welt. Ausgehende Investitionen erreichten die Rekordhöhe von 108 Milliarden US-Dollar. Ein Rekord, der 2014 um 11,3 Prozent auf geschätzte 120 Milliarden stieg. Das internationale Beratungsunternehmen *KPMG*: »Mit geschätzten 1,25 Billionen an Auslandsdirektinvestitionen in den kommenden zehn Jahren wechselt China allem Anschein nach auf die Überholspur.«[36] *Financial Times* vom 6. Oktober 2014 zitiert den Chefökonomen und Leiter einer Studie der *China Citic Bank* Liao Qun, der prognostiziert, dass Chinas gesamte ausgehenden Investitionen bis 2017 über 200 Milliarden US-Dollar erreichen, wobei der Anteil der Investitionen in Europa steigen werden. *Xinhua* bezog sich auf eine Stellungnahme des Handelsministeriums, die besagte, dass neue Verfahren für heimische Unternehmen »darauf abzielen, mehr Freiheit für ausgehende Investitionen zu ermöglichen«. Dies ist ein Hinweis dafür, dass die derzeitige Vorschrift, wonach jede Auslandsinvestition über 100 Millionen US-Dollar vom Ministerium genehmigt werden muss, fallen wird (*Xinhua*, 10. September 2014).

---

36 http://www.kpmg.com/ES/es/Internacionalizacion-KPMG/Documents/China-Outlook-2015.pdf

Um den Ausgangspunkt Chinas ins rechte Licht zu rücken: »1978, als China seinen historischen Wandel startete, lagen die gesamten Reserven des Landes inklusive der Staatsbetriebe und der Staatskasse bei 108,99 Milliarden Yuan. Die gesamte Summe, die 83 Prozent des gesamten Geldes der Nation ausmachte, war bei einer Bank angelegt«, schreibt *Wu Xiaobo* in seinem Buch »*China Emerging*« (China im Wachsen).

Chinas derzeitige Gesamtinvestitionen von 499 Milliarden US-Dollar in den Globalen Südgürtel haben nicht nur wirtschaftliche Auswirkungen. China gewann, wie im 2. Kapitel beschreiben, durch die Hilfestellung, Selbstvertrauen zu entwickeln und sich von der Abhängigkeit und dem Einfluss des Westens zu lösen, stark an Einfluss bei den Schwellenländern.

Die intensive Reisediplomatie der neuen Führung unterstreicht den globalen Charakter der strategischen Überlegungen Chinas und die anhaltend bedeutende Rolle der Nationen des Globalen Südgürtels. Im Jahr 2013 unternahm Präsident *Xi* Reisen nach Russland, in die Schweiz, nach Deutschland, Rumänien, Kasachstan, Usbekistan, Kirgisistan, Turkmenistan, in die Volksrepublik Kongo, nach Tansania, Südafrika, Malaysia und Indonesien.

Weit weniger beachtet und kaum Teil der Berichte über China ist sein Einfluss auf die zukünftigen Entwicklungen im Bereich des Klimawandels. China wurde immer wieder für seine Rolle als größter Umweltverschmutzer gerügt. Doch nun wendet sich das Blatt und China wird auch zum Hoffnungsträger im Kampf gegen die Umweltverschmutzung. Alle diese Projekte führt China keineswegs im Verborgenen durch. Jeder, der sich dafür interessiert, kann sich ein ziemlich klares Bild von Chinas derzeitiger und zukünftiger Strategie machen. Dies gilt sowohl für seine globalen Pläne als auch für Chinas Beziehungen zu verschiedenen Regionen und Ländern.

China – ein Game Changer für Afrika

Bereits im Jahr 2006 veröffentlichte Peking in *People's Daily Online* einen offiziellen Bericht über seine zukünftige Afrikapolitik: »Die ersten Jahre des neuen Jahrhunderts sehen eine Fortsetzung von komplexen und tiefgründigen Veränderungen in der internationalen Situation und ein Fortschreiten der Globalisierung ... China, das größte Entwicklungsland der Welt folgt dem Pfad der friedlichen Entwicklung ... Der afrikanische Kontinent, der die größte Zahl an Entwicklungsländern umfasst, ist eine wichtige Kraft für den Frieden und die Entwicklung der Welt. Auf die traditionell freundlichen chinesisch-afrikanischen Beziehungen warten unter den neuen Bedingungen große Chancen.«

Das Dokument legt einen allgemeinen Rahmen fest, in dem sich die chinesisch-afrikanischen Beziehungen entwickeln sollten. Teil 1 beschreibt die Position und Rolle Afrikas, Teil 2 Chinas Beziehung zu Afrika, Teil 3 die chinesisch-afrikanische Politik und Teil 4 beinhaltet in 14 Absätzen einen Überblick über die »Verbesserung der gesamten Kooperation zwischen Afrika und China«. Die Zusammenfassung über diese Kooperationen umfasst politische, wirtschaftliche, wissenschaftliche bildungspolitische, kulturelle und soziale Aspekte. Und er passt sehr gut zu Chinas Zugang zu einer aktiven, unabhängigen und expandierenden Position in der internationalen Gemeinschaft.

Im globalen Kontext sah und sieht sich China nicht als Teil des Ostens. Jahrtausende lang war es das Reich der Mitte. Der wirtschaftliche Fokus Richtung Westen in den ersten Jahrzehnten der Reform und Öffnung war nicht von der Intention getrieben, wie der Westen zu werden, sondern vom Westen zu lernen. Heute öffnet sich China in alle Richtungen mit einer starken Präsenz in Afrika.

Es ist keine Überraschung, dass der Westen keine große Aufmerksamkeit darauf richtete, als im Jahr 2000 eine weitere multinationale Organisation, das *Forum für China-Afrika-Kooperation (FOCAC)* gegründet wurde. Ihr Zweck: »Die Schaffung einer Plattform für eine neue Art der chinesisch-afrikanischen Partnerschaft, die langfristige Stabilität, Gleichberechtigung und gegenseitige Vorteile bringt«.«

Während die chinesisch-afrikanischen Beziehungen sehr stark im Rampenlicht stehen, erhalten Chinas jüngste Fortschritte in der kältesten Region der Welt weniger Aufmerksamkeit.

Keine Region wird übersehen: China und die Arktis und Antarktis

Weltweit und intensiv widmeten sich die globalen Medien den Berichten über die Rettungsbemühungen des chinesischen Schiffs *Xue Long* (Schneedrache), als das russische Schiff *MV Akademik Shokalskiy* in den zugefrorenen Gewässern der Antarktis, der kältesten Region des Planeten, feststeckte.

Wesentlich weniger Aufmerksamkeit erhielt Chinas allgegenwärtige, wenngleich weniger spektakuläre weitere Präsenz in der Arktis und Antarktis. Nachdem bereits 3 antarktische Forschungsstationen *Große Mauer*, *Zhongshan* und *Kunlun* gebaut worden waren, enthüllte China im Februar 2014 seine 4. antarktische Forschungsstation: *Taishan*. Eine 5. Station ist für 2015 geplant.

Wenn Chinas aktuelle Missionen auch der wissenschaftlichen Forschung dienen, so ist die wachsende Präsenz doch ein deutliches Zeichen für Chinas künftige geopolitische Rolle. In einigen Jahrzehnten, im Jahr 2048, wenn der Antarktisvertrag überarbeitet werden muss, werden die Bestimmungen zur Nutzung der Ressourcen neu verhandelt. Chen Lianzeng, Vizedirektor von Chinas *Staatlicher Ozean-Ver-*

waltung (SOA), sagte in einem Interview mit *China Daily*: »Die friedliche Nutzung der Antarktis in der Zukunft wird ein Segen für die gesamte Menschheit sein.« Welcher Art diese Nutzung sein wird, wurde nicht verraten.

In der Tat bergen die antarktischen Ressourcen großes Potenzial, um geopolitische Konflikte zu verursachen. Die Ölreserven des Kontinents werden auf bis zu 203 Milliarden Barrel geschätzt, das größte Vorkommen der Welt (Ellie Fogarty, Kurzdossier des Lowy Institutes, 2011).

Bis 2030 wird der globale Wasserbedarf die derzeitige nachhaltige Versorgung um 40 Prozent übersteigen. Laut einem Bericht der US-amerikanischen nationalen Nachrichtendienste *National Intelligence* aus dem Jahr 2012 besteht daher das Risiko eines »Wasserkriegs« in der Antarktis, die 90 Prozent des Süßwassers der Welt speichert. Im Zusammenhang mit dem vollen Potenzial der Antarktis ist es höchst wahrscheinlich, dass China seine Präsenz auf dem Kontinent ausbaut, um 2048 eine günstige Position sicherzustellen. China holt schnell auf.

Und Chinas neue geopolitische Rolle wird nicht im Eismeer enden. Das Land wird in der zunehmend eisfreien Arktis eine ebenso wachsende Rolle spielen, einer Region, von der man annimmt, dass sie reiche Mineral- und Energievorkommen sowie Möglichkeiten für die Schifffahrt bietet.

Im Dezember 2013, als das *Chinesisch-nordische arktische Forschungszentrum (CNARC)* in Shanghai eröffnet wurde, unterzeichneten 10 Forschungsinstitute unter anderem aus China, Island, Dänemark, Finnland, Norwegen und Schweden ein Abkommen zu einer stärkeren Zusammenarbeit in der arktischen Forschung. Zhang Xia, Vizedirektor des neuen Chinesisch-nordischen arktischen Forschungszentrums sagte: »Als ein Nachzügler hat China eine Menge Hausarbeit zu erledigen, um mehr über diese sich rasch verändernde Region zu lernen.«

Das hohe Potenzial der globalen natürlichen Ressourcen

in der Arktis wurde erneut unterstrichen, als das schwedische Unternehmen *Lundin Petroleum* die vielleicht größte Entdeckung von Erdöl in der norwegischen Arktis machte. *Lundins* Manager und Analysten bejubelten an die 400 Millionen Barrel Öl und 125 Millionen Barrel Erdgas und bezeichnen es als möglichen Game Changer (*Financial Times*, 15. Oktober 2014).

Chinas Positionierung in Ostasien und in den Ländern des Indischen Ozeans

Von einem goldenen zu einem diamantenen Jahrzehnt?

Chinas Initiative der maritimen Seidenstraße unterstreicht seine Interessen und seine Rolle in der ostasiatischen Region. Als weltgrößter Exporteur und zweitgrößter Importeur hat China ein enormes Interesse daran, eine maritime Infrastruktur zu errichten und auszubauen. China ist der weltgrößte Schiffsbauer, es kontrolliert 20 Prozent der weltweiten Containerflotte und es betreibt viele der weltgrößten Containerhäfen. Die Idee einer maritimen Seidenstraße wurde von Präsident *Xi Jinping* erstmals in einer Ansprache vor dem indonesischen Parlament im Oktober 2013 präsentiert. Das Ziel ist die Ausweitung der maritimen Zusammenarbeit zwischen China und den ASEAN-Staaten, das Betreiben von Häfen und die Errichtung von Freihandelszonen in den Ländern des Indischen Ozeans zu errichten, um Chinas wirtschaftliche und diplomatische Interessen in der Region des Indischen Ozeans zu stärken.

Um die maritime Seidenstraße anzukurbeln, stellte China im Mai 2014 ein Budget von 1,6 Milliarden US-Dollar für den Bau von Häfen und Infrastruktur für die Verbindung mit südasiatischen Ländern und den Ländern an der Küste des Indischen Ozeans auf. Der Hafen Gwadar in Pakistan, der zwischen dem ölreichen Westasien und dem dicht bevölkerten Süd- und Zentralasien mit seinen reichen Ressourcen liegt, ist strategisch wichtig. In Malaysia plant China 2 Milliarden US-Dollar zu investieren, um den Hafen Kuantan auszubauen. Zudem wird China 480 Millionen US-Dollar in einen *China-ASEAN Maritime Cooperation Fund* investieren, um die gemeinsamen Schifffahrtsinteressen zu fördern. Die Erwartungen sind so hoch, dass Premier *Li Keqiang* von einer Aufwertung des Goldenen Jahrzehnts 2000–2010 auf ein Diamantenes Jahrzehnt sprach.

Es scheint, als würde der Fokus von Chinas Diplomatie in den nächsten Jahren auf seine Nachbarländer gerichtet sein. Der Grund darin liegt im Bestreben der neuen Führung, die Nation zu einer starken regionalen Kraft zu machen. Allein aus wirtschaftlichen Gründen ist dies durchaus sinnvoll. Präsident *Xi Jinping* soll gesagt haben: »Ein naher Nachbar ist besser als ein entfernter Verwandter.«

Yang Baoyun, Professor für südostasiatische Studien an der Peking-Universität sagte: »Die neue maritime Seidenstraße wird greifbare Vorteile für die Nachbarn entlang dieser Route bringen und zu einer treibenden Kraft für die Prosperität der gesamten ostasiatischen Region werden.«

Indien teilt diese Meinung nicht. Obwohl sich die chinesisch-indischen Beziehungen im Allgemeinen verbessert haben, ist Premierminister Modis Antwort zu Chinas wachsendem Einfluss und Rolle in der Region: »Projekt Mausam«. Dies ist ein symbolischer Name. In vielen asiatischen Sprachen bedeutet »Mausam« Wetter oder Jahreszeit, in Zusammenhang mit dem Monsun, der es Seefahrern ermöglichte, den indischen Ozean zu überqueren[37]. Indiens Ziel ist es, seine historischen Verbindungen zu Handelspartnern wieder aufzunehmen und eine Welt des Indischen Ozeans entlang seiner Küstenlinie von Ostafrika, der arabischen Halbinsel, dem Iran, Südasien, Sri Lanka bis Südostasien wiederherzustellen (*The Diplomat*, 18. September 2014). *The Diplomat* schreibt von »der bedeutendsten Außenpolitikinitiative, um China zu kontern«. Details des Projekts werden noch bekannt gegeben.

Im Zusammenhang mit Chinas Rolle als die führende Nation des Globalen Südgürtels sind seine maritimen Expansionspläne ein Schritt in Richtung stärkerer wirtschaftlicher Verbindungen und leichterem Zugang zu den Märkten. Streitigkeiten werden dabei (hoffentlich) nur eine Hürde auf dem Weg sein.

Chinas Investitionen in Südostasien wuchsen mit zweistelliger Geschwindigkeit. In den Jahren 2011 und 2012 waren die 6 wichtigsten Investitionsziele Indonesien, Vietnam, die Philippinen, Malaysia, Thailand und Singapur (*The Guardian*, März 2012). Während seines Besuchs in Thailand im Oktober 2013 bewarb Premierminister Li Chinas Hochgeschwindigkeitszüge und überzeugte den thailändischen Kongress, einem Kooperationsprojekt mit China für ein Hochgeschwindigkeitseisenbahnsystem zuzustimmen, das zur Sicherstellung weiterer Infrastrukturabkommen in Südostasien beitragen wird.

Die *Associated Press of Pakistan* berichtete am 28. Mai 2014, dass in der »chinesisch-pakistanischen Wirtschaftregion die Tiefe und Reichweite der bilateralen Beziehungen durch gegenseitige Hilfe und Kooperation erweitert wird«. Chinas Vorgehensweise ist es, »Nachbarländer zu einer gemeinsamen Entwicklung und wirtschaftlicher Integration

---

[37] http://thediplomat.com/2014/09/project-mausam-indias-answer-to-chinas-maritime-silk-road/

zu ermutigen«. Das pakistanische Onlinemedium *dawn. com* berichtete am 2. Juni 2014, dass China rund 52 Milliarden US-Dollar in wichtige Projekte in Pakistan investiert hat. Pakistans Präsident, Mamnoon Hussain, bezeichnete das größte Projekt, das Wasserkraftwerk *Diamer Bhasha* als »ein Jahrhundertmonument. Nicht nur Pakistan und China werden davon profitieren, sondern die gesamte Region mit Milliarden von Menschen.« (*The Diplomat*, 20. Februar 2014).

Investitionen sind keine Einbahnstraße. Im Jahr 2013 stiegen die direkten ausländischen Investitionen der 10 größten asiatischen Volkswirtschaften in China um 7,1 Prozent und erreichten insgesamt 102,5 Milliarden US-Dollar. Im Jahr zuvor, 2012, stiegen die Investitionen innerhalb und außerhalb des Finanzsektors in China auf geschätzte 127 Milliarden US-Dollar, was nur 32 Milliarden US-Dollar weniger sind als in den USA (*UNO-Bericht*, Januar 2014). Als Nummer 2 schließt China die Lücke im ausländischen Kapitalzufluss zu den USA.

Das benachbarte Russland wird genutzt, um ein Gegengewicht zu Washingtons globalem Einfluss zu bilden. Das Gasabkommen über 400 Milliarden US-Dollar zwischen China und Russland war ein wichtiger Schritt in diese Richtung. Mittlerweile haben Russland und China, bestärkt durch die Sanktionen der EU und USA, ihre gemeinsamen Interessen stärker gebündelt.

Chinas »Neue Seidenstraße«

Die wachsenden wirtschaftlichen Verbindungen der asiatischen Nationen des Globalen Südgürtels brachten China dazu, die historischen Handelsrouten über Land zu revitalisieren. Die neue Bahnlinie der Seidenstraße, auch *Yu Xin Europe Railway* bezeichnet, und der Wirtschaftsgürtel der

Seidenstraße sind Teil von Chinas westlicher Entwicklungsinitiative. Sie werden Chinas Politik der »Öffnung zum Westen« als Teil seiner neuen globalen Wirtschaftsstrategie ausbauen. In China wird das Projekt Provinzen und Regionen wie Xingjiang, Tibet, Sichuan, Shaanxi, Gansu und Chongqing verbinden. Es wird durch Kasachstan, Russland, Weißrussland und Polen führen und die 5-wöchige Transportzeit der Vergangenheit auf 2 Wochen reduzieren (*China Daily*, 27. März 2014).

Chinas »Neue Seidenstraße«, die China, die asiatischen Länder und Europa miteinander verbindet, eröffnet neue Chancen. »Duisburg liegt nun an der Seidenstraße«, lautete die Überschrift eines Berichts über Präsident Xis Besuch in Duisburg, Deutschland.

Die Neue Seidenstraße unterstützt den strukturellen Wandel der Region, den sie nach dem Niedergang der Stahl- und Kohleindustrie durchlief. Im vergangenen Jahrzehnt erlebte NRW einen Boom chinesischer Investitionen. Von 2003 bis 2014 kletterte die Zahl chinesischer Unternehmen, multinationale Kooperationen eingeschlossen, von 300 auf 800 und schuf damit 8.000 neue Arbeitsplätze. Chinas Handelsminister Gao Hucheng pries die Zusammenarbeit Deutschlands und Chinas in den Bereichen Wirtschaft, Wissenschaft und Kultur. Der Güterzug, der Chongqing und Duisburg seit 2001 verbindet, ist 750 Meter lang und führt 50 Container mit sich, jeder mit GPS ausgerüstet. Die Frachtkosten betragen 10.000 Euro pro Container. Der Transport dauert 16 Tage, das ist ein Drittel der bisherigen Transportzeit und damit wesentlich günstiger als Luftfracht.

Trotz Chinas umfangreichen Investitionen in den Globalen Südgürtel steht die wirtschaftliche Partnerschaft mit Europa nach wie vor auf seiner Agenda. Der Umfang der von China gekauften europäischen Anlagen stieg während der Krise in der Eurozone enorm an. Gekauft wurden unter anderem Aktien des *Club Méditerranée*, kurz *Club Med*, des griechischen Einzelhändlers *Folli Follie*, des deutschen Pumpenproduzenten *Putzmeister* und Portugals führendem Energielieferanten *Energias*.

Xinhuanet kommentierte, dass Premierminister Lis Besuch mehrerer deutscher Städte im März 2014 den chinesisch-europäischen Beziehungen neue Dynamik schenke. Cui Hongjian, Leiter für europäische Studien am Chinesischen Institut für Internationale Studien schrieb über das *Asien-Europa-Treffen* (ASEM), das im Oktober 2014 in Mailand stattfand: »Das Gipfeltreffen bot eine gute Gelegenheit, die Konzepte der Wirtschaftszone der Seidenstraße und der maritimen Seidenstraße des 21. Jahrhunderts in die asiatisch-europäische Kooperation einzubringen.«

Chinas Investitionen in Europa dürften einige Zeit lang unterschätzt worden sein. Nahezu unbemerkt bereiteten sich die chinesischen Unternehmen während den schlimmsten Tagen der europäischen Schuldenkrise darauf vor, schwer getroffene europäische Unternehmen aufzukaufen. Laut *Deutsche Bank* hat sich das chinesische Investitionsvolumen bis 2012 auf fast 27 Milliarden Euro beinahe vervierfacht.

Ein großer Artikel auf der Titelseite der *Financial Times* vom 7. Oktober 2014 trug den Titel: »China ändert seinen Kurs und wettet mit riesigem Einsatz auf europäische Anlagen.« Die *Financial Times* schrieb: »Analysten meinen, dass der Kaufrausch nicht weniger als eine Umsetzung des Modells chinesischer Auslandsinvestitionen ist. Es wird erwartet, dass sie im Laufe des nächsten Jahrzehnts stetig wachsen werden.« *Financial Times* führt weiter aus: »Teilweise handelte es sich um opportunistische Käufe, da die Anlagen günstig waren, teilweise um eine strukturelle, säkulare Verschiebung der chinesischen Auslandsinvestitionen, von der Sicherstellung natürlicher Ressourcen in Entwicklungsländern bis zum Aufkauf von Marken und Technologien in Industrieländern.«

Chinas beeindruckende Investitionen und Verträge in Europa:

Großbritannien:	$ 23,6 Milliarden
Frankreich:	$ 10,6 Milliarden
Italien:	$ 6,9 Milliarden
Deutschland:	$ 5,9 Milliarden
Griechenland:	$ 5,5 Milliarden
Portugal:	$ 5,4 Milliarden
Spanien	$ 2,4 Milliarden

Inklusive der Schweiz stiegen die chinesischen Investitionen und Verträge in Europa auf 82 Milliarden US-Dollar (*Derek Scissors*, Grundlagenpapier der *Heritage Foundation*, 22. Juli 2013).

China – Europa: Handel um eine Milliarde täglich

»EU-China Let it flow« lautete die Überschrift auf der Nachrichtenseite des Europäischen Parlaments vom 8. Oktober 2013. Die Europäische Union ist Chinas größter Handelspartner und für die EU ist China nach den USA der zweitgrößte Handelspartner. Die ausländischen Direktinvestitionen der EU in China betragen 25,5 Milliarden Euro und Chinas ausländische Direktinvestitionen in Europa erreichten 2012 einen neuen Rekord von 6,5 Milliarden US-Dollar (*International Business Times*, 27. Februar 2014). Ein guter Grund für Premierminister *Li Keqiang*, bereits kurz nach seinem Amtsantritt im März 2013 zu einer umfangreichen Wirtschaftsreise aufzubrechen, um die Auslandsgeschäfte anzukurbeln. Er löste die Streitigkeiten mit der Europäischen Union im Bereich des Solarhandels. Er unterzeichnete mehrere Kooperationsabkommen zum Bau von Infrastruktur und drängte auf großangelegte Energieprojekte, einschließlich Atomkraftwerke in Mittel- und Osteuropa.

Im November 2013 erzielte Premierminister *Li* ein Kooperationsabkommen zum Bau einer Hochgeschwindigkeitsbahnstrecke in Rumänien. Einige der Geschäfte, die er abschloss, wurden von chinesischen Anleihen von bis zu 10 Milliarden US-Dollar für den Ausbau der Infrastruktur dieser Länder gestützt. Gleichzeitig konzentriert sich China auf den Aufbau von Beziehungen, das Lösen von Problemen und der Förderung von Chinas wirtschaftlichem Wandel und wirtschaftlichen Reformen sowie seiner Position als globaler Investor. Während eines Besuchs in China Anfang Dezember 2013 sagte der britische Premierminister David Cameron, dass die Investitionen, die China während der vergangenen 18 Monate in Großbritannien in den Bereichen Telekommunikation und Infrastruktur sowie Atomkraft und Hochgeschwindigkeitszüge getätigt hatte, alle Investitionen der letzten 3 Jahrzehnte überbot.

Um einen einfacheren und sichereren Rechtsrahmen für Investoren auf beiden Seiten zu bieten, begannen die EU und China auf dem Gipfeltreffen EU-China im November 2013 mit Verhandlungen über ein umfangreiches EU-China-Investitionsabkommen. Das Abkommen soll die Investitionen schrittweise liberalisieren und Beschränkungen für Investoren zum jeweils anderen Markt aufheben. Ein guter Zeitpunkt, da Deutschland, das Kraftwerk Europas, im August 2014 einen Rückgang seiner Exporte um 5,8 Prozent hinnehmen musste. Die Prognosen für Deutschlands BIP 2015 wurden neu bewertet und lagen statt bei 2 Prozent bei nur mehr 1,2 Prozent – ein Grund mehr, um nach der Ausschöpfung neuer Exportmärkte, vor allem in Asien, zu suchen.

China und Deutschland teilen gemeinsame Interessen. China wünscht sich Unterstützung für seine Neue Seidenstraße und Deutschland sieht unter anderem eine Chance bei Chinas Nachfrage auf dem Automarkt.

Abkommen über mehr als 18 Milliarden US-Dollar wurden anlässlich der 3. Spitzengespräche zwischen China und Deutschland im Oktober 2014 unterzeichnet. Neben Chinas Unterzeichnung eines Kaufvertrags von 70 Airbus A320 umfassten die Abkommen Landwirtschaft, Automobil, Telekommunikation, Gesundheitswesen und Bildung. *Li Keqiang* hätte das Ziel, den Handel und die Investitionen auszuweiten sowie die deutsch-chinesischen Innovationsbeziehungen zu verstärken, mit keinen herzlicheren Worten begrüßen können: »Die beiden Seiten sind eng miteinander verbunden, wie Zahnräder, die ineinander greifen, um eine dicht gewebte Interessengemeinschaft zu bilden.« (*China Daily*, 10. Oktober 2014)

Ein Weckruf für Deutschland.

Trotz aller Sichtbarkeit der Dynamik der chinesischen neuen Führung, oder vielleicht dadurch inspiriert, veröffentlichte die deutsche *Commerzbank* im Dezember 2013 einen Weckruf an die deutsche Unternehmenswelt und präsentierte sich als Partner für Investitionen: »Renaissance in der Südsahara.« Die *Commerzbank* bezieht sich dabei auf die Bildung einer Mittelschicht, mit einer steigenden Nachfrage nach höherer Qualität, Produkten und Dienstleistungen und ist der Ansicht, dass der Dienstleistungssektor, insbesondere Finanzdienstleistungen, von diesem Trend profitieren wird. »Die Baubranche ist für dynamisches Wachstum aufgestellt, angetrieben durch den Ausbau von Infrastruktur- und Wohnungsbau. Technologisches Leapfrogging (das Überspringen einzelner Entwicklungsschritte) bietet Chancen im Bereich der erneuerbaren Energie, Informations- und Kommunikationstechnologie.« (*Commerzbank*, Renaissance in Sub-Saharan Africa, 2. Ausgabe, Dezember 2013)

Die *Deutsche Investitions- und Entwicklungsgesellschaft* (DEG) empfiehlt zwei vielversprechende Regionen: Indonesien und die fünf ostafrikanischen Länder. *Kurt Bock*, Vorstandsvorsitzender von *BASF*, dem nach Umsatz größten Chemiehersteller der Welt, ein Unternehmen, das sich in den 1990er Jahren aus Afrika zurückgezogen hat, ist bestrebt, in Afrika südlich der Sahara zu expandieren: »Wenn es einen weißen Fleck für uns gibt, dann ist es Afrika. Der Kontinent ist die letzte Chance von Null zu beginnen und hohes Wachstum von dort aus zu generieren.« Für den Pharmariesen *Bayer* ist Afrika einer der verbliebenen, besonders vielversprechenden Märkte. *Hansgrohe* (Badezimmer und Wasserhähne) sieht den Markt in Hotels und Flughäfen und auch in privaten Haushalten, da der Mittelstand wächst und sich teure Wasserhähne leisten kann.

Dennoch sind die meisten deutschen Unternehmensgründer für Investitionen in Afrika noch in Warteposition. *Comla Paka*, Botschafter der Republik Togo in Deutschland, hat den Bedarf seines Landes an Auslandsinvestitionen für Infrastruktur, in Straßen und Häfen bekundet, aber selten sieht er Zusammenarbeit zwischen beiden Ländern. »Viele afrikanische Länder empfinden den Zugang zu europäischen Märkten als sehr schwierig und ziehen es schließlich vor, Geschäfte mit Ländern wie China und Indien zu machen.« Deutschlands Handelsvolumen mit den Nationen Afrikas südlich der Sahara zeigt es in der richtigen Perspektive: Mit 26,6 Milliarden Euro war es ein Sechstel des Handelsvolumens mit seinem kleinen Nachbar, den Niederlanden.

Chinas neue Selbstbehauptung

Die anhaltende Schwäche der westlichen Volkswirtschaften, der Aufstieg des Globalen Südgürtels und Chinas wirtschaftliche Verbindungen zu vielen Schwellenländern dieser Region verleihen Chinas zukünftiger Außenpolitik und nicht zuletzt der Frage, ob Chinas Aufstieg friedlich verlaufen wird, zunehmendes Gewicht. China hat seinen Fuß in die Hinterhöfe von Nordamerika, Südamerika und der Karibik gesetzt und gleichzeitig seine Bemühungen verstärkt, die USA aus seinem eigenen Hinterhof, dem asiatischen Pazifik, zu verdrängen. Konflikte mit Japan über die im Ostchinesischen Meer gelegenen Diaoyu-Inseln, Konfrontationen mit den Philippinen und Vietnam im Südchinesischen Meer und eine einseitige Erklärung einer Luftraumüberwachungszone werden von vielen als Provokation gesehen.

Im 2. Kapitel zitierten wir Yan Xuetong, Dekan des Instituts für moderne internationale Beziehungen der Universität Tsinghua, dessen Stellungnahme wir in diesem Kapitel aufgrund ihrer Wichtigkeit und Relevanz wiederholen möchten: »Für mehr als 20 Jahre agierte China unter den außenpolitischen Rahmenbedingungen, weder Feinde noch Freunde zu haben. Bis auf wenige Ausnahmen wurden alle Staaten gleich behandelt und es wurde ein Umfeld gepflegt, dessen höchste Priorität war, möglichst vorteilhaft für Chinas eigene Entwicklung zu sein. Unter *Xi* beginnt China, Freunde und Feinde unterschiedlich zu behandeln. Jenen, die bereit sind, eine konstruktive Rolle bei Chinas Aufstieg zu spielen, stellt China Möglichkeiten in Aussicht, größere Vorteile aus Chinas Entwicklung zu ziehen.«

> *China wird jene bevorzugen, die an seiner Seite stehen, und jene bestrafen, die ihm feindlich gesinnt sind.*

Es ist nicht wahrscheinlich, dass irgendein Chinese diese Politik offiziell bestätigen wird. Das würde einfach nicht zum chinesischen Kommunikationsstil passen. Trotzdem kann die Einteilung von Menschen, Bewegungen und Ländern in Freunde und Feinde nicht geleugnet werden. Taiwan, Hongkong, Konflikte in Tibet und mit den Uiguren warten darauf, auf die eine oder andere Weise gelöst zu werden. Momentan scheinen sie Teil einer Grauzone zu sein, wo ein unschönes Ende zu Destabilisierung und wirtschaftlichen Rückschlägen führen würde. Ganz zu schweigen vom Verlust der Autorität in der internationalen Gemeinschaft. Aber eine innovative Lösung muss erst gefunden werden.

China und die USA: Anfreunden mit einer neuen Rollenverteilung

Chinas neue Rolle und seine selbstbewusste Präsenz in der internationalen Gemeinschaft wirft Fragen über die zukünftigen Beziehungen zwischen den beiden größten Volkswirtschaften, den USA und China, auf. Während Präsident *Xi Jinpings* offizieller Besuch der lateinamerikanischen Länder als Statement für Chinas Ausrichtung zugunsten des Globalen Südgürtels interpretiert werden kann, erlaubt sein informelles Treffen, eine Vorgangsweise, die es nie zuvor gegeben hatte, mit US-Präsident Barack Obama in Kalifornien Anfang Juni 2013, 2 Monate nach seiner Amtsübernahme, zumindest den Hauch einer Interpretation über die chinesische Sicht der Beziehungen zwischen den beiden weltweit einflussreichsten Nationen.

Es besteht kein Zweifel, dass heimische und globale Interessen im Widerspruch stehen können. Ein wachsender Nationalismus im eigenen Land und der Bedarf einer Anpassung an die internationalen Bedingungen müssen erst gelöst werden. Chinas Fortschritt führte zu einer globalen Anerkennung seiner wirtschaftlichen Errungenschaften, aber sicher nicht zu jener Wertschätzung, die China gerne hätte.

Die USA sehen sich selbst in einer Rolle, die sie sich noch vor 10 Jahren nicht vorstellen konnten: Ihre wirtschaftliche Autorität und Führungsrolle ist in Frage gestellt. China, das selbst in seinen ruhmvollsten Zeiten nur beschränkten globalen Einfluss hatte, kann mit der wachsenden Anerkennung sehr gut umgehen. Vom Thron der einzigen Supermacht der Welt herabzusteigen, wenngleich einer in letzter Zeit zahnlosen, ist wesentlich schwieriger.

China ist der Game Changer, aber trotz aller Schwierigkeiten der Vergangenheit glauben wir, dass es einfacher war, den gegenwärtigen Status zu erreichen, als wirtschaftliche und politische Stabilität in einer sich verändernden heimischen Gesellschaft aufrechtzuerhalten.

Es steht außer Frage, dass China und die USA die einflussreichsten Nationen der ersten Hälfte des 21. Jahrhunderts sein werden. Wie sie ihre Rolle spielen, wird sich noch zeigen. Verbal haben sich die beiden Führer der weltgrößten Volkswirtschaften verpflichtet, eine neue Art der Beziehung zu errichten und die historischen Rivalitäten hinter sich zu lassen. Doch dies muss auf Augenhöhe passieren. Chinas Außenminister Wang Yi sagte zum US-amerikanischen Außenminister John Kerry, dass, obwohl Peking bemüht ist, seine Streitigkeiten im Ost- und Südchinesischen Meer beizulegen, »niemand Chinas Entschlossenheit bei der Wahrung seiner Souveränität erschüttern kann. Noch bleibt die Unsicherheit erhalten.« Während seiner 5. Reise nach Asien seit seiner

Amtsübernahme versicherte Staatssekretär Kerry den chinesischen Beamten und Politikern, dass die USA nicht die Absicht hätten, China einzuschränken, und dass China für die USA von großer Bedeutung sei.

Am 20. Februar 2013 sagte Außenminister Kerry in seiner ersten Ansprache zum Thema Außenpolitik: »Wir schaffen 5.000 Jobs für eine jede Milliarde Dollar an Gütern und Dienstleistungen, die wir exportieren.« Das führt zum Schluss, dass »die im Jahr 2012 nach China exportierten Güter in Höhe von 148,45 Milliarden US-Dollar mehr als 740.000 Arbeitsplätze in den USA schaffen hätten können«, schreibt Zhou Shijian, leitender Wissenschaftler am *Center for US-China Relations* der Universität Tsinghua, im *China US Focus* vom 7. Januar 2014.

Die Spielregeln der Weltwirtschaft veränderns sich

Von 1980 bis Ende Oktober 2013 betrugen die Investitionen der USA in China 72,78 Milliarden US-Dollar, womit sie an 4. Stelle lagen. Von Januar bis Oktober 2013 wurden die Exporte der USA nach China auf 131,3 Milliarden US-Dollar geschätzt, was 10 Prozent der gesamten Exporte der USA in demselben Zeitraum bedeuten. China und die USA investierten gegenseitig in einem immer größeren Ausmaß.

In Jahr 2013 stiegen die Direktinvestitionen Chinas in den USA schneller als die Investitionen der USA in China. In den ersten 11 Monaten stiegen sie um 28,3 Prozent auf mehr als 80 Milliarden US-Dollar. Chinas Investitionen in den USA steigerten sich um 232 Prozent, in der EU waren es fast 90 Prozent, in Australien 109 Prozent.

Chinas Öffnung gegenüber den Weltmärkten zeigt sich auch bei seiner Währung. In den vergangenen 8 Jahren, seit

2005, stieg der Renminbi um 35 Prozent und steigerte seinen Internationalisierungsprozess. Bereits am 5. September 2013, ein halbes Jahr nach seiner Ernennung, sagte Präsident *Xi Jinping* beim Gipfeltreffen der G20, dass China »ein stabiles und risikofreies internationales Währungssystem errichten und eine Reform des Währungskorbs für Sonderziehungsrechte durchführen wird. China strebt danach, die Reform der Marktanpassung von Zins- und Wechselkursen voranzutreiben, die Elastizität der Renminbi-Wechselkurse zu erhöhen und schrittweise die Kapitalaufstellung des Renminbi umtauschbar zu machen.« Mittlerweile hat der Weltwährungsfond Chinas Yuan das Gütesiegel der 5. Weltwährung verliehen. Wie lange es dauern wird. ehe der chinesische Yuan dem Dollar als meistgenutztes Zahlungsmittel nahekommt, bleibt abzuwarten. Mit 3 Prozent des globalen Handels liegt er derzeit weit abgeschlagen hinter dem US-Dollar von 45 Prozent und jenem des Euro von 28 Prozent.

Bereits am 17. Mai 2011 veröffentlichte die Weltbank den Bericht »*Global Development Horizons: The New Global Economy* (Globale Entwicklungshorizonte. Die Neue Globale Wirtschaft), der davon ausgeht, dass die Führungsrolle des US-Dollars noch vor 2025 zu Ende ist und durch ein Multiwährungssystem, basierend auf US-Dollar, Euro und Renminbi, ersetzt wird. Die Freihandelszone Shanghai, die zum Ziel hat, Shanghai in ein Weltfinanzzentrum zu verwandeln, setzt durch die Beschleunigung der Finanzreform und seiner Öffnungspolitik ein weiteres Signal in diese Richtung.

Die bislang größte chinesische Übernahme eines amerikanischen Unternehmens

Chinas Präsenz in allen Bereichen der globalen Märkte ist beeindruckend. *Dialogic* berichtet, dass chinesische Einkäufer im Jahr 2012 11,57 Milliarden US-Dollar in 49 Handelsgeschäften zum Kauf von amerikanischen Unternehmen oder von Anteilen amerikanischer Unternehmen ausgaben. Nachdem der Versuch der chinesischen *CNOOC Ltd.* im Jahr 2005, *Unocal Corp* für 18,5 Milliarden US-Dollar zu kaufen, vereitelt wurde, gelang es Chinas *Shuanghui International* 2013 den amerikanischen Schweinefleischgiganten *Smithfield Foods* für 7,1 Milliarden US-Dollar zu übernehmen. Dies war die bisher größte chinesische Übernahme eines US-amerikanischen Unternehmens.

Das Hauptziel chinesischer Investitionen ist die Finanzwelt der USA. Investitionen und Verträge erreichten 57 Milliarden US-Dollar und 106,9 Milliarden US-Dollar, wenn man Kanada dazurechnet. William Wilson, leitender Wissenschaftler am *Asian Studies Center* der *Heritage Foundation*, sieht einen bedeutenden Wandel in den Investitionsmustern der USA und Chinas von Entwicklungsländern hin zu Industrieländern mit dem vorrangigen Ziel USA in der ersten Hälfte des Jahres 2014. Er erwartet, dass China sich innerhalb der nächsten Jahre von einem Nettoempfänger ausländischer Direktinvestitionen zu einem Nettoexporteur von Kapital wandeln wird. Während bis vor wenigen Jahren chinesische abgehende Auslandsinvestitionen von großen staatlichen Betrieben dominiert wurden, sind es nun private Unternehmen, die chinesisches Kapital in die USA bringen und »mehr als 80 Prozent der Transaktionen und mehr als 70 Prozent der gesamten Transaktionswerte ausmachen, wobei China mehr in den USA investiert als die USA in China«.

In ihrem Bericht »*Multipolarity The New Global Economy*« (Multipolarität: Die neue globale Weltwirtschaft) 2011 schreibt die *Weltbank*: »Die Weltwirtschaft ist inmitten eines transformativen Wandels. Eines der sichtbarsten Ergebnisse dieser Transformation ist der Aufstieg einiger dynamischer Schwellenländer in die Gefilde der Weltwirtschaft.«

Tausch der Positionen

Das 5.000 Jahre alte chinesische Reich der Mitte und die 500 Jahre alte »neue Welt« Amerika werden ein Jahrzehnt der Erfolge und Misserfolge durchlaufen, um ihre Positionen in einer multizentrischen Welt zu finden.

Zbigniew Brezinski, der vor allem als nationaler Sicherheitsberater des US-Präsidenten Jimmy Carter bekannt ist, zeigte in einer Sonderkolumne in der *New York Times* vom Februar 2013 seine Besorgnis, aber auch einen positiven Ausblick hinsichtlich der künftigen Beziehungen zwischen China und den USA. Er präsentierte folgende Richtlinien:

1. Kriege um globale Vorherrschaft sind keine ernsthafte Perspektive im heutigen posthegemonialen Zeitalter.
2. Es gibt heute keinen Grund mehr für Konflikte zwischen Amerika und China, da eine globale Vorherrschaft nicht mehr erreichbar ist.
3. Einseitige nationale wirtschaftliche Triumphe können in der zunehmend vernetzten globalen Wirtschaft nicht ohne unheilvolle Folgen für alle erzielt werden.
4. Weder die USA noch China sind von feindseligen Ideologien getrieben.
5. Trotz unserer sehr unterschiedlichen politischen Systeme sind unsere beiden Gesellschaften – auf unterschiedliche Weise – offen.

Bei einem Treffen Präsident *Xi Jinpings* mit Außenminister John Kerrys im Februar 2014 verteidigten beide ihren Standpunkt zu umstrittenen Themen, jeder im Kontext der heimischen und globalen Zusammenhänge. Sowohl für die Beziehungen zwischen den USA und China als auch für Chinas

Rolle als Vorbild und Motor für die Schwellenländer des Globalen Südgürtels ist Stabilität von entscheidender Bedeutung.

Während China sein Wachstumsmodell neu ausrichtet, scheinen die Investoren zuversichtlich zu sein, dass die Wirtschaft des Landes weiterhin solide wachsen wird. Präsident *Xi Jinping* und Premierminister *Li Keqiang* erneuern ihr Ziel immer wieder: »Wir werden ein neues offenes Wirtschaftssystem fördern.«

Bei der Eröffnung von Chinas Legislaturperiode am 5. März 2014 hielt Premierminister *Li Keqiang* eine bedeutende politische Rede, die Chinas Reformen auf die nächste Ebene hoben. *China Daily* berichtete, dass Premierminister *Li* das Wort »Reform« in seiner 100-minütigen Ansprache rekordverdächtige 77 Mal benutzte. »Reformen«, sagte er, »brachten uns die größten Vorteile. Reformen haben für die Regierung oberste Priorität. Wir müssen uns vollständig auf unser Volk verlassen können und mentale Fesseln und eigennütze Interessen aufbrechen, um die Reformen an allen Fronten zu vertiefen.«

Chinas Unternehmer im globalen Rampenlicht

Zu Beginn der Reformen agierte China nur im eigenen Land als Game Changer. Nach und nach wurde das Land jedoch auch zum Game Changer der internationalen Gemeinschaft. Einzelne Unternehmer wurden Millionäre und Milliardäre, errangen aber selten weltweite Aufmerksamkeit und Einfluss. Alibabas sensationeller Börsengang war für einige der jüngste Weckruf für den Game Change, der die lange unbestrittene Führungsrolle von US-Innovatoren herausforderte.

Wir werden uns an das Auftauchen von wirtschaftlichen Glanzleistungen aus China gewöhnen müssen. Sind Chinas junge Unternehmer anders als amerikanische oder europäische? Ja und nein: Nein, weil trotz aller kulturellen Unterschiede alle jungen Menschen, die wir in China, den USA, Europa, Afrika oder Lateinamerika trafen, ein einfaches Ziel hatten: eine erfüllende Karriere und einen perfekten Partner fürs Leben. Ja, weil sich die Art, wie Chinesen Unternehmen führen, von der westlichen Art unterscheidet.

Sehr oft, wenn wir Zeit in der Club Lounge unseres Hotel verbringen, in der viele Geschäftsgespräche stattfinden, können wir nicht selten anhand der Körpersprache von westlichen und chinesischen Geschäftsleuten den Verlauf der Verhandlungen beobachten. Westliche Geschäftsleute sprechen oft von oben herab, tendieren dazu, die Chinesen zu belehren, wie dies oder jenes gemacht werden muss. Meist verschließt sich der Chinese zunehmend, bleibt ruhig und freundlich, und wir wissen, dass das Spiel vorbei ist.

Dies ist kein Buch darüber, wie man Geschäfte in China macht. Aber eine Sache ist schnell gesagt: Bauen Sie Vertrauen auf und zeigen Sie Respekt. Chinesen sind warmherzig, aber darauf fokussiert, was sie erreichen wollen. Wenn Sie etwas anzubieten haben, was Ihnen beiden nützt: Großartig! Anderenfalls vergessen Sie es. Chinesen vergeuden keine Zeit.

Man sagt oft, dass China, das einst eines der innovativsten Länder war, heute nach wie vor auf Erfindungen und Innovationen wartet, die von China aus in die Welt gehen. Daher war es für viele westliche Beobachter und Kommentatoren eine Überraschung, als die *Financial Times Jack Ma* 2013 zur »Person des Jahres« machte. Chinas milliardenschwerer Unternehmer ist der Gründer des weltweit höchst erfolgreichen und größten E-Commerce-Unternehmen *Alibaba*, das 2003 gegründet wurde.

Alibabas Internetmärkte handeln mit mehr Transaktionen als *eBay* und *Amazon* zusammen. *Jack Ma* ist 2015 von der Nummer 1 auf Chinas Liste der reichsten Personen auf Nummer 2 gerutscht, doch international immer noch bekannter als Wang Lianlin, dessen *Wanda Group* äußerst erfolgreich in Chinas Unterhaltungsindustrie ist.

Alibaba ging 2014 an die New Yorker Börse. *Forbes* betitelte das am 22. September 2014 mit: »*Alibaba Claims Title for Largest Global IPO Ever With Extra Share Sales*« (Alibaba beansprucht den Titel für den weltgrößten Börsengang mit zusätzlichen Aktienverkäufen der Geschichte). Mit 25 Milliarden US-Dollar übertraf *Alibaba* die *Agricultural Bank of China*, die bei ihrem Börsengang an der Hongkonger Börse 22,1 Milliarden US-Dollar erzielen konnte. Zum Vergleich: Die Nummer Eins »Alibaba wickelte 2013 mehr als 248 Milliarden US-Dollar an Onlinetransaktionen ab und war für mehr als 70 Prozent aller Paketversendungen, die in China in diesem Zeitraum ausgeliefert wurden, verantwortlich. Die Nummer Zwei, *Amazon*, wickelte 100 Milliarden US-Dollar an Onlinetransaktionen ab und die Nummer Drei, *eBay*, 76 Milliarden US-Dollar.« (*Forbes*, 27. Juni, 2014)

Es wird angenommen, dass *Alibabas* Wachstumspotenzial bis 2018/2019 600 Milliarden US-Dollar erreichen wird. Kein Wunder, dass die *Financial Times* Ma als »Patenonkel von Chinas lückenhaftem Unternehmergeist« sieht. »Er verkörpert das neue unternehmerische China, wo eine arme Person durch Ausdauer enorm groß werden kann.«

Kurz bevor *Alibaba* am 19. September 2014 sein Debut an der New Yorker Börse machte, meinte *Jack Ma*, es würde ein »lebensverändernder Tag« für seine 20.000 Mitarbeiter werden. An diesem Abend, bedingt durch die Zeitverschiebung, wurden die Mitarbeiter von *Alibaba* und andere Bürger von Hangzhou vor gigantischen Fernsehbildschirmen an mehreren Orten Zeugen dieses »lebensverändernden« Ereignisses. Das Mitarbeiterbeteiligungsprogramm von *Alibaba* sah vor, dass 44,8 Milliarden US-Dollar unter 11.000 Personen aufgeteilt wurden – jeder erhielt also mehr als 100 Millionen Yuan (16,3 Millionen US-Dollar). Ma allein besitzt nun über 250 Milliarden. 10 Jahre zuvor gab es nur einen einzigen Chinesen, der mehr als 10 Milliarden US-Dollar besaßt, 2014 waren es 176. »Noch verblüffender ist«, sagte Rupert Hoogewerf, Vorsitzender des *Hurun Report*, eines Monatsmagazins, das vor allem für seine Liste der reichsten Chinesen bekannt ist, »dass der Unternehmergeist, der China erfüllt hat, mit 8 Personen auf der Liste, die in den 1980er-Jahren geboren und selbst für ihren Reichtum verantwortlich sind, kein Anzeichen des Abflauens zeigt. Jedes Land wäre darauf stolz.«

Dass *Jack Ma* von der *Financial Times* als »Person des Jahres« gewählt wurde, lag an »seiner Entscheidung, im Mai als CEO von Alibaba zurückzutreten (und die Zügel an seinen Nachfolger Jonathan Lu zu übergeben) und sich im Alter von 48 Jahren einigen der größten Probleme Chinas zu widmen – besonders den drohenden Umweltkatastrophen.«

Wie *Jack Ma* gegenüber der *Financial Times* betonte, ist sein zweiter Fokus »Kultur und Bildung der Menschen – wenn wir das nicht anpacken, dann werden junge Chinesen mit dicken Brieftaschen, aber schwachem Verstand heranwachsen.«

Ma wurde in Hangzhou in der Provinz Zhejiang geboren. Eine Stadt, die im Ruf steht, das unternehmerische Zentrum Chinas zu sein. Als Kind war Ma schlecht in Mathematik, aber begeistert von Englisch, also widmete er sich dem Erlernen dieser Sprache. In ganz China kennt man die Geschichte, dass er 9 Jahre lang jeden Morgen sehr früh aufstand und mit dem Fahrrad zu einem nahe gelegenen Hotel seiner Stadt Hangzhou fuhr, wo er sich kostenlos als Fremdenführer für ausländische Touristen zur Verfügung stellte, um sein Englisch zu verbessern. Obwohl er 2-mal bei der Aufnahmeprüfung durchfiel, bestand er diese schließlich doch und besuchte die pädagogische Hochschule in Hangzhou, die er 1988 mit einem Bachelor abschloss, um dann für einige Zeit Englisch und internationalen Handel an der Universität Hangzhou Dianzi zu unterrichten.

Später begann Ma mit der Hilfe amerikanischer Freunde für chinesische Unternehmen Websites zu erstellen. Das war zu einer Zeit, als er die Unternehmen zuerst überzeugen musste, dass das Internet tatsächlich existierte. 1999 schließlich gründete Ma und 17 seiner Freunde das Unternehmen, das später zu *Alibaba,* wie wir es heute kennen, wurde.

> *Liebe die Regierung,*
> *aber heirate sie nie.*

Als Ma von der *Financial Times* über die Herausforderungen beim Umgang mit der chinesischen Regierung befragt wurde, stellte Ma klar, dass es in China oder wahrscheinlich auf der ganzen Welt nie zuvor eine Organisation gab, die so groß ist wie *Alibaba.* Das Unternehmen verfügt über mehr als 600 Millionen Benutzerkonten und etwa 100 Millionen Einkäufer pro Tag. »Anfangs dachte ich, dass die Regierung besorgt sein könnte. Aber wir konzentrierten uns auf das Geschäft und die Schaffung von Arbeitsplätzen. Der Regierung scheint damit nun besser umgehen zu können.« Zu seinen Angestellten soll er oft gesagt haben, dass *Alibaba* »die Regierung lieben, aber niemals heiraten soll«. Ma hat wiederholt Angebote zur Errichtung von Kooperationen mit Staatsbetrieben ausgeschlagen.

In einem Brief, den Ma im Vorfeld des Börsengangs von *Alibaba* an seine Angestellten schrieb, meinte er: »Wir müssen uns Zeit lassen und die Ergebnisse unserer Arbeit werden für sich sprechen.« Das trifft in vielerlei Hinsicht auch auf ganz China zu.

China verändert weltweit Forschung und Entwicklung

Es ist nach wie vor eine verbreitete Ansicht, dass die USA oder Deutschland Produkte entwickeln und China sie produziert. Aber wie viele andere Dinge in China verändert sich auch dies seit Jahren. Von einem Beispiel für diese Veränderung erfuhren wir vor einigen Jahren ausgerechnet am Ball der Wiener Kaffeesieder, von dem man, nebenbei bemerkt, sagt, dass er der fröhlichste von allen Wiener Bällen sei. Dort lernten wir jenen Mann kennen, der hinter dem frischen Kaffee steht, den man in vielen der errichteten Autobahnraststätten kaufen kann: Gerald Steger, CEO von *café+co International*. Die Gruppe betreibt heute 70.000 Automaten und Espressomaschinen und ist Marktführer im Bereich Automaten-Catering in Mittel- und Osteuropa.

Das interessante an der Geschichte war für uns, dass Ad Maas, der Partner für Kooperation sowie Forschung und Entwicklung von *café+co* das Bild der chinesischen Werkstätten auf den Kopf stellte: »Für das Geld, das ich in Europa einem Forschungsingenieur zahlen muss, kann ich in China einige anstellen.« Daher stellte er in China ein Forschungsteam ein und verschob die Fertigstellung der Maschinen nach Deutschland. Das Ergebnis war die Entwicklung einer speziellen energiesparenden Technologie in China, die in den Premium-Maschinen von *café+co* in Mittel- und Osteuropa eingesetzt wird.

Das ist sicherlich nur eines von vielen Beispielen, wie eine neue wirtschaftliche Wertschöpfungskette – Entwicklung in China, Produktion in Deutschland – sogar von kleinen und mittleren Unternehmen eingesetzt wird. Eine Tatsache, über die das *Wall Street Journal* am 16. Januar 2014 in einem Artikel mit dem Titel »*The Rise of China's Innovation Machine*« (Der Aufstieg von Chinas Innovationsmaschine) schrieb. Das *Wallstreet Journal* kommt zu dem Schluss, dass

»Chinas Technologiesektor das entscheidende Maß an Expertise, Talent und finanzieller Stärke erreicht hat, sodass die Machtverhältnisse der globalen Technologieindustrie in den kommenden Jahren neu ausgerichtet werden könnten«. *Computerworld* warnte bereits am 24. Dezember 2012, dass die USA bis 2023 seine Führungsrolle in der Forschung und Entwicklung verlieren könnte.

China steht kurz davor, den Schritt von visionären Unternehmern, die innovativ sind, zu Visionären, die erfinderisch sind, zu machen. Ein riesiger Schritt, der Ende Juli 2014 angekündigt wurde, ist Chinas Plan, einen Super-Teilchenbeschleuniger von 52 Kilometern zu vollenden, der »jeden anderen Beschleuniger auf dem Planeten in den Schatten stellen wird« (aljazeera.com, 20. September 2014). *Al Jazeera* zitiert *Gerard 't Hooft*, der 1999 den Nobelpreis für Physik erhielt und glaubt, dass Chinas Beschleunigerprojekt »Hunderte, wahrscheinlich Tausende von Spitzenforschern mit unterschiedlichen Spezialisierungen, von reiner Theorie bis zu Experimentalphysik und Ingenieurwissenschaft, aus dem Ausland nach China bringen wird«. Die erste Phase der Konstruktion soll zwischen 2020 und 2025 beginnen.

Wissenschaftler des CERN haben ebenfalls begonnen, die Möglichkeiten für den Bau eines potenziellen Super-Teilchenbeschleunigers zu erforschen. Aber ihre Frist für eine vorläufige Entwurfsplanung endet 2018, 4 Jahre nach Chinas Frist.

Professor *Arkani Hamed* vom Institute for Advanced Study in Princeton erklärte: »China wird ohne Frage die Führung auf dem Gebiet der Physik übernehmen.«

China: Ein Albtraum für amerikanische Internetunternehmen?

»Why China is a nightmare for American Internet companies« (Warum China ein Albtraum für amerikanische Internetunternehmen ist) lautete der Titel eines Berichts des *Time Magazine* vom 27. Februar 2014. »Globale Vorherrschaft ist mehr oder weniger das große Ziel, das amerikanische Internetunternehmen verfolgen.« Aus amerikanischer Perspektive ist der Einstieg in den weltgrößten Internetmarkt eine schwierige Aufgabe. Zensur, Menschenrechte, Logistik und chinesische Vorschriften sind große Hürden. *LinkedIn*, dessen Mission »die Verknüpfung aller Berufstätiger der Welt« ist, war einer der wenigen, die eine lokale Website in China starteten.

Während US-amerikanische Firmen nach wie vor an einem kontrollierbaren Zutritt zu Chinas Webusern arbeiten, hat China in den USA bereits Fuß gefasst: *Sina Weibo* testet eine englische Version seines chinesischen sozialen Netzwerks *WeChat*, das von beinahe allen unserer chinesischen Freunde und auch uns genutzt wird, bemüht sich um globale Mitglieder.

Wir finden es amüsant und auch ein wenig sarkastisch, wenn wir in China CCTV Amerika hören, wie es seine Zuseher auffordert: »Follow us on Twitter and Facebook.«

Trotz aller latenten Konflikte werden Chinas Internetunternehmen auf globaler Ebene tätig. *Sina Weibo* ging im April 2014 an die NASDAQ und erlöste 286 Millionen US-Dollar.

Chinas meistgenutztes Internetportal *Tencent*, das 1998 gegründet wurde, wird mit seinen sozialen Netzwerken *QQ* und *WeChat* von 1 Milliarde Menschen genutzt und steht kurz davor, *Facebook* zu überholen. *Tencent* und *Alibaba* geben virtuelle Kreditkarten aus und intensivieren den Wettbewerb in Chinas E-Commerce-Märkten.

Obwohl bereits einige chinesische Unternehmer im globalen Rampenlicht stehen, ist der Name *Gu Zicheng* nur wenigen in der westlichen Welt bekannt. Und dennoch ist der mittlerweile 28-Jährige ein Multimillionär. Sein Unternehmen *Kanbox* ist der führende Anbieter von Cloud-Speicher- und Cloud-Sharing-Diensten in China. Seine Erfolgsgeschichte klingt wie eine der Geschichten, die man üblicherweise mit den USA assoziiert. Mit 15 gründete er *BBS* und nach einem Jahr wurde seine Seite bereits mehr als 200.000-mal täglich besucht. Nur 4 Jahre später entwickelte er *Storm Player*, einen der beliebtesten Multimediaplayer Chinas. Erstaunlich ist, dass er den Partner, mit dem er *Storm Player* gemeinsam entwickelte, online kennenlernte und erst mehrere Jahre später, als *Storm Player* bereits zu einem nationalen Hit geworden war, persönlich traf. »Das Internet ist eine der wenigen Geschäftsfelder, wo wir bei null beginnen und trotzdem sehr früh Erfolg haben können«, sagt Gu. Das einfache Geheimnis hinter seinem Erfolg ist neben Talent sein Ehrgeiz, den er nach wie vor hat. »Neulich hatten wir eine Diskussion, ob wir 14 oder 16 Stunden am Tag arbeiten sollten. Jeder nimmt eine Rund-um-die-Uhr-Arbeitsweise als zweite Natur an. Wir sind glücklich, Pioniere bei den Cloud-Speicherdiensten zu sein.« (*China Daily*, 12. August 2013)

Leo Chen, bekannt als Chen Ou, schuf eine der führenden Kosmetika-Online-Handelsplattformen Chinas. Der attraktive Mann machte sich selbst zum öffentlichen Gesicht seines Unternehmens. Durch diese Strategie des persönlichen Brandings sparte er laut eigener Aussage rund 100 Millionen Yuan an Werbekosten. Bevor Chen seine Website 2010 gründete, hatten weder er noch seine zwei Mitgründer Erfahrung mit Online-Handel oder dem Verkauf von Damenkosmetikprodukten.

Ein weiterer Name, der außerhalb Chinas kaum bekannt ist, ist Jiang Lei. Als außergewöhnliches Talent übersprang er Schulstufen und immatrikulierte an der Universität Tsinghua im Alter von nur 16 Jahren. Mit 20 gründete er sein eigenes Unternehmen, *Tiexue Technology*. *Tiexue. net* wurde Chinas größte Online-Handel-Website für Militärbegeisterte mit 30 Millionen Aufrufen im Jahr 2012, die bis Beginn 2016 auf mehr als 64 Millionen anstiegen. Nicht viel anders als Hochbegabte in den USA brach er sein Doktoratsstudium an der renommierten Universität Tshinghua ab und verheimlichte dies 2 Jahre lang vor seinen Eltern. 2012 betrug der Umsatz des Unternehmens mehr als 100 Millionen Yuan und steigt weiterhin an. »Das Internet hat eine niedrigere Eintrittsschwelle für junge Unternehmer, die ein Unternehmen gründen wollen. *Tiexue.net* zieht weiterhin Menschen an, die ein Interesse an militärisch inspirierter Freizeitkleidung haben«, erklärt er.

Richtungsänderung der Geschäftsmodelle

Für lange Zeit galt in der Verlagswelt, dass Bücher nur von den USA nach Europa wandern. Diese Einbahnstraße des Erfolgs schien auch für Geschäftsmodelle zu gelten: in den USA entwickelt, in China kopiert. »Chinesische Geschäftsmodelle in den USA zu kopieren, macht als neuer Trend für Technologie-Startups Schule – eine ganz neue Richtung«, lautete der Titel eines Berichtes von *Forbes* am 7. August 2014. Hubert Thieblot, CEO des Unternehmens *Curse*, ließ sich von dem chinesischen Start-up-Unternehmen *YY* inspirieren. »Es war *YY*s soziale Unterhaltungsstrategie, die Thieblots Aufmerksamkeit erregte« und ihn dazu brachte, *Curse Voice* zu gründen, seine neue Kommunikationsplattform, die bis Juni 2014 1 Million aktive Mitglieder erreichte.

Viele junge Chinesen haben nicht den Traum, der neue

Zuckerberg zu werden. Sie können nun davon träumen, der neue Chen, Guo oder Jiang zu werden. Herausragende Chinesen, Unternehmensgründer und Spitzensportler haben die globale Bühne betreten. Chinesische Unternehmen klettern durch den Erfolg von Unternehmen wie *Alibaba*, *Baidu*, *Tencent* oder *Xiaomi* auf der Liste *Fortune 500* immer weiter hinauf. Es ist interessant zu hören, was Martin Sorrel, CEO des weltweit führenden Marketing- und Kommunikationskonzerns *WPP*, während der Konferenz des *Interactive Advertising Bureau* in New York im September 2013 sagte: »Die banale Antwort darauf, was der nächste große Trend sein wird, wäre mobile Technologie und Daten. Ich dagegen würde sagen, es sind chinesische Geschäftsmodelle. Im Westen denken wir, dass wir ein Monopol auf diese Weisheit haben, aber dem ist nicht so.«

Der chinesische Traum: eine nationale Vision und individuelle Träume

Bereits heute bietet China günstige Bedingungen für junge chinesische Unternehmer. In den tausenden E-Mails, die wir als Reaktion auf unsere Kolumnen im *China Youth Daily* und *Youth Digest* erhielten, beschwerte sich nur eine Person über die Regierung. Alle anderen, die an uns schrieben, sorgten sich um ihre persönliche Entwicklung und ihren Erfolg in einem sehr konkurrenzbetonten Umfeld.
Ziel, Wunsch und Traum der Menschen ist es, der oder die Beste in der Schule, an der Universität und schließlich im Beruf zu sein. Und der Anspruch an die Regierung ist die Schaffung der Bedingungen, die ein Vorwärtskommen ermöglichen.
 Präsident *Xi Jinpings* Aufruf zu einer weiteren Öffnung und Verjüngung der Nation erschallt im Kontext eines auf-

strebenden China, aber er spielt ebenso im Zusammenhang mit einer stärkeren und aufstrebenden Mittelschicht sowie einer erfolgshungrigen Jugend eine Rolle. Chinas nächste Ebene an Reformen und Verjüngung wird von oben nach unten orchestriert, aber gleichzeitig findet eine Verjüngung aus der Basis heraus statt.

Besser ausgebildete und zunehmend anspruchsvolle chinesische Bürger, jugendverbunden und weltoffen, verlangen eine größere Anerkennung ihrer persönlichen Rechte. Der individuelle Traum, der Jahrtausende lang dem Wohl des Staates untergeordnet war, gewinnt an Fahrt. Wie wir in unserem Buch »Chinas Megatrends« schrieben, wird die Stabilität in China vom Erhalt des Gleichgewichts zwischen den Richtungsvorgaben der Regierung und der Befriedigung der Bedürfnisse und Initiativen der breiten Masse abhängen. *Xi Jinpings* Ruf nach Verjüngung richtet sich an eine patriotische, aber immer globaler denkende Generation. Der chinesische Traum als nationale Vision wächst parallel zur Befreiung des Individuums.

Nicht jeder Chinese ist glücklich mit der Regierung, aber das hält sie nicht davon ab, ihr Leben so zu leben, wie sie möchten, Geschäfte zu machen und die vielen Dinge, die sie sich nun leisten können, zu genießen. Wir stimmen dem Rat von Maria Pinelli, der globalen stellvertretenden Vorsitzenden für strategische Wachstumsmärkte bei *Ernst & Young* zu, den sie in Bezug auf Geschäfte mit chinesischen Geschäftsleuten am 21. Mai 2014 im Magazin *Forbes* gab: »Die meisten von uns lassen sich lautstark über Regierungspolitik aus, die wir nicht mögen. Aber chinesische Unternehmer vergeuden ihre Energie nicht damit, über Dinge zu jammern, die sie nicht ändern können. Sie versuchen einfach, damit klar zu kommen. Werdende Milliardäre sind geborene Optimisten, sie lassen sich von Politikern nicht den Tag verderben.«

Chinas neue Rolle in der internationalen Gemeinschaft

Die Wirtschaft spielt die entscheidende Rolle, ob es sich nun um Tibet, die Provinz Xingjiang oder irgendeine andere Region in China handelt. Für Chinas Entwicklung stehen nationale Überlegungen immer im Vordergrund. Dennoch findet Chinas weitere Öffnung nicht in einem Vakuum statt, sondern im Kontext einer Umgestaltung der globalen Beziehungen.

Ob wir daran nun Freude haben oder nicht, China entwickelt sich zur weltgrößten Volkswirtschaft. Nachdem berichtet wurde, dass der *Internationale Währungsfonds* China soeben bereits als weltgrößte Wirtschaft in Bezug auf die Kaufkraftparität erklärte, schrieb *The Economist* am 11. Oktober 2014: »Historisch gesehen erobert China lediglich einen Titel zurück, den es in der dokumentierten Geschichte zum Großteil innehatte. 1820 produzierte China vermutlich ein Drittel der globalen Wirtschaftsleistung. Das kurze Zwischenspiel, in dem Amerika China überschattete, ist nun vorbei.«

4. REGIERUNGS-FÜHRUNG

Arbeit unter veränderten Bedingungen

Was macht eine gute Regierungsführung aus? Unsere einfache Antwort lautet: Diese besteht, wenn die Regierung den Menschen und die Menschen der Regierung vertrauen – dies ist der Maßstab. Die allermeisten Menschen messen ihre Regierung daran, welche Auswirkung sie auf ihr eigenes Wohlbefinden hat. In vereinfachter Weise kann Regieren mit der Beziehung zwischen Arbeitgeber und Arbeitnehmer verglichen werden. Im Allgemeinen beurteilen Arbeitnehmer ihre Vorgesetzten gemäß der Auswirkung, die deren Verhalten und Leistung auf sie hat: den wirtschaftlichen Erfolg des Unternehmens, die eigenen Gestaltungsmöglichkeiten, die Möglichkeit des Aufstiegs im Unternehmen, das Arbeitsumfeld, um nur einige Kriterien zu nennen. Um dieses Ziel zu erreichen, hat die Art und Weise ein Unternehmen zu führen im Laufe der Zeit markante Veränderungen erfahren. Vor 50 Jahren verstand man unter Mitarbeiterführung und ebenso unter der Beziehung zwischen Arbeitnehmern und der obersten Unternehmensleitung etwas anderes. Darüber hinaus haben sich die Rahmenbedingungen, unter denen Unternehmen handeln, erheblich verändert. Alle internen und externen Veränderungen führten zu einem fortwährenden Prozess der Korrektur, Anpassung und Neuerfindung.

Was für Unternehmen gilt, gilt auch für Länder. Die Verhältnisse im Inland und auf internationaler Ebene haben sich verändert. Um ein Land erfolgreich regieren zu können, muss dies berücksichtigt werden. Während aber in der Geschäftswelt Neuerfindungen als Teil des wirtschaftlichen Überlebens anerkannt sind, ist die wirtschaftliche, politische und soziale Notwendigkeit, die Regierungsarbeit neu zu erfinden, schnell dem Widerstand des politischen Establishments ausgesetzt. Gleichwohl werden weder gut aufgestellte Demokratien noch Länder, die sich in verschiedenen Stadien der Entwicklung neuer Regierungsmodelle befinden, in der Lage sein, im Zusammenhang mit der Änderung der globalen Spielregeln auf einem Status quo zu beharren.

Obwohl große Einigkeit dahingehend besteht, dass die Demokratie die beste Grundlage für die Führung eines Landes bietet, ist die Auslegung, wie die Demokratie umgesetzt werden soll, so extrem weit aufgefächert, dass sie von der Auslegung der Demokratischen Volksrepublik Korea bis hin zu derjenigen der Vereinigten Staaten von Amerika reicht. Es lohnt sich, einen Blick zurück auf die Wurzeln der Demokratie zu werfen.

Die Demokratie als Modell für eine gute Regierungsführung reicht zurück bis ins alte Griechenland. Im 6. Jahrhundert v. Chr. war Athen in einer sozialen und wirtschaftlichen Krise gefangen. Um diese zu überwinden, führten die Athener im Interesse der Gemeinschaft eine institutionell gesicherte Teilnahme der Bürger ein. Obwohl diese nur auf einen Teil der Bevölkerung beschränkt war (Frauen, Sklaven und Ausländer waren ausgeschlossen), wurde die Attische

Demokratie zum Vorbild des westlichen Demokratieverständnisses. Im Griechischen bedeuten die Worte »demos« (Volk) und »kratia« (Macht) »Macht des Volkes«.

> *Die Zeiten der Evangelisierung von Ideologien sind vorbei.*

In den ländlichen Gemeinschaften, in denen wir aufwuchsen, spielte Religion im Leben eine wichtige Rolle. Auch wenn unsere Eltern nicht wussten, welche Missetaten wir im Sinn hatten, Gott wusste Bescheid. Er legte die Regeln fest, an denen unser Verhalten gemessen wurde.

Aber während ein allmächtiger Gott als die höchste Autorität in den meisten Religionen den Rahmen setzt, gab es für die Demokratie niemals eine absolute Autorität, die angerufen werden konnte. Nichtsdestotrotz war die Vormachtstellung des Westens mit der Herrschaft der katholischen Kirche verbunden, die auf deren Selbstbestimmung als Gottes Vertreterin auf Erden fußt. Die Kirche segnete nicht nur weltliche Herrscher, ihr »von Gott gegebener« Auftrag zur Missionierung lieferte den Kaisern und Königen das Recht, in Länder einzumarschieren und diese und die dortigen »Ungläubigen« zu den Ansichten, Grundsätzen und Werten des Katholizismus zu bekehren.

Das Heilige Römische Reich (lateinisch »Sacrum Romanum Imperium«) war die offizielle Bezeichnung der Herrschaft der römisch-deutschen Kaiser vom Mittelalter bis zum Jahr 1806. Es beruhte auf dem Anspruch, die Traditionen des Römischen Reiches weiterzuführen, und legitimierte ihre Herrschaft damit, dass sie dem Willen Gottes entspreche. »In God we trust« oder auf Deutsch »Wir vertrauen auf Gott« ist bis heute das offizielle Motto der Vereinigten Staaten von Amerika. »In God we trust« steht auf jeder amerikanischen Dollarnote, und es ist die dominierende Denkweise der führenden westlichen Nation, dass Gott an ihrer Seite steht. Demzufolge sollte »Wir vertrauen auf Gottes Amerika« ein globales Motto sein.

Der Westen hat es sich zu seiner Mission gemacht, »Ungläubige« zu seinen Grundsätzen und Werten zu bekehren. Aber die Realität ist, dass ebenso wie nicht jeder katholisch sein will, auch nicht jeder dahingehend missioniert werden will, »westlich« oder »amerikanisch« zu sein. Es geht nicht um die Herabsetzung der Erfolge der westlichen Demokratie, die unserer Ansicht nach hoch zu bewerten ist, sondern es geht um das Verständnis, dass in verschiedenen Kulturen verschiedene zugrunde liegende Prinzipien in die Regierungsprozesse integriert werden. Die jüngsten Erfahrungen im Irak und in Afghanistan haben vielen Amerikanern diese Erkenntnisse bewusst gemacht.

Der schmerzhafte Abschied von der westlichen Vormachtstellung

Die Geisteshaltung der westlichen Vormachtstellung ist tief in der Geschichte verwurzelt und emotional verankert. Es sind die Grundfesten, aus denen heraus sich die westliche Demokratie selbst definiert. In dieser Hinsicht versteht sich der Westen als die höchste Autorität in Bezug auf die Demokratie und ihre Umsetzung in nationalen Regierungsmodellen.

Es begann im guten alten Europa, als sich angesichts der Aufklärung das eurozentrische Weltbild, Europa als das alleinige Zentrum des Denkens und Handelns, zu etablieren begann. Alle Kulturen sollten auf den europäischen Idealen, Werten und Normen beruhen. Die umfangreichste deutsche

Enzyklopädie des Jahres 1741 beschreibt Europa als »den kleinsten Kontinent der Welt«, aber aus »verschiedenen Gründen als den Wünschenswertesten«.

Etwas mehr als 100 Jahre später erklärte die hochangesehene deutschsprachige Enzyklopädie *Brockhaus* Europa zum »kulturell, historisch und politisch wichtigsten aller fünf Kontinente mit einer sehr einflussreichen Herrschaft über die materielle und noch mehr auf die intellektuelle Welt«.

> *Das eurozentrische Weltbild und der Anspruch der westlichen Vormachtstellung.*

Die Vermessung der Welt mit einem eurozentrischen Weltbild wurde sich von dem, was wir heute den Westen nennen, zu eigen gemacht: Nordamerika, Europa, Australien und Neuseeland. Amerika, der neuen Welt mit europäischer Abstammung, wird zugeschrieben, die erste nachhaltige Demokratie im 18. Jahrhundert errichtet zu haben. Die Vereinigten Staaten stiegen zum mächtigsten militärischen und wirtschaftlichen Staat auf und unterstrichen so die umfassende Vormachtstellung des Westens. Die ideologischen Konflikte in der zweiten Hälfte des 20. Jahrhunderts endeten mit dem Sieg der Demokratie als dem wirtschaftlich und sozial erfolgreichsten Regierungsmodell, wobei die Vereinigten Staaten von Amerika als Vorbild dienten.

Vor dem Hintergrund eines Jahrhunderts der wirtschaftlichen, militärischen und kulturellen Vorherrschaft maß der Westen jedes Land und jedes Regierungsmodell aus einer westlichen Perspektive und mit einem Blick von außen.

Aber es ist durchaus fragwürdig, ob das westliche Modell ein Universalrezept ist. Nicht einmal innerhalb der westlichen Welt funktioniert es, dieselben Normen anzuwenden, wie der wachsende Unterschied zwischen den Ländern Nord- und Südeuropas beweist. Schwellenländer, deren Gesellschaften aufgrund von verschiedenen Volksstämmen und Ethnien gespalten sind, haben andere Grundlagen für die Entwicklung von Regierungsmodellen für ein nachhaltiges Wirtschaftswachstum und stabile soziale Einrichtungen.

Zusätzlich zu dem kulturellen und historischen Hintergrund einer jeden Nation, muss nun jede gute Regierungsarbeit hinsichtlich der sich verändernden Bedürfnisse des 21. Jahrhunderts bemessen werden. Die Welt von heute ist viel mehr durch soziale/wirtschaftliche Unterschiede und Ungleichheiten gespalten als durch Ideologien.

> *Das Grundprinzip der Demokratie:*
> *Das Volk bestimmt.*

Die Mehrheit entscheidet. Das Problem liegt darin, dass die Mehrheit nicht immer für das stimmt, was sich als das Beste für alle Bürger herausstellt. Und in vielen Fällen ist die Mehrheit bestechlich. Westliche Demokratie begründet die Rechtfertigung zum Regieren daraus, gewählt worden zu sein. Infolgedessen herrscht eine Denkweise vor, die sich auf Wahlen konzentriert. Dies birgt die Gefahr in sich, dass wie in Europa die Anzahl der Menschen, die von dem System profitieren, die Anzahl derer, die das System finanzieren, immer mehr übersteigt.

Das Volk, das bestimmt, wurde zu einer Herausforderung für das System. Der Anreiz zur Stimmabgabe ist, jenen zu wählen, der das verspricht, was für *mich momentan* das Beste ist. Entscheidungen werden nicht in Zusammenhang mit Strategien gesetzt, die unter Einbeziehung langfristiger Erwägungen am besten funktionieren. Maßnahmen, die zeitweilig schmerzhaft sind, lassen sich nur schwer verkaufen, auch wenn sie auf lange Sicht von Nutzen sind. Im alten Griechenland machte sich Platon, der die Attische Demokratie ablehnte, Sorgen über die Kompetenz der Menschen, da die »Bürger von Tag zu Tag leben und sich dem Genuss des Augenblickes hingeben«.

Um gewählt zu werden und ebenso um an der Macht zu bleiben, müssen Politiker um jede Stimme buhlen. Nach der Wahl machen die steigende Verschuldung und schrumpfende Budgets es schwer, gegebene Versprechen einzuhalten. Notwendige Reformen sind nicht durchsetzbar, ohne die Gunst der Wähler zu verlieren, die wiederum die Regierung beschuldigen, sie zuerst zu erpressen und dann ihre Erwartungen nicht zu erfüllen. In jüngster Zeit, seit der Finanzkrise 2008, wissen wir, dass schuldenfinanzierte Demokratien auf lange Sicht nicht nachhaltig sind. Nichtsdestotrotz wurden in vielen Demokratien Kreditaufnahmen zur Erfüllung der kurzfristigen Bedürfnisse auf Kosten langfristiger Investitionen zur Gewohnheit.

Gleichzeitig nimmt die Ungleichheit zu. Ungleichheit bedeutet nicht für alle Menschen dasselbe. Für die US-amerikanischen Republikaner riechen Programme zur Behebung der Ungleichheit nach Sozialstaat und Umverteilung des Wohlstandes. Die Demokraten sprechen von der Ungleichheit der Chancen. Für die Sozialisten ist es die Umverteilung des Wohlstandes. Wenn aber gute Regierungsarbeit die Schaffung von Chancengleichheit für alle ist (die gleich begabt sind und den gleichen Ehrgeiz haben, müsste man hinzufügen), was sind dann die wichtigsten Punkte für ein Regierungsmodell, um dieses Ziel zu erreichen?

Abraham Lincoln, von 1861 bis 1865 der 16. Präsident der Vereinigten Staaten, sagte: »Man stärkt nicht die Schwachen, indem man die Starken schwächt. Man hilft nicht denen, die sich ihren Lebensunterhalt verdienen müssen, indem man die in den Ruin treibt, die sie bezahlen. Man schafft durch das Schüren von Klassenhass keine Brüderlichkeit. Man hilft nicht den Armen, indem man die Reichen vernichtet. Man wird niemals in der Lage sein, den Menschen nachhaltig zu helfen, wenn man für sie tut, was sie selbst für sich tun können und sollten.«

Die globale Dynamik und verpasste Chancen

Ein deutsches Sprichwort besagt: Wer zahlt, schafft an. Die Veränderung der globalen Spielregeln wird genährt durch den Abstieg des Westens bei gleichzeitigem Aufstieg der Schwellenländer des Globalen Südgürtels. China, der Vorreiter in dieser Entwicklung, muss ernsthafte Herausforderungen meistern, aber der oft erwartete Zusammenbruch ist bisher nicht eingetreten. Stattdessen nimmt die wirtschaftliche Bedeutung des Landes zu. Sicherlich haben die Vereinigten Staaten, der Spitzenreiter des Westens, oftmals ihre Fähigkeit zur Gesundung unter Beweis gestellt. Wie ernst ist die Lage daher wirklich? Sind die Vereinigten Staaten mit einem Niedergang ihres Systems konfrontiert? Peggy Noonan, ehemalige Redenschreiberin Präsident Ronald Reagans, Autorin von sieben Büchern zu Politik, Religion und Kultur und Verfasserin einer wöchentlichen Kolumne im *Wall Street Journal*, fragte den ehemaligen Premierminister Singapurs, *Lee Kuan Yew*, in einem Interview: »Sind die Vereinigten Staaten mit einem Niedergang ihres Systems konfrontiert?« Seine Antwort muss wie Musik in den Ohren eines jeden Amerikaners klingen: »Keinesfalls. Die Vereinigten Staaten von Amerika sehen sich ungeheuer schwierigen Zeiten gegenüber«, aber »für die nächsten zwei bis drei Jahrzehnte werden« sie »die einzige Supermacht bleiben« (*Wallstreet Journal*, 8. April 2013).

Nichtsdestotrotz warnt *Lee* die Vereinigten Staaten: »Sollten Sie der ideologischen Richtung Europas folgen, sind Sie verloren. US-amerikanische und europäische Regierungen glaubten, dass sie es sich stets leisten könnten, die Armen und Bedürftigen zu unterstützen: Witwen, Waisen, die Alten und Obdachlosen, ledige Mütter. Ihre Soziologen entwickelten die Theorie, dass Elend und Versagen die Folge von ... Schwachstellen im Wirtschaftssystem seien. Daher wurde aus Almosen ein Anrecht. Das Stigma von Almosen verschwand. Die Wohlfahrtskosten stiegen schneller als die Bereitschaft der Regierung, die Steuern zu erhöhen. Sie nahmen den einfachen Weg, indem sie Kredite aufnahmen, um der gegenwärtigen Wählergeneration höhere Sozialleistungen zukommen zu lassen. Das Ergebnis waren Defizite und eine gefährlich hohe Verschuldung der öffentlichen Hand.«

Der größte wirtschaftliche Deal aller Zeiten oder viel Aufhebens um nichts?

Europa und die Vereinigten Staaten sind alles andere als zahnlose Überbleibsel der einstmals ruhmreichen Tage.

Wirtschaftliche Allianzen zwischen den nach wie vor starken Volkswirtschaften Europas und der Vereinigten Staaten könnten zu einem wirtschaftlichen Aufschwung für beide führen. Nichtsdestotrotz durchliefen Europa und die Vereinigten Staaten seit der ursprünglichen Entscheidung, eine Freihandelszone zu schaffen, in den Jahren 1990, 1998 und 2005 verschiedene erfolglose Verhandlungsphasen. Mit der jüngsten Talfahrt des Wirtschaftswachstums sowohl in den Vereinigten Staaten als auch der Europäischen Union ist das Interesse an einem umfassenden Handelsabkommen wieder gestiegen, insbesondere auf Seiten der Vereinigten Staaten. Mitglieder der Europäischen Kommission und Vertreter der Vereinigten Staaten leiteten mit dem Aushandeln der Einzelheiten im Juli 2013 die nächste Phase des Abkommens ein.

Aber die Europäische Union ist sich dessen nicht so sicher. Die Europäische Union könnte strittige Anlegerschutzvorschriften aus den Freihandelsgesprächen mit den Vereinigten Staaten ausklammern, wie das *Wall Street Journal* am 29. September 2014 berichtete. In den Vereinigten Staaten bezeichnen die sozialen Netzwerke die Transatlantische Handels- und Investitionspartnerschaft als »das größte Handelsabkommens-Geschwafel seit einem Jahrzehnt«. *Russia Today* schrieb am 11. Oktober 2014, dass »das Hauptziel der Proteste die ›Einforderung von Demokratie‹ sei, was in diesem Fall ein Ende der Verhandlungen zu drei wichtigen Handelsabkommen bedeute«.

»Was handeln wir uns da ein?«, fragte *Die Zeit* am 26. Juni 2014 in einem mehrere Seiten langen Bericht. Der Artikel kommt zu dem Schluss: »Auf der einen Seite steht die Profitabilität und das Wirtschaftswachstum, auf der anderen Seite die Frage, ob es nicht Dinge gibt, die wichtiger sind als Wachstum, zum Beispiel, dass eine Regierung, ein Parlament, ein Land selbst entscheiden kann, ob es Hormonfleisch für gesundheitsschädlich hält oder bestimmte Bankgeschäfte für gemeingefährlich.« Gentechnisch veränderte Nutzpflanzen sind in den Vereinigten Staaten erlaubt, in der Europäischen Union hingegen verboten. Die Vereinigten Staaten verwenden Wachstumshormone bei Schweinen und Kühen, unter anderem das weitverbreitete Hormon Ractopamin, das in 160 Ländern, darunter dem so oft für seine mangelnde Sicherheit bei Lebensmitteln gerügten China, verboten ist. Die bislang für dieses Hormonfleisch verschlossenen Türen der europäischen Märkte würden durch das

Abkommen geöffnet werden. Diese Liste ließe sich für Autoteile, Arzneimittel und Chemikalien fortsetzen.

Neubelebung von KMU oder wirkungslose Gefälligkeiten?

Amerikas Selbstvertrauen hat Auswirkungen auf das Freihandelsabkommen, das Zölle abschaffen und die Bürokratie verringern soll. Aber während dies alles für Ökonomen gut klingt, müssen die Vertreter mit den Vereinigten Staaten umgehen, die scheinbar wissen, dass Europa mit all seinen Zweifeln den Abschluss viel mehr benötigt als die Vereinigten Staaten. Die Verhandlungen sind umständlich und langwierig. Eine endgültige Vereinbarung im Jahr 2015 konnte nicht mehr erreicht werden. Es wäre keine Überraschung, wenn nach ein paar Jahren das Ergebnis aus nicht viel mehr als freundlichen Worten und Absichtserklärungen bestünde.

Während das Ringen um eine Einigung andauert, haben 12 Pazifiknationen, die zusammen beinahe 40 Prozent des BIP der Welt ausmachen, am 4. Februar 2016 den umfangreichsten Freihandelsvertrag unterzeichnet: die USA, Kanada, Australien, Neuseeland, Japan, Vietnam, Brunei, Malaysia, Singapur, Chile, Peru und Mexiko. Auch dieses Abkommen hat zahlreiche Gegner, deren einzige Hoffnung nun ein Scheitern der Ratifizierung durch die einzelnen Länder ist[38].

Steve Forbes glaubt dennoch, dass »die Vereinigten Staaten und Europa sich mit einer idiotischen Wirtschaftspolitik einer übermäßigen Besteuerung, instabilen Geldpolitik, übermäßigen Vorschriften und einem aufgeblasenen öffent-

---

38 http://www.spiegel.de/wirtschaft/soziales/tpp-und-ttip-der-grafische-ueberblick-ueber-die-transpazifische-partnerschaft-a-1075688.html

lichen Sektor grundlos selbst geschwächt haben«. Er ist der Ansicht, dass ein Wendepunkt hin zu einer Erholung mit den US-amerikanischen Wahlen im November 2014 eintritt und Europa zögernd folgen wird (Juni 2014, *Forbes Asia*). Es ist ein großer Erfolg des 20. Jahrhunderts, dass diejenigen, die sich nicht selbst helfen können, nicht zurückgelassen werden. Aber viele Europäer verlassen sich zu sehr auf die Sozialfürsorge und zu wenig auf ihren eigenen Fleiß, was die Politik dazu zwingt, immer weitere Versprechungen zu machen, die sich das System nicht leisten kann.

> *Das europäische Sozialsystem wurde unter Bismarck begründet, als die Lebenserwartung bei rund 50 Jahren lag.*

Bei der Bewertung eines Systems tragen die Fragen »Was wird belohnt?« und »Was wird bestraft?« oftmals zur Klärung bei. Auch wenn es um Sozialsysteme geht. Seit der Regierungszeit von Herzog Otto Eduard Leopold von Bismarck als Kanzler des Deutschen Reiches in der zweiten Hälfte des 19. Jahrhunderts, hat sich die Lebenserwartung auf 80 Jahre erhöht, und wir erwarten, dass dieselben Sozialleistungen dreimal so lange bezahlt werden können. Wenn stagnierende Löhne, Inflation und kalte Steuerprogression die Kaufkraft verringern, nimmt auch die Motivation, Leistung zu erbringen, ab.

Europa hat ein großartiges Sozialsystem, das zum Ziel hat, dass der Staat Menschen, die nicht für sich selbst sorgen können, hilft. Aber was als soziales Netzwerk geschaffen wurde, wird auch als Selbstbedienungsladen von Sozialschmarotzern missbraucht. In vielen Ländern bietet die Sozialfürsorge einen zu großen Spielraum für eine sehr großzügige

Auslegung des Rechts auf Sozialhilfe. Wenn man notwendige Reformen verlangt, verliert man Wählerstimmen, auch wenn die Vorteile für die Wähler auf lange Sicht überwiegen würden.

»Ist es an der Zeit, weniger Demokratie zu wagen?«, war der Titel eines Berichtes in der deutschen Zeitung *Die Welt* im Juli 2012. »Im Kern lehrt uns die Vergangenheit, dass der westliche Wohlfahrtsstaat nur politisch stabil zu sein scheint, wenn er mehr leistet, als er eigentlich kann. Dafür mag es gute gesellschaftliche Gründe geben. Aber man muss kein Wirtschaftsweiser sein, um zu verstehen, dass dies auf Dauer nicht gut geht.«

Westliche Regierungspraxis: Entscheidungen verschieben

In den westlichen Ländern wird der Ruf nach einer Neuerfindung der Demokratie immer lauter. Wie zu den Zeiten Martin Luthers wächst der Protest gegen Misswirtschaft und die wachsende Ungleichheit. Der Groll gegen die Dominanz der Finanzmärkte, gegen die Ausbeutung der Umwelt und gegen Korruption nimmt zu, die ihre Wurzeln alle in gelähmten und nicht funktionierenden Strukturen haben und den Nährboden für das weitverbreitete fehlende Vertrauen in Politiker und politische Parteien bereiten. Die fehlende Bereitschaft, weg von Lippenbekenntnissen und hin zur Umsetzung von Reformen zu kommen, führt zum Fehlen eines wirtschaftlichen Wachstums in fast allen westlichen Nationen. »Kicking the can down the road«, sagen die Amerikaner. Entscheidungen zu verschieben und dabei die Lösung wichtiger Probleme zukünftigen Generationen zu überlassen, wurde zu einem Standardverfahren. »Ja nicht den Kern des Problems ansprechen, es könnte Wählerstimmen kosten«, wurde zur Parole vieler westlicher Politiker.

In seiner Kolumne in der *New York Times* schrieb David Brooks am 21. Mai 2014: »Es ist nunmehr klar, dass das Ende der Sowjetunion eine Ära demokratischer Selbstzufriedenheit eingeleitet hat. Ohne einen Rivalen, der sie herausfordert, sind demokratisch gewählte Regierungen in der ganzen Welt in Verfall geraten. In den Vereinigten Staaten ist Washington in zwei Lager gespalten, steht still und ist handlungsunfähig; nur traurige 26 Prozent der US-Amerikaner trauen ihrer Regierung zu, das Richtige zu tun. In Europa haben die Mandatsträger den unmittelbaren Kontakt zu den Wählern verloren, reagieren nur unzureichend auf die Eurokrise und tragen zur Massenarbeitslosigkeit bei.«

Der CNN-Kommentator Fareed Zakaria sagte in einem Interview auf *Amazon*: »Die Wirtschaft und Gesellschaft der Vereinigten Staaten bleiben dynamisch. Ihr politisches System ist zerrüttet. Zuerst müssen wir das Problem erkennen. Hören Sie auf damit, Slogans darüber zu deklamieren, dass wir die beste Demokratie haben. Unser System ist mittlerweile höchst dysfunktional und korrupt. Wir müssen es in Ordnung bringen.«

Westliche Demokratien auf der Suche nach schmerzfreien Lösungen

In seiner Ausgabe vom 1. März 2014 widmete *The Economist* eine sechsseitige Abhandlung der Frage: »Was ist bei der Demokratie schiefgelaufen?« Er berichtete, dass »mehr als die Hälfte der Wähler in sieben Ländern Europas keinerlei Vertrauen in die Regierung haben«. *Die Zeit* veröffentlichte im November 2013 eine Diskussion zu dem Thema

»Wege aus der Krise (Europas)«, an der der ehemalige deutsche Bundeskanzler Helmut Schmidt und der ehemalige Bundesaußenminister Joschka Fischer teilnahmen. Der Titel: »Europa braucht einen Putsch!«

Unter dem Titel »Verhindern Sie Juncker [Jean Claude Juncker, seit 1. 11. 2014 Präsident der Europäischen Kommission, *Anm. der Hrsg.*], um die wahre Demokratie in Europa zu retten« schrieb Gideon Rachmann nach der Wahl zum Europäischen Parlament: »Das Wichtigste für alle Nationen ist, dass die Demokratie leben und atmen kann. Deswegen kommt man in der EU in die absurde Lage, dass Wähler angeblich einen Führer ›gewählt‹ haben, von dem sie niemals etwas gehört haben.« (*Financial Times*, 2. Juni 2014).

Die Forderung der Basis nach Reformen stellt nicht die westliche Demokratie an sich in Frage. Die Kritik gilt nicht der Meinungsfreiheit, den Menschenrechten oder der Rechtsstaatlichkeit. Es sind die Qualifikationen der Führer, die Praktiken der Regierung und der Verlust des Vertrauens in Politiker, die westliche Demokratien erschüttern. »Was wir brauchen, ist nicht so sehr eine Vision der richtigen Rolle des Staates, als vielmehr eine Strategie, die Demokratie wieder dynamischer zu gestalten«, schrieb David Brooks in seiner Kolumne in der *New York Times*. »Die westliche Demokratie muss sich selbst neu erfinden.«

Halbzeit: Kann das Spiel gedreht werden?

Kann man vor vollen Schüsseln sitzend verhungern? Ja, man kann – buchstäblich und im übertragenen Sinn. Die führenden Länder des Westens tun genau das. Sie sitzen vor vollen Schüsseln an gedeckten Tischen und hungern. Die gedeckten Tische bieten nahrhafte Gerichte: eine führende Position beim technologischen Fortschritt, eine lange Tradition bei

Erfindungen und Innovation, ein hohes Maß an Produktivität, das Vorhandensein natürlicher Ressourcen, die Vorteile einer Vielfältigkeit der Bevölkerung, einen Überfluss an Talenten, die besten Universitäten der Welt und das höchste Pro-Kopf-Einkommen. Und am Wichtigsten ist, dass die politischen Strukturen des Westens auf den Säulen ausgereifter Demokratien ruhen.

Worin liegt dann das Problem?

Der Westen verdankt seinen Aufstieg einer hohen Arbeitsmoral, Sorgfalt und großen Ambitionen, aber wir verlieren beim Kampf um kürzere Arbeitszeiten und höheren Sozialleistungen an Boden, solange wir den zunehmenden Wettbewerb einer gut ausgebildeten, starken und hart arbeitenden Jugend in den Schwellenländern, insbesondere in Asien, unbeachtet lassen. Wir sind davon vielleicht nicht angetan, es ist für uns möglicherweise nicht so großartig, aber wir müssen uns der Realität stellen.

Eine sehr nachdrückliche Forderung, sich der Realität zu stellen, kam vom absoluten Herrscher des Vatikanstaates, besser bekannt als Papst Franziskus, als er im November 2014 eine Rede vor dem Europäischen Parlament in Straßburg hielt. Er erklärte, dass Europa die Orientierung verloren habe und seine Energie von der Wirtschaftskrise und von einer der Realität entrückten, technokratischen Bürokratie aufgezehrt werde. Es werde immer mehr zu einem Zuschauer in einer Welt, die »immer weniger eurozentrisch wird« (*International New York Times*, 26. November 2014).

In einer ungewöhnlich deutlichen Sprache war sein Urteil über Europa, »dass es zu einer Großmutter geworden ist, nicht mehr gebärfähig und dynamisch«. Europa sieht auf den Kontinent regelmäßig »mit Zurückhaltung, Misstrauen und zuweilen mit Argwohn. Es ist für uns an der Zeit, die Idee eines verängstigten und mit sich selbst beschäftigten Europas fallen zu lassen.«

Den Tatsachen ins Auge sehen

In seinem Buch *When The Money Runs Out: The End Of Western Affluence* (Wenn das Geld ausgeht: das Ende des westlichen Wohlstandes) warnt Steven D. King davor, dass der Westen eine wirtschaftliche Erwartung in die Zukunft setzt, die nicht der Realität der Stagnation entspricht. Seiner Ansicht nach sind energische Schritte erforderlich, um einen massiven politischen und wirtschaftlichen Umbruch zu verhindern.

Es ist wenig beruhigend, wenn Oliver J. Blanchard, der Chefvolkswirt des IWF, nach Jahren des Umgangs mit der Krise sagt: »Wir wissen nicht, wohin wir letztendlich hinsteuern werden. Ich habe keine Ahnung, wo wir am Schluss enden werden.« (*New York Times*, 25. April 2013)

In seinem Buch *Divided Nations: Why Global Governance is Failing And What We Can Do About It* (Geteilte Nationen: warum die Weltpolitik versagt und was wir dagegen tun können) kommt Ian Goldin, der ehemalige Policy Director der Weltbank und Berater Nelson Mandelas zu dem Schluss: »Das Bild des heutigen weltweiten Regierens ist das der Nachahmung, Mehrdeutigkeit, Überschneidung und Verwirrung.«

»Was geht im Kopf der europäischen Spitzenpolitiker vor, diesem trägen Verein, der immer wieder die falschen Diagnosen stellt und nach jedem Treffen Lösungen vorstellt, die zu wenig sind und zu spät kommen?«, schrieb der berühmte niederländische Publizist und Historiker Geert Mark in seinem Buch *What if Europe fails?* (Was, wenn Europa versagt?). Arbeitslosigkeit in der Höhe von bis zu 27 Prozent, 50 Prozent bei der jungen »verlorenen Generation« in Spanien, Griechenland und Portugal und kein Wachstum ist die bittere Wahrheit. Das Versprechen »die dynamischste und wettbewerbsfähigste wissensbasierte Wirtschaft bis zum Jahr 2010 zu werden«, wie dies von den Staats- und Regierungschefs der Europäischen Union im März 2000 auf der Konferenz in Lissabon verkündet wurde, hat sich in Luft aufgelöst. Banknoten, die imaginäre Gebäude und Brücken zeigen und denen es an Herz und Seele fehlt – der Euro, der blauäugig als verbindendes Element angesehen wurde. Europa stolperte nicht nur in eine Schuldenkrise, es hat seine Glaubwürdigkeit verloren und erreichte niemals eine wirkliche gemeinsame Identität. Ihre eigenen Interessen vertretend, driften 28 Mitgliedsstaaten in verschiedene Richtungen, unbeholfen durch eine ungeliebte, undemokratische, alles überbordende Brüsseler Bürokratie aneinandergebunden.

> *Die Europäische Union hat 28 unterschiedliche Mentalitäten und zwei Herzen, die in den unterschiedlichen Rhythmen des Sozialismus und der Marktwirtschaft schlagen.*

Europa kämpft mit einem maroden Bankensektor, einer sich vergrößernden Diskrepanz zwischen den Ländern des Nordens und des Südens und mit einer hohen Jugendarbeitslosigkeit (Personen unter 25). Die deutsche Tageszeitung *Die Welt* errechnete, dass der finanzielle Schaden der jungen, arbeitslosen Menschen in Europa zwischen den Jahren 2010 und 2011 76 Milliarden Euro betrug. Europa opfert eine Generation mit einer Sackgasse von 17 Jahren Arbeitslosigkeit. Nicht nur die Jugend Europas ist frustriert«, lautete der Titel eines Berichts von Bloomberg vom 8. Oktober 2014. »Die verlorene Generation« war der Titel eines Artikels in

Die Zeit im Juni 2014. Er beschäftigte sich mit der Frustration der Jugend in Südeuropa, die sich nicht nur hohen Arbeitslosenzahlen gegenübersieht, sondern zudem ein wesentlich geringeres Einkommen als die vorhergehende Generation erwarten kann. »Generationen von Franzosen, Spaniern und Italienern, die seit Beginn der 1960er geboren wurden, werden nicht mehr länger von dem wirtschaftlichen Wachstum ihrer Länder profitieren, alle Wohlstandsgewinne werden an die vor ihnen geborene Generation gehen.« Seit Februar 2013, als sie in Spanien ihren Spitzenwert 53,7 erreichte, sank sie auf 46 Prozent und in Griechenland liegt sie bei 48,6 Prozent[39]. Griechenland ist zum Hauptdarsteller einer wahrhaft griechischen Tragödie des 21. Jahrhunderts geworden, in der dem Land, wohin auch immer es steuert, die Auswegslosigkeit droht. Das Schicksal, oder die Götter, wohnen in Brüssel.

Ob der Anstieg der Industrieproduktion um 3 Prozent im November 2015 und der zarte Preisanstieg um 0,4 Prozent im Dezember das Ende der Deflation einläutet und ein Ansatz zum Ausbruch aus der Endlosschleife der Krise wird, ist mehr als fraglich. »Eine Odysee ohne Ende« nennt es der Guardian[40]. »Das Risiko des Landes ist eine anämische Erholung, unfähig die Arbeitslosigkeit zu senken und die reale Wirtschaft auf Kurs zu bringen«, ist die Analyse Theodore Pelagidis, Wirtschaftsprofessor der Universität Piraeus und Mitglied des Brookings Institution Thinktank.

»Es hat sich nicht viel geändert, seitdem im Jahr 2010 der ehemalige Held der französischen Résistance, Stéphane Hessel, zu diesem Zeitpunkt 93 Jahre alt, ein 21 Seiten starkes Taschenbuch mit dem Titel »*Empört Euch!*« veröffentlichte. Er kritisierte verschiedene Gesichtspunkte der politischen

---

39 http://kurier.at/wirtschaft/wirtschaftspolitik/eu-arbeitslosigkeit-auf-niedrigstem-stand-seit-2009/178.602.119
40 http://www.theguardian.com/business/2016/jan/04/greeces-economic-crisis-goes-on-odyssey-without-end

Regierungsführung

Entwicklungen in Europa und rief zu politischem Widerstand auf. Es wurde zu einem Bestseller, von dem in Europa Millionen Exemplare verkauft wurden. Bewegungen in Spanien, Frankreich, Griechenland und die Bewegung »Occupy Wall Street« nutzten Hessels Werk als Quelle der Inspiration.

Im Jahr 2014 hat sich die Situation nicht verbessert. Ursprünglich wurde geschätzt, dass die Wachstumsrate in Frankreich ein Plus von 3,6 Prozent erreichen würde – tatsächlich wurden es 0,2 Prozent, mit einer Steigerung auf 1,16 Prozent im Jahr 2015[41]. Um die Arbeitslosigkeit von 10,1 Prozent zu senken und »den wirschaftlichen und sozialen Notstand« zu bekämpfen, kündigt Präsident Hollande im Januar 2016 ein Milliardenprogramm an. Der Beliebtheitswert des französischen Präsidenten Hollande pendelte um die 20 Prozent, ehe er im Januar 2016 einen Popularitätssprung auf 40 Prozent machte. Verantwortlich dafür war allerdings nicht die Aussicht auf wirtschaftliche Erfolge, sondern sein Auftreten und das Krisenmanagement nach den Anschlägen in Paris. Gewiss keine Lorbeeren zum Ausruhen, wie das Ergebnis der Wahlen zum Europaparlament zeigten. Ein Viertel der Franzosen wählte die nationalistische Partei Front National.

Präsident Hollande verlangt von der Europäischen Union, dass sie ihre Wachstumspolitik steigert. Aber Paris wird sich selbst helfen müssen. Ohne den Mut zu wirksamen Maßnahmen, zum Beispiel der Anhebung der wöchentlichen Arbeitszeit von 35 auf 37 Stunden, was zu einer geschätzten Steigerung des BIP um 3 Prozent führen würde, bleibt das Sprechen über Reformen zahnlos.

Der französische Historiker, Anthropologe und ehemalige Berater des Präsidenten Emmanuel Todd spricht in *Die Zeit* vom 22. Mai 2014 von einer »Unfähigkeit zur Selbstkri-

---

41 http://de.statista.com/statistik/daten/studie/14536/umfrage/wachstum-des-bruttoinlandsprodukts-in-frankreich/

tik« und warnt vor dem »Effizienzwahnsinn Deutschlands«. Er glaubt, dass sich Europa auf eine Katastrophe zubewegt. Er glaubt, dass »die Euro- und Sparpolitik die Gesellschaften der Länder im Süden Europas zerstören. Die Industrie und die Eliten sind ausgewandert und die Jungen sind arbeitslos und bekommen keine Kinder mehr.« Für Todd ist vom demokratischen Standpunkt aus gesehen ihre Auswanderung nach Deutschland fast so schlecht, wie Krieg und ein ebensolcher Abzug von Talenten.

Die Empörung über die »korrumpierte politische Klasse«, wie sie von der führenden spanischen Tageszeitung *El País* charakterisiert wird, nimmt zu, was einen nachdrücklichen Ruf nach einem Abbruch der bestehenden fragwürdigen Beziehungen zwischen dem Bankensystem und der Politik hervorruft.«

Und am 6. Dezember 2014 gab der französische Ministerpräsident Manuel Vals gegenüber Wirtschaftsführern in London zu: »Ich bin besorgt darüber, wie sich die Eurozone selbst von der übrigen Weltwirtschaft gelöst hat. Wenn es keine Strategie zur Unterstützung des Wachstums in der Eurozone gibt, werden wir in noch größere Schwierigkeiten kommen.«

Dennoch, in Deutschland herrscht Vollbeschäftigung, der niedrige Ölpreis fördert den Konsum. Dennoch wuchs die Wirtschaft in den letzten 10 Jahren nur um magere 1,3 Prozent, im vergangenen Jahr 2015 um 1,7 Prozent[42]. Das Vertrauen der Deutschen in die Zukunft zeigt eine erhebliche Verschlechterung. Nur 41 Prozent sehen die Zukunft optimistisch, 2015 waren es noch 55 Prozent[43].

---

42 https://www.destatis.de/DE/ZahlenFakten/Gesamtwirtschaft-Umwelt/VGR/Inlandsprodukt/Inlandsprodukt.html
43 http://www.focus.de/finanzen/experten/mainert/wie-entwickelt-sich-die-wirtschaft-deutschland-waechst-aber-es-gibt-dunkle-wolken-am-horizont_id_5239382.html

Regierungsführung

Düster, aber nicht hoffnungslos

Ein Mitgliedsstaat hatte allerdings gezeigt, dass trotz ungünstiger Bedingungen in der Europäischen Union eine gute Wirtschaftsleistung möglich ist: Polen. Jahrzehntelang unter der Herrschaft der Sowjetunion, nutzte Polen im Jahr 1989 seine Chance. 3 Wochen nach dem Fall der Sowjetunion kam die erste nicht-kommunistische Regierung an die Macht. Eine galoppierende Inflation und ein hohes Staatsdefizit erforderten Maßnahmen. Lech Walesa wählte Tadeusz Mazowiecki, ein Mitglied der Solidarność-Bewegung, aus, um die Regierung zu leiten. Balcerowicz, der zum Wirtschaftsminister ernannt wurde, hatte bereits in den 1980er-Jahren ein Konzept für eine wirtschaftliche Liberalisierung und Reformen entworfen. Begünstigt durch die enorme Beliebtheit der Partei und die Unterstützung durch die Solidarność-Bewegung wurden harte Reformen umgesetzt. Die Schließung unproduktiver Staatsbetriebe und steigende Lebenshaltungskosten führten zunächst zu hohen Sozialkosten, dem Untergang von landwirtschaftlichen Kooperativen und einer hohen Arbeitslosigkeit. Aber seit den 1990er-Jahren wuchs die polnische Wirtschaft und seitdem Polen im Jahr 2004 Mitglied der Europäischen Union wurde, wurde Polen zu einem Star, der sogar im Jahr 2008 eine Rezession vermeiden konnte. Sein BIP pro Kopf stieg von 1.900 US-Dollar im Jahr 1990 auf 13.400 US-Dollar im Jahr 2013. Die Lebenserwartung stieg von 70 Jahren im Jahr 2009 auf annähernd 79 Jahre im Jahr 2012.

Polens Infrastruktur und das Geschäftsumfeld müssen verbessert, sein Steuersystem reformiert und ein recht strenges Arbeitsrecht gelockert werden. Mit 3,6 Prozent wuchs Polens Wirtschaft 2015 mehr als doppelt so schnell wie jene Deutschlands.

Die größte Hürde für Polens weiteren Aufschwung liegt in der umstrittenen Politik der neuen nationalkonservativen

Regierung. Sie veranlasste die EU-Kommision das erst 2014 geschaffene Verfahren zum Schutz der Rechtsstaatlichkeit einzuleiten. Anders als die Ratingagentur Fitch, die beim A+ blieb, stufte Standard & Poor Polens Kreditwürdigkeit von A- auf BBB+ herab. Eine Entscheidung, die von Seiten der Regierung umgehend als »Irrtum« kommentiert wurde. Polens neue Steuern für in Polen agierende ausländische Unternehmen sorgen zusätzlich für Unmut in der EU. Polens regierende »Partei für Recht und Gerechtigkeit« wandelt sich mehr und mehr nach dem Muster Viktor Orbans und wird dabei vom Vorzeigeland zum Problemfall.

Polen, über dessen weiterem Weg nun ein großes Fragezeichen steht, war nicht der einzige positive Ausreißer. Ein weiteres europäisches Land hat beweisen, dass wirtschaftliche Stabilität und ein nachhaltiger Fortschritt auch dann möglich sind, wenn es wie eine Insel inmitten der taumelnden Europäischen Union angesiedelt ist: die Schweiz. Wir erinnern uns an die Jahre, als die Europäische Union noch voller Euphorie von einer strahlenden Zukunft als wirtschaftliche Triebfeder der Weltwirtschaft sprach und Druck ausübte, man müsse dem Club beitreten.

Die Schweiz richtete ihre Wirtschaftspolitik zu großen Teilen an der der Europäischen Union aus, in die die Hälfte ihrer Exporte geht. Mehr als 120 bilaterale Verträge binden die EU und die Schweiz aneinander, dennoch sträubte sie sich, Mitglied zu werden. Nach unserer Meinung zu der Mitgliedschaft befragt, blieb diese immer dieselbe: »Warum sollten sie der Europäischen Union beitreten, wenn ihnen die ganze Welt offensteht?« Diese Frage wird nicht mehr gestellt.

Die Schweiz leidet unter einem starken Franken und dem Druck der benachbarten Europäischen Union, ihr Körperschaftssteuersystem zu überarbeiten, das jedem Kanton gestattet, im Ausland tätigen Unternehmen besondere Steuersätze anzubieten. Aber anders als die EU, die den Höchststände erreichenden Euro (bis zu 1,64 gegenüber dem US-

Regierungsführung

Dollar) als Bestätigung ihres Ruhms lobpreiste, bekämpfte die Schweiz den schnellen Anstieg ihrer Währung, indem sie im Jahr 2011 den Wechselkurs auf 1,20 Franken je Euro deckelte, um die schweizerische Industrie und Dienstleistungen wettbewerbsfähig zu halten. Die Aufhebung des Mindestkurses resultierte beinahe in einer Rezession der Schweizer Wirtschaft. Für 2016 wird ein Wachstum zwischen 1 und 1,5 Prozent erwartet. Doch je länger die Überbewertung des Franken andauert, desto schwieriger wird es, die Arbeitslosigkeit auf rund 3 Prozent zu halten. Die Restrukturierung der Schweiz als Finanzplatz, die Arbeitsplätze kosten wird, trägt ebenso zu einer Verschärfung der Situation bei[44].

Nichtsdestotrotz behält die Schweiz ihren eigenen Weg bei. Am 1. Juli 2014 trat ein Freihandelsabkommen mit China in Kraft. Nach Island war die Schweiz das zweite Land, das ein solches Abkommen unterzeichnete. Die Verringerung der chinesischen Einfuhrzölle und der bessere Schutz des geistigen Eigentums der in der Schweiz hergestellten Marken sind positive Ergebnisse. Das Abkommen sei auch ein Signal und ein weiterer Schritt auf dem Weg zu Abschlüssen mit anderen BRIC-Ländern, sagte Jean-Daniel Pasche, der Präsident des Verbandes der Schweizerischen Uhrenindustrie.

Die Handelsbilanz Chinas mit der Schweiz ist in den ersten 12 Monaten seit ihrem Inkrafttreten stärker gewachsen als mit allen anderen Staaten. Zudem sieht die Schweizer Industrie mit hoch präzisen Produkten weitere Marktchancen in China. Im Jahr 2015 schrumpfte der Export von Luxusgütern nach China zwar um 7 Prozent, doch für 2016 erwarten 58 Prozent der Schweizer Entscheidungsträger in China erheblich höhere Umsätze als im Vorjahr[45].

---

44 http://www.swissinfo.ch/ger/starker-schweizer-franken_2016-bringt-schweizer-wirtschaft-kein-aufschnaufen/41863554
45 http://wirtschaftszeit.at/wirtschaftsnews-detail/article/zuversicht-bei-schweizer-managern-in-china-58-prozent-erwarten-2016-hoehere-umsaetze-als-im-vorjahr.html

In ihrer Gesamtleistung ist die Schweiz der weltweite Spitzenreiter und steht 2015/16 zum 7. Mal auf Platz 1 im Ranking des Weltwirtschaftsforums für die wettbewerbsfähigsten Wirtschaften der Welt. Die Anwerbung von Talenten aus allen Teilen der Welt und gut funktionierende Einstellungs- und Kündigungspraktiken führten zu einer hochqualifizierten Arbeitnehmerschaft, einem hohen Maß an Innovation und einer hohen Produktivität, einer der stabilsten makroökonomischen Umgebungen und einem Bruttoinlandsprodukt von 85.594,30 US-Dollar pro Kopf (2014 Weltbank). Die Schweiz, die von schrumpfenden Exporten in die Europäische Union getroffen wurde, kann sich von der schwächer werdenden Weltwirtschaft nicht abkoppeln, aber sie nutzt ihr Potenzial.

Die Nummer 2 bei den wettbewerbsfähigsten Nationen weltweit ist Singapur, ebenfalls ein kleines Land. Auf dem 3. Rang sind die Vereinigten Staaten.

Die Wettbewerbsfähigkeit eines Landes ist jedoch kein Urteil oder Indikator dafür, wie gut es einzelnen Unternehmen geht. Vieles hängt von visionärem Denken und Unvoreingenommenheit ab, um verändernde Bedingungen vorherzusehen. Deutschland ist sicherlich eine innovationsorientierte Nation. Aber im Zusammenhang mit den sich ändernden globalen Spielregeln mit schrumpfenden und aufstrebenden Märkten, einem geänderten Konsumentenverhalten und neuen Wettbewerbern kann es sich kein Unternehmen leisten, sich auf den Lorbeeren der Vergangenheit auszuruhen.

Ganz im Sinn unserer eigenen Prognosen und sicherlich nicht ganz unberührt von ihren eigenen Geschäftsinteressen in Afrika, veröffentlichte die deutsche Commerzbank im Dezember 2013 einen Weckruf an die deutsche Unternehmenswelt und stellte sich selbst als Partner für Investitionen vor: »Renaissance in Subsahara-Afrika«. Die Commerzbank bezieht sich auf das Entstehen einer Mittelklasse mit einer zunehmenden Nachfrage nach höherer Qualität sowie nach

Produkten und Dienstleistungen und ist der Ansicht, dass der Dienstleistungssektor, hier insbesondere die Finanzdienstleistungen, von diesem Trend profitieren wird. »Die Baubranche ist auf ein dynamisches Wachstum eingestellt, das durch den Ausbau der Infrastruktur und den Wohnungsbau angetrieben wird. Das Überspringen technologischer Entwicklungsstufen bietet Möglichkeiten auf dem Gebiet der erneuerbaren Energien und der Informations- und Kommunikationstechnologien.« (Commerzbank, Renaissance in Subsahara-Afrika, 2. Ausgabe, Dezember 2013)

Die Deutsche Investitions- und Entwicklungsgesellschaft (DEG) empfiehlt zwei vielversprechende Regionen: Indonesien und die fünf ostafrikanischen Länder. Kurt Bock, der CEO des – nach dem Umsatz gerechneten – weltgrößten Chemieproduzenten BASF, dessen Unternehmen sich in den 1990er-Jahren aus Afrika zurückgezogen hatte, ist bemüht, in Subsahara-Afrika zu expandieren: »Wenn es für uns einen Lichtblick gibt, dann Afrika. Der Kontinent ist die letzte Chance, bei Null anzufangen und von dort ein hohes Wachstum zu erwirtschaften.« Afrika ist für Bayer, den Giganten der pharmazeutischen Industrie, einer der verbleibenden Märkte, von dem man sich besonders viel verspricht.

Hansgrohe (Sanitärräume, Wasserhähne) sieht einen Markt bei Hotels und Flughäfen und auch bei Privathaushalten, da der Mittelstand wächst und sich teure Wasserhähne leisten kann.

Nichtsdestotrotz halten sich die meisten deutschen Unternehmer bei Investitionen in Afrika zurück.

Comla Paka, Botschafter von Togo in Deutschland brachte das Bedürfnis seines Landes nach ausländischen Investitionen in die Infrastruktur, in Straßen und Häfen zum Ausdruck, findet aber, dass es kaum eine Zusammenarbeit zwischen den beiden Ländern gibt. »Viele afrikanische Länder finden den Zugang zu den europäischen Märkten schwierig und letzten Endes ziehen sie es vor, Geschäfte mit Ländern wie China und Indien zu tätigen.« Deutschlands Handelsvolumen mit 53 Ländern südlich der Sahara rückt dies ins rechte Licht: Mit 26,6 Milliarden Euro betrug es ein Sechstel des Handelsvolumens mit seinem kleinen Nachbarn den Niederlanden und nur rund 2 Prozent des Deutschen Außenhandels, der das Jahr 2015 mit einer neuen Steigerung der Exporte auf 1,196 Billionen Euro schloss. Die Handelsbilanz schloss mit einem Rekordsaldo von 247,8 Milliarden Euro.[46]

In Österreich erzielten Exporte der Automobilbranche rund 90 Milliarden Euro. Exportorientierte Unternehmen erwirtschafteten 2014 128 Milliarden Euro. Darunter unter anderem MAM, der größte Schnullerproduzent Europas, sowie PEZ, der bekannteste Zuckerlhersteller (News 43a, 24. Oktober 2015, Die besten Firmen Österreichs).

Eine steigende Nachfrage in allen Gebieten der Schwellenländer bietet großartige Möglichkeiten für kleinere oder mittlere Unternehmen. Ein gutes Beispiel ist das österreichische Unternehmen INTECO, das auf Technologien auf dem Gebiet der Stahlschmelze spezialisiert ist. Im ländlichen Bruck an der Mur angesiedelt, einer Kleinstadt mit gerade einmal 15.900 Einwohnern mit einer Exportquote (hauptsächlich Spezialmetallurgie) – von 90 Prozent.

Sicherlich ein Zeichen dafür, dass der Westen alles besitzt, worauf es ankommt, aber sein dysfunktionales, vom eigenen Interesse getriebenes Denken versperrt ihm den Weg. Er hungert, trotz seiner großzügig gedeckten Tische.

---

46 http://www.n-tv.de/ticker/Deutscher-Aussenhandel-mit-Rekordjahr-article16955391.html

Leistungen unter neuen Bedingungen erbracht

Ob es nun ein aufgezwungener oder ein selbst gewählter Abschied ist, die Haltung, dass der Westen das Zentrum aller Dinge ist, neigt sich dem Ende zu. Im Jahr 2009 gab Barack Obamas »Yes we can« ja noch Anlass zu neuer Hoffnung und Tausende Unterstützer jubelten ihm im Geiste der Erneuerung zu. »Yes we can« kann die Willenskraft sein, die gebraucht wird, um ein Spiel zu drehen. Aber solange es keine Strategie gibt, wie es umgesetzt werden soll, bleibt es nur ein zahnloser Tiger. Um auf unseren Vergleich mit einem Unternehmen zurückzukommen: Welches Unternehmen könnte es sich leisten, einen Vorstand mit gespaltenen Meinungen zu haben, das seine Ressourcen damit verschwendet, der jeweils anderen Seite zu beweisen, dass sie im Unrecht ist?

Wasser zu treten und seine Ressourcen zu verschwenden hindert den Westen nicht daran, an seinem gestrigen Selbstverständnis festzuhalten. Wie sind die Worte von Präsident Obama zu Beginn seiner zweiten Amtszeit auszulegen: »Wir haben uns zusammengerissen, haben uns zurück nach oben gekämpft und wir wissen im tiefsten Herzen, dass das Beste für die Vereinigten Staaten von Amerika noch bevorsteht.«

Sind die beste Zeiten Amerikas notwendigerweise mit globaler Herrschaft verbunden? Wäre Amerika besser dran, wenn es sich der damit verbundenen Verpflichtungen entledigen und die Vorteile einer multizentrischen Welt nutzen würde? Immerhin war die europäische Sicherheitspolitik ein Trittbrettfahrer der Sicherheitsgarantien der Vereinigten Staaten. Angesichts der erschöpfenden Kriege Amerikas in Afghanistan und im Irak sind die Vereinigten Staaten nicht mehr länger bereit, die Rolle der Weltpolizei zu spielen und zwingen Europa zu mehr Selbstverantwortung, vor allem gegenüber seinen östlichen geopolitischen Nachbarn.

Die erodierende Hegemonie kann sehr wohl als eine Befreiung und Öffnung für eine Erneuerung und Neugruppierung in der reformierten Welt des 21. Jahrhunderts angesehen werden.

Nichtsdestotrotz ist dies nicht das Bild, das die Vereinigten Staaten von der Zukunft zeichnen. Vor gut einem Jahr veröffentlichten 16 im US-amerikanischen National Intelligence Council organisierte Geheimdienstorganisationen eine Bewertung darüber, wie die Welt in 2 Jahrzehnten aussehen wird. Zusammengefasst besagt diese, dass bis zum Jahr 2030 China die größte Wirtschaft der Welt sein wird, aber die Vereinigten Staaten immer noch »der Erste unter Gleichen« im internationalen System sein werden. Europa, Japan und Russland werden auch weiterhin einen relativen Abschwung erleben und Asien wird den Rest der Welt im Sinne der wirtschaftlichen und militärischen Macht wie Zwerge aussehen lassen (was es für die Vereinigten Staaten schwer machen dürfte, Erste unter Gleichen zu bleiben).

Der Erste unter Gleichen ist sicherlich eine neue Art und Weise, Gleichheit auszulegen. Und selbst in Amerika erscheint es schwierig, dies zu verkaufen. Der einstmals unerschütterliche Optimismus des Landes macht zunehmend Platz für Sorgen über die wirtschaftliche Zukunft.

Die Suche nach heimischen Game Changern

Für die meisten Eltern ist ihr eigenes Kind das großartigste Kind auf der Welt. Aber gleichzeitig wissen die meisten Eltern, dass andere Eltern, für die wiederum deren Kind das großartigste ist, diese sehr persönliche Ansicht nicht teilen. Dies gilt in vielen Fällen auch für die Art und Weise, wie Menschen ihr Heimatland sehen.

Daran ist nichts falsch. Wenn jeder US-Amerikaner sein

Land als »die großartigste Nation auf Erden« ansieht, ist dies für die Vereinigten Staaten großartig. Die Amerikaner müssen nur in Erwägung ziehen, dass die Koreaner dasselbe für Korea, die Brasilianer für Brasilien und die Chinesen für China in Anspruch nehmen.

Auch an dem Ziel Amerikas, sich von den Jahren der wirtschaftlichen und politischen Stagnation zu erholen und neue ruhmreiche Tage anzustreben, ist nicht falsch. Es ist aber etwas anderes, wenn inländische Zielvorgaben sich insofern ausdehnen, dass die Rolle der Vereinigten Staaten von Amerika als Herrscher und Wächter der Regeln und Normen der internationalen Gemeinschaft gestärkt werden soll. Auch wenn viele westliche Normen und Regeln erstrebenswert sind, muss das Versprechen, dass Amerikas beste Tage noch bevorstehen, an den globalen Bedingungen des 21. Jahrhunderts gemessen werden. Aber ob diese Zielvorgabe verwirklicht werden kann oder nicht, Voraussetzung dafür ist, dass die gegenwärtige Baustelle zuerst in Ordnung gebracht wird.

»Die Vereinigten Staaten driften in eine Klassengesellschaft. Der relative Wohlstand der Unterschicht löst sich auf. Jahrzehnte sinkender Löhne, massive Kürzungen und die Rezession haben den Mythos des meritokratischen Amerikas angekratzt«, schreibt *Die Welt* in ihrer Ausgabe von 13. März 2014. Zunehmende Einsparungsmaßnahmen führten zu Massenprotesten in mehreren Staaten. Mitarbeiter von Walmart verlangen Mindestlöhne von 15 US-Dollar pro Stunde und Mitarbeiter von Fast-Food-Ketten streiken.

Daily Best, eine US-amerikanische Website für Nachrichten und Meinungsaustausch, die von der ehemaligen Herausgeberin von *Vanity Fair* und *New Yorker*, Tina Brown, gegründet wurde, schreibt über eine neue politische Generation, die wesentlich weiter links angesiedelt ist als die Demokraten von einst. Zwischen den Jahren 1989 und 2000 stiegen die Durchschnittsgehälter für Personen mit Hochschulabschluss um 11 Prozent, wohingegen sie in den Jahren zwischen 2000 und 2012 um 8 Prozent sanken. Unbezahlte Praktika sind die Regel geworden. Die Fähigkeit Amerikas, sich zu verjüngen, sollte nicht unterschätzt werden, aber es tickt eine soziale Zeitbombe.

Laut Pew Institute stimmt die Mehrheit der Amerikaner darin überein, dass ein sicherer Job und die Möglichkeit, Geld für die Zukunft zu sparen, ein Merkmal der Mittelklasse ist. Eine landesweite repräsentative Umfrage des amerikanischen Pew Institute ermittelte, dass »der Anteil der US-amerikanischen Erwachsenen, die sich als der Mittelklasse zugehörig ansehen, niemals niedriger war und von 53 Prozent im Jahr 2008, in den ersten Monaten der Rezession, auf 44 Prozent bei der letzten Umfrage [Januar 2014, *Anm. des Hrsg.*] fiel«.

Unsere persönlichen Erfahrungen decken sich leider mit dem allgemein negativen bis skeptischen Ausblick. Es ist der Verlust der positiven Stimmung durch eigene Kraft und mit Fleiß Vermögen zu schaffen, den wir auch bei jungen Collegeabsolventen spüren. Selbst ein Hochschulprofessor an einer durchschnittlichen Universität kann heute mit seinem Einkommen die Bedürfnisse der Familie nicht allein abdecken. Mehr als ein Job ist für viele die neue Norm.

Anpassung an den globalen Wandel.

Das wirtschaftliche Bild der Stagnation sollte niemand dazu verleiten zu glauben, dass der globale Einfluss des Westens, insbesondere der Vereinigten Staaten, verschwunden sei. Er ist immer noch allgegenwärtig. In der Geschäftswelt, der Kultur und im Privatleben hat das westliche Denken alle Länder durchdrungen. Er wurde Teil des Lebens in nicht-westlichen Kulturen, auch wenn dies nicht immer gleich zu erkennen ist. In Bezug auf den kulturellen Einfluss werden die Vereinigten Staaten für einige Zeit »Erste unter Gleichen« bleiben. In einem gewissen Ausmaß wird die Verwestlichung immer noch akzeptiert, ja sogar begrüßt. Aber der Westen hat sich an die sich verändernde globale Wirklichkeit anzupassen. Und ein Teil davon ist, dem Selbstverständnis anderer Kulturen Raum zu lassen und es nicht mit der eigenen zu verdrängen. Insbesondere, wenn der Nationalstolz durch den wirtschaftlichen und sozialen Fortschritt neu belebt wird.

> *Um ein Auto fahren zu können, benötigt man einen Führerschein, um für die Ausrichtung eines Landes stimmen zu können, benötigt man politische Bildung.*

Alle, die ein Auto fahren möchten, müssen eine Fahrprüfung bestehen. Ein Führerschein gibt den Menschen das Recht, sich auf allen zugänglichen Straßen frei zu bewegen. Dies kommt aber mit der Verantwortung einher, Verkehrszeichen und Regeln zu beachten und nicht die Rechte anderer zu stören. Die persönliche Freiheit aller Autofahrer ist so lange gewährleistet, solange alle Fahrer die Rechte der anderen Fahrer respektieren. Es gibt ein alles überragendes gemeinsames Interesse, das den Verkehr als Ganzes am Laufen hält.

In der westlichen Demokratie hat jeder rechtmäßige Bürger das Recht zu wählen. Aber kaum ein westliches Schulsystem bereitet seine nächste Generation auf dieses verantwortungsvolle Privileg vor. Demokratie bedeutet, dass das

Volk die Verantwortung trägt. Aber wenn »wir das Volk« die Verantwortung tragen, dann sind »wir das Volk« auch für die Qualität des Systems verantwortlich. Es erfordert zumindest eine grundlegende Ausbildung für das Treffen von Entscheidungen über die Zukunft eines Landes, die Angelegenheiten betreffen, die oftmals bemerkenswert vielschichtig sind. Um es noch komplizierter zu machen, findet dies alles vor dem Hintergrund statt, dass Politik lokal begrenzt, die Wirtschaft aber global ist.

Wähler, die es in einem großen Maß leid geworden sind, für zukünftige Regierungen zu stimmen, denen sie ohnehin nicht trauen, geben sehr geringe Zustimmungsraten – in den Vereinigten Staaten liegt sie bei rund 26 Prozent. In Großbritannien sind 62 Prozent der Wähler der Ansicht, dass »Politiker stets Lügen erzählen« (Meinungsumfrage von *YouGov* im Jahr 2012). Und nicht nur das: Während in den Jahren zwischen 1999 und 2013 Großbritanniens privater Dienstleistungssektor seine Produktivität um 14 Prozent steigerte, nahm der staatliche Dienstleistungssektor die entgegengesetzte Richtung, dort nahm sie um 1 Prozent ab. Die Menschen sind desillusioniert. Aber es ist dieselbe desillusionierte Gruppe, »wir das Volk«, die in der Mehrzahl staatliche Dienstleistungen verlangt, für die »wir« nicht gewillt sind zu zahlen, und Politikern Versprechungen abnehmen, die diese nicht erfüllen können. Die Katze beißt sich selbst in den Schwanz.

> *Um die besten Leute in die Politik zu locken, braucht es attraktive Bedingungen.*

Gutes Regieren erfordert die Bewältigung der wirtschaftlichen Herausforderungen des 21. Jahrhunderts. Es erfordert die Fähigkeit, im Kontext der globalen politischen und wirtschaftlichen Krise zu regieren sowie im Inland wenig populäre Maßnahmen zu »verkaufen«, ohne die Stabilität des Systems zu gefährden. Stattdessen wird alles, was die Wahl eines Kandidaten oder einer Partei gefährden könnte, vermieden.

Darüber hinaus benötigen Politiker von heute die Qualifikationen multinationaler CEOs und erhalten die Vergütung des mittleren Managements. Dies führt dazu, dass die besten Leute nicht mehr in die Politik, sondern stattdessen in ihre eigenen, viel rentableren Unternehmungen gehen. Die wenigen verbleibenden Idealisten sind oftmals frustriert. Es ist kein Wunder, dass viele von ihnen ihre Jahre in der Politik als Vorabinvestition in rentable nachfolgende Unternehmungen verstehen.

China – ein Modell für den Globalen Südgürtel?

Wirtschaftliche Probleme stehen im Mittelpunkt der Krise der westlichen Demokratie. Der wirtschaftliche Erfolg brachte China in das Rampenlicht der globalen Gemeinschaft. Er zerschlug die Theorie des 20. Jahrhunderts, dass Wohlstand untrennbar mit der Demokratie westlicher Machart verbunden sei.

Es war nicht Indien, die bevölkerungsreichste Demokratie, die die Monopolstellung des Westens in Bezug auf den Wohlstand durchbrach – es war von allen Nationen ausgerechnet die Volksrepublik China, die von der autokratischen Kommunistischen Partei Chinas geführt wird. Für den Westen hätte es nicht schlimmer kommen können. Während die Vereinigten Staaten von Amerika in ihren besten Zeiten ihren Lebensstandard alle 30 Jahre verdoppelten, hat China den Lebensstandard seiner Einwohner in jedem Jahrzehnt verdoppelt, von 150 US-Dollar im Jahr 1971 auf 7.590 US-Dollar im Jahr 2014. Laut einer im Jahr 2013 durchgeführten Umfrage des US-amerikanischen Pew Global Attitudes Projects sind 85 Prozent der Chinesen mit der Richtung, die ihr Land einschlägt, »sehr zufrieden«; selbst im Zusammenhang damit, dass die Regierung einen Plan zur Festlegung notwendiger schmerzhafter Maßnahmen ankündigt hat, um die Wirtschaft zu stabilisieren und die Umweltschäden zu bewältigen. Darüber hinaus wird das Wachstum wahrscheinlich bei rund 7 Prozent bleiben. Bei der Entwicklung eines neuen Regierungsmodells geht China seinen eigenen Weg. Allgemein wird das Schrumpfen des chinesischen Wirtschaftswachstums auf 6,9 Prozent erneut als Zeichen für die so oft vorhergesagte harte Landung Chinas interpretiert. Wer China kennt, weiß, dass sich das Land in einem wirtschaftlichen Umbau befindet. Die Wirtschaft soll nicht länger vom Export, sondern vom heimischen Konsum getragen werden. Zudem schaffen Umweltauflagen neue Herausforderungen, und der Kampf gegen Korruption dient nicht nur der wirtschaftlichen und politischen Säuberung, er kostet auch Prozentpunkte im Wachstum. Interne, inoffizielle chinesische Schätzungen sprachen uns gegenüber von bis zu 2 Prozent. Jim O'Neill liegt nicht falsch, wenn er meinte, dass »6,9 Prozent den Neid jedes Industrielandes weckt«.[47]

Chinas wirtschaftlicher Erfolg hält die Diskussion über China als Regierungsmodell für Schwellenländer des Globalen Südgürtels aufrecht. Kann China ein Modell sein? Nach unserer Ansicht ist die Antwort ja und nein. Bleiben wir bei unserer Metapher einer Halbzeit im Sport, dann könnten Mannschaften denken, dass das, was bei einem anderen

---

47 http://www.chinadaily.com.cn/business/2016-01-27/content_23274247.htm

Team funktionierte, eins zu eins übernommen werden kann. China verfolgt Strategien, die bei jedem Regierungsmodell und in der Tat bei jeder Unternehmung funktionieren könnten: Es übernahm von anderen Ländern, was funktionierte, und warf über Bord, was nicht zielführend war. Es setzte Veränderungen nicht auf nationaler Ebene um, sondern in einem Trial-and-Error-Verfahren, also durch Ausprobieren in begrenztem Umfeld, ehe es bei erfolgreichem Einsatz landesweit umgesetzt wird. Wird es dadurch zwangsläufig zu einem Modell? Nein, aber es bietet Leitlinien, die in einigen Fällen durchaus funktionieren können, wenn sie den lokalen Bedingungen angepasst werden.

Kann das westliche Modell, das von China angenommen wurde, um seine wirtschaftliche und technologische Entwicklung voranzutreiben, auch zum Modell für seine politische Entwicklung werden? Die Antwort finden wir nicht im Urteil über China, sondern darin, es zu verstehen.

Chinas Säulen der Veränderung

Nicht selten werden wir mit dem Vorwurf konfrontiert, China zu positiv zu beurteilen. Das mag durchaus seine Berechtigung haben, denn wir begeben uns manchmal ungewollt in eine Verteidigungshaltung. Nicht, weil wir alles, was in China geschieht, für gut befinden, sondern weil der Blick auf China meist ein sehr einseitiger, auf negative Nachrichten ausgerichteter ist. Gleichgültig, aus welcher Perspektive wir auf China sehen, die sichtbarste und am häufigsten kritisierte aller Säulen, auf denen das System des Landes beruht, ist der Kommunismus. Aber so klar das ist, so klar ist auch, dass China und der Westen Kommunismus unterschiedlich interpretieren. Auch Chinas Verständnis über eine Mitgliedschaft in der Kommunistischen Partei Chinas (KPCh) unterscheidet sich erheblich von den Ansichten des Westens. In einem Interview mit der Presse (21. Dezember.2015) beschreibt der Sinologe Prof. Harro von Senger Chinas Wirtschaftssystem: »Nach der Parteisatzung ist das höchste Ziel der KP die Verwirklichung des Kommunismus. Laut Marx und Engels führt der Kommunismus in eine wohlhabende Gesellschaft. Die KP definiert den Hauptwiderspruch im Hinblick auf das irdische Paradies eines reichen China. Materielle Bedürfnisse stehen auf Platz eins. Eine Methode, um den Wohlstand voranzutreiben, ist die ›sozialistische‹ Marktwirtschaft. Die KP nutzt sie als Instrument, nicht als Gesellschaftssystem.«

Engels' Definition einer kommunistischen Gesellschaft war die einer »methodischen Nutzung [...] enormer Produktionskräfte [...], zudem sind Leben und die Lebensqualität [...] gleichermaßen und in einem ständig wachsenden Überfluss vorhanden«. Wie Marx sagte: »Jeder nach seinen Fähigkeiten, jedem nach seinen Bedürfnissen!« Der Sino-Marxismus kann als eine Anleitung verstanden werden, wie Probleme auf dem Weg zum endgültigen Ziel festgestellt und gelöst werden. Vereinfacht ausgedrückt bedeutet dies, dass eine kommunistische Gesellschaft eine Gesellschaft ist, in der alle in einer Art und Weise leben können, die ihre Grundbedürfnisse erfüllt. Gepaart mit der Ansicht »Alles Wissen entsteht aus der Praxis« ist die Definition eines »Sozialismus chinesischer Prägung« die vorläufige Definition einer bislang noch nicht vollständig entwickelten Gesellschaft, die daher nicht endgültig definiert ist. Es ist der »chinesische Traum«, in einer solchen Gesellschaft zu leben. Dieses in einfachen Worten vermittelte Verständnis sollte seinen Widerhall tief in der internationalen Gemeinschaft finden, in der »der Kampf gegen die Ungleichheit« der Slogan vieler Regierungen geworden ist.

Die Vermittlung des chinesischen Verständnisses des Marxismus ist eine Voraussetzung, um die Rolle der KPCh und ihre Struktur zu verstehen. Chinas Meritokratie innerhalb der Partei und die regelmäßige politische Schulung als Training für gutes Regieren wird von Seiten des Westens meist als regelmäßige Gehirnwäsche angesehen. Die grundlegenden Unterschiede in der Mitgliedschaft der KPCh werden nicht wahrgenommen. Um Mitglieder zu akquirieren, müssen die politischen Parteien des Westens die Bürger umwerben, wohingegen Chinas Partei Mitglieder aus den Besten auswählt, die sich um eine Aufnahme bewerben.

China ist anders. Und es baut auf Strukturen auf, die über Jahrtausende geschaffen wurden. Wie anders sogar junge und moderne Chinesen denken, wurde uns schon vor vielen Jahren klar. Wir waren in Shanghai und trafen eine junge Studentin, die sich als Au-pair für unsere Tochter bewarb. Sie hatte eine Mappe mit Schulberichten, Zeugnissen und anderen Abschlüssen mitgebracht. Sie waren sehr beeindruckend. Am Ende, mit einem tiefen Atemzug, der ankündigte, dass etwas Großes bevorstand, sagte sie: »Und dies ist meine Mitgliedschaft in der Kommunistischen Partei.« Wir waren verblüfft.

Im Januar hatte die Kommunistische Partei Chinas (KPCh) rund 88 Millionen Mitglieder[48] bei einer Bevölkerung von mehr als 1,379.838.345 Milliarden Menschen[49]. Das System baut auf der Tradition des chinesischen Kaiserreiches auf, da es »Mandarine« als Wissenschaftler, Richter und Verwaltungsbeamte ausgewählt hat. Der Titel Mandarin konnte nur nach Jahren einer elitären Ausbildung erreicht werden. Strenge und harte Prüfungen garantierten, dass es nur die Besten bis in diese Ränge schafften. Ihre Leistung unterlag strengen Kontrollen. Die rangniedrigsten Mandarine waren Lehrer, die ranghöchsten Berater und Wissenschaftler sowie Botschafter und Diplomaten für den Kaiser.

---

48 http://www.scmp.com/news/china/policies-politics/article/1909674/loyalty-drive-chinas-communist-party-tells-88-million

49 http://www.worldometers.info/world-population/china-population

Mitglied der Kommunistischen Partei Chinas zu werden, folgt dem gleichen Muster. Die Mitgliedschaft in der KPCh kann Karrieren jedweder Art fördern. Aber Mitglied der KPCh zu sein, ist zudem prestigeträchtig, da sie ein Teil der politischen Meritokratie Chinas ist. Der Ausbildungsprozess endet niemals. Wir haben im Laufe der Jahre viele Provinzen und Städte Chinas kennengelernt. In fast allen Städten lernten wir auch die Bürgermeister und Parteisekretäre kennen. Die meisten beeindruckten uns mit einer fundierten Ausbildung und einem kritischen Blick auf die eigene Stadt, die Provinz und das Land. Viele Beamte in der chinesischen Verwaltung haben an amerikanischen, britischen oder deutschen Universitäten studiert. Der Aufstieg auf der politischen Leiter erfordert unter Beweis gestellte Führungsqualitäten und eine akademische Erfolgsbilanz.

Wir fanden es sehr interessant, dass *Stephen Rhinesmith*, der Führungskräfte in der ganzen Welt ausgebildet hat, sagte, China habe nach seiner Erfahrung einen der besten Ansätze zur Entwicklung der Führungsqualitäten im privaten und öffentlichen Sektor. Er berichtete uns von einer Begegnung mit einem führenden Dozenten der Peking-Universität, der ihm sagte, dass in Zukunft die Wirtschaftsausbildung in China auch die öffentliche Verwaltung umfassen wird. Seine Worte, dass »es schwierig ist, im privaten Sektor erfolgreich zu sein, wenn man nicht versteht, wie die Regierung arbeitet«, können wir nur unterstreichen.

Erfolgreiche zukünftige Wirtschaftsbosse werden nicht nur einen MBA haben müssen, sondern auch die Grundlagen eines MPA (Master of Public Administration).

Die Kommunikation Chinas mit der Welt ist noch immer ziemlich steif. Der weite Bogen, der rund um ein Thema gezogen wird, ehe man, wenn überhaupt, zum Kern der Sache kommt, macht Recherchen manchmal schwierig. Aber China arbeitet auf allen Ebenen daran, dieses Manko zu verbessern. Ganz besonders schätzen wir das Engagement der

Schulen und Gymnasien, so viele »ausländische Experten« wie möglich einzuladen, um Schülern und Studenten einen Dialog und einen Blick in die Welt zu ermöglichen. Alleine im Herbst 2015 haben wir anlässlich einer Buchtour (*How To Get Where You Want To Go*, Shanxi Press) mit mehr als 5.000 Schülern und Studenten in Peking, Taiyuan, Zhongshan und Guangzuhou diskutiert. Dabei gab es wie üblich keinerlei thematische Einschränkungen.

Chinas Jugend ist aufgeschlossen, wissbegierig und ehrgeizig. Sie lieben China, haben aber wesentlich höhere Ansprüche als ihre Eltern und Großeltern, die vielfach in einer anderen Welt aufgewachsen sind. Mit Chinas Jugend wird sich auch China wandeln. Allerdings nicht nach unseren Vorstellungen, sondern nach seinen eigenen.

> *Demokratie muss sich entwickeln,*
> *sie kann nicht verordnet werden.*

Russland, Venezuela, Ägypten, Syrien und Libyen, um nur einige zu nennen, haben unter Beweis gestellt, dass Demokratie nicht natürlich wächst, sobald ein Samenkorn gepflanzt ist. In vielen Kulturen findet die Demokratie keinen kulturellen Boden, in dem sie wurzeln kann. Und auf einem kargen Boden kann selbst der beste Same nicht sprießen. Die westliche Demokratie benötigte eine lange Zeit, um zu reifen. Ein Blick zurück in die Geschichte birgt einige Überraschungen.

Vor dem 20. Jahrhundert war das Wahlrecht, ein Grundrecht der westlichen Demokratie, oftmals an Vermögen, Status, die Zahlung von Steuern, Bildung und Geschlecht gebunden. Zur Zeit ihrer Unabhängigkeitserklärung von England im Jahr 1776 trugen in der jungen Demokratie der 13

Vereinigten Staaten von Amerika mehr als 460.000 Sklaven, die aus Afrika deportiert worden waren, zum Wachsen der Wirtschaft bei. Und bis Mitte des 20. Jahrhunderts waren Afroamerikaner nicht gleichberechtigt. Die Schweiz führte erst 1971 das Stimmrecht für Frauen ein; Liechtenstein, eine der reichsten Volkswirtschaften der Welt, im Jahre 1984!

Um ein nachhaltiges demokratisches System zu begründen, bedarf es eines beiderseitigen Reifeprozesses – bei den Bürgern und jenen, die gewählt werden. Demokratisch gewählte Führer in Afrika, Asien und Europa haben bewiesen, dass Macht korrumpieren kann. *Mohamed Morsi* in Ägypten, *Wiktor Janukowytsch* in der Ukraine, *Vladimir Putin* in Russland, *Recep Tayyip Erdoğan* in der Türkei, *Paul Biya* aus Kamerun, *Robert Mugabe* in Simbabwe oder *Omar Al-Baschir* aus dem Sudan sind einige der jüngsten Führer, die teilweise demokratisch gewählt wurden, aber schon bald die Beschränkungen abbauten, die ihre Macht im Zaum hielten.

Eine Wahl schafft nicht notwendigerweise eine gesunde Demokratie, oft genug dient sie korrupten Führern als Trittbrett zur Etablierung eines eigennützigen Systems, um ungeniert Verfassungen und unabhängige Institutionen zu übergehen. Es gibt keine Formel dafür, wie die Entwicklung eines Landes in Richtung eines fairen und gleichberechtigten Demokratisierungsprozesses gelenkt werden kann, außer jede einzelne Komponente, die zur Schaffung eines politischen Bewusstseins beiträgt, zu unterstützen. In dieser Hinsicht spielt Bildung bei der Schaffung eines politischen Bewusstseins eine ebenso große Rolle wie bei dem Erreichen wirtschaftlicher Ziele. Dies werden wir später in diesem Kapitel näher darlegen.

> *Bei seiner Berichterstattung über China zückt der Westen meist die Strafkarte.*

Bei der weltweiten Suche nach neuen Regierungsmodellen ist ein Blick auf China unverzichtbar. Es hält Weltrekorde bei den wichtigen wirtschaftlichen Ergebnisindikatoren. Nichtsdestotrotz, wenn China nach Westen blickt, dann sieht es oftmals die Disziplinarkarte – nicht für seine Wirtschaftspolitik, sondern für seinen politischen Prozess. Nur sehr wenige Berichte bemühen sich darum, ein besseres Verständnis von China zu kommunizieren, wie etwa ein zweiseitiger Artikel mit der Überschrift »Das Experiment China« in der einflussreichen *FAZ am Sonntag (Frankfurter Allgemeine Sonntagszeitung)* am 24. November 2013:

»Der Westen hat China immer noch nicht verstanden. Das Land meistert die Herausforderungen der Zeit mit einem ungewöhnlichen Politikstil, der es innovativ und agil macht. [...] Mit dem Übergang zur ›Sozialistischen Marktwirtschaft‹ nach 1993 wurden die experimentellen Entdeckungsverfahren ausdrücklich mit nationalen Entwicklungsprogrammen verknüpft. Nationale Planungsdokumente legten zwar die Ziele und Prioritäten fest, die Ausgestaltung der Mittel und die Anpassung der Instrumente wurden aber dezentraler Initiative und Experimentierfreude überlassen. Gestützt auf diese Kombination, hat das – an sich schwerfällige – bürokratische System Chinas eine unerwartete Dynamik erlangen können. Die chinesische Politik hat die Chancen der wirtschaftlichen Globalisierung mit einer Beweglichkeit und einer Ausdauer zu nutzen verstanden, die zu Beginn der Öffnungspolitik niemand diesem politischen System zugetraut hatte. [...] Erleben wir gerade die Geburt eines neuen erfolgreichen Gesellschaftsmodells?«

In unserer Recherche für *Innovation in China* arbeiteten wir eng mit *Stephen Rhinesmith* zusammen, der ebenfalls Direktor des Naisbitt China Institute ist. In seiner Arbeit als Führungskräfte-Coach und Berater für internationale Unternehmen hat er oftmals den Unterschied zwischen der gruppenorientierten Kultur eines Landes wie China und anderen Ländern erlebt. Seiner Erfahrung nach »unterscheidet sich der Sinn für Hierarchien und die Bereitschaft, Loyalität im Gegenzug für Sicherheit zu zeigen, sehr von den eher individualistisch geprägten westlichen Kulturen, in denen jeder frei in seiner Entscheidung sein möchte, seine Verbindungen abhängig von seinen Bedürfnissen ändern zu können.« Jeder Ansatz zum Verstehen der politischen, kulturellen und wirtschaftlichen Entwicklung Chinas muss kulturelle Unterschiede berücksichtigen.

E-Demokratie als die heutige Tür der Wittenberger Schlosskirche

Wie wir es in der Einleitung beschrieben haben, ist das Internet heute das, was die Tür der Wittenberger Schlosskirche für Martin Luther war: ein Medium, um das eigene Missfallen mitzuteilen. In diesem Zusammenhang wird die Sozioinformatik, die die Methoden der Informatik, der Soziologie, der Volkswirtschaft und der Psychologie nutzt, ein immer wichtiger werdendes Feld. Neue soziale Entwicklungen werden mittels Software mitgeteilt und es gibt eine neue Generation sozialer Netzwerke. Das zu Beginn des Jahres 2014 entwickelte *FireChat* wird zunehmend zum Bottom-up-Instrument, das Menschen miteinander verknüpft, sie organisiert und verbindet. Während der Protesttage in Hongkong meldeten sich innerhalb weniger Tage 500.000 Menschen bei dieser App an (*recode.net*, 28. Oktober 2014).

Wir fragten Dr. *Colin Rhinesmith*, der an der School of Library and Information Studies der University of Oklahoma Social and Community Informatics unterrichtet, welche Rolle dieses relativ neue Studium in Zukunft spielen wird: »Im 16. Jahrhundert, als Luther seine Thesen an die Tür der Wittenberger Schlosskirche anschlug, war es für die Behörden einfach, das Dokument von der Tür zu entfernen. Heute geht dies über das Schließen einer Tür. Regierungen können das Internet blockieren und die Kommunikation unterbrechen. Das war es, was die Studenten in Hongkong befürchteten. Aber sie fanden schnell eine Hintertür und wendeten sich innovativen mobilen Technologien zu, die es ihnen ermöglichten, auch ohne Zugang zu Mobilfunknetzwerken oder WLANs miteinander in Verbindung zu bleiben.«

Professor *Rhinesmith* ist überzeugt davon, dass die »Sozialinformatik eine entscheidende Rolle dabei spielen wird zu verstehen, wie die Informationstechnologie unsere sozialen Interaktionen formt, aber auch, wie die allgemeinen sozialen, politischen und wirtschaftlichen Kräfte die Informationssysteme formen, die wir für die Arbeit, die Schule oder die Freizeit nutzen. Ereignisse wie die Proteste in Hongkong erinnern uns daran, dass wir oftmals dazu neigen, uns auf die Auswirkungen der Technologien zu konzentrieren, ohne zu erkennen, wie infrastrukturelle Entwicklungen – wie ich sie nenne – die von uns genutzten alltäglichen Hilfsmittel formen. Die Sozialinformatik kann uns dabei helfen, einen Sinn in diesen oftmals nicht so offensichtlichen Aspekten der Technologie zu erkennen. Wir können dieses Wissen nutzen, um hoffentlich ein größeres Bewusstsein und mehr Kontrolle über die Arten, wie die Informationstechnologie unser Leben beeinflusst, zu gewinnen.«

Es ist zu erwarten, dass die Nutzung neuer Technologien wie zum Beispiel *FireChat* nur eine Stufe der technologischen Ausreifung und Differenzierung der Kommunikationssysteme ist.

Das Internet kommuniziert natürlich in beide Richtungen, von den Menschen zur Regierung und von der Regierung zu den Menschen. Wenn es intelligent genutzt wird, ist es ein Frühindikator für steigende Unzufriedenheit und Frustration bei den Bürgern. Die Einrichtung interaktiver Websites durch Präsident *Xi* und Premierminister *Li* bis zu den lokalen Regierungsebenen ermöglicht es den Menschen nicht nur, Dampf und Ärger abzulassen, sondern sie hilft auch der Regierung, ein Gefühl dafür zu bekommen, was in den Herzen und Köpfen der einfachen Bevölkerung vorgeht. Wie wir in Chinas Megatrends geschrieben haben, »bildet in einer so stark dezentralisierten Gesellschaft die Führung ein umfassendes Konzept für die Gesellschaft als Ganzes, bezieht dabei aber Bottom-up-Ideen, Initiativen und Bedürfnisse in den Entscheidungsprozess mit ein. Top-down- und Bottom-up-Initiativen werden etabliert, und es wird dazu ermuntert, sie in einer flexiblen Weise den wechselnden Bedingungen und Umständen anzupassen.« Alles im Kontext des übergeordneten gemeinsamen Ziels, das von der Zentralregierung festgelegt wird.

Dieses Muster ist Teil der vertikalen Struktur, die einen konstanten Austausch von Ideen und Erfahrungen die Regierungshierarchien hinauf und hinunter unterstützt. Innerhalb dieser Struktur, die noch in ihrer Anfangsphase ist, ist China dabei, ein demokratisches Modell zu schaffen, das zu seiner Geschichte und Denkweise passt ... Während dieser vertikale demokratische Prozess gewiss seine Schwächen hat, liegt seine größte Stärke darin, dass er Politiker davon befreit, ihr Denken nach Wahlzyklen auszurichten und stattdessen eine langfristige strategische Planung ermöglicht, was sich wirtschaftlich enorm auszahlt.

Aus Sicht des Westens steht oder fällt die Rechtfertigung für das Regieren eines Landes mit der Wählbarkeit; in den

Augen der Chinesen beruht die Rechtfertigung zum Regieren auf vorweisbaren Leistungen. Nach dieser Formel hat die chinesische Regierung unbestreitbar eine gute Leistung erzielt.

Die chinesische Führung hält an der Kommunistischen Partei fest, aber ebenso sehr wie die Kommunistische Partei Chinas an ihrer Befehlsgewalt und ihrer Kontrolle beim Regieren des Landes festhält, hat sich die Wahrnehmung dessen, was Befehlsgewalt und Kontrolle bedeuten, in den letzten 30 Jahren radikal verändert. Die Partei hat sich von einer willkürlichen Top-down-Autokratie zu einer funktionierenden Einparteien-Führung mit einer starken Bottom-up-Beteiligung einer vertikal organisierten Gesellschaft entwickelt. In den letzten Jahren, gewiss auch forciert durch das Internet, mit einer zunehmenden Transparenz in ihren Entscheidungen und ihrer Umsetzung.

> *Der Westen bildet Ausschüsse,*
> *China lernt aus seinen Fehlern.*

Ganz anders als viele afrikanische, asiatische und lateinamerikanische Länder befindet sich das chinesische Regierungsmodell in einem Prozess der Dezentralisierung der Macht.

Bereits die ersten Reformschritte Chinas wurden aus der Praxis heraus geboren. Aus dem Volk, als Bauern beschlossen, das Land ihrer Kommune in 18 einzelne Parzellen aufzuteilen und sie an die einzelnen Familien zu verteilen. Es war eine gefährliche Vereinbarung entgegen allen Regeln eines Systems, an das die Bauern und die Landwirtschaft über Jahrzehnte hinweg gebunden waren. Die mutige Tat wurde vom Parteisekretär der Provinz Anhui unterstützt und, wie allseits bekannt, später auch von *Deng Xiaoping*. Er glaubte daran, dass Energien und Initiativen aus der Basis, sobald sie freigesetzt werden, die von der Kommunistischen Partei gesetzten, kommunizierten Ziele unterstützen und umsetzen würden.

Auf die Jahre seit 1978 zurückblickend, ergibt die Analyse des chinesischen Autors *Wu Xiaobo*, dass »Politiker festgestellt haben, dass es ihre Aufgabe ist herauszufinden, wie man mit dem Strom schwimmt und dabei das Endergebnis verbessert. Sie müssen nicht nur den notwendigen Mut und den Elan haben, sondern darüber hinaus herausfinden, wie sie die eigene Kreativität der Menschen entlang des korrekten Pfades kanalisieren können.« *Deng Xiaoping* griff Reformen der Landwirtschaft auf, die von einfachen Menschen mit dem Mut der Verzweiflung eingeleitet wurden. Er empfand ihr Handeln als eine Lehrstunde für die Politik der Reform und Öffnung des Landes: China begann damit in geografisch begrenzten Versuchszonen zu experimentieren.

Die *Frankfurter Allgemeine Sonntagszeitung* beschreibt es auf diese Weise: »China wendet Techniken an, die im Umgang mit Unsicherheiten und nicht-linearen Entwicklungen gut funktionieren. Das chinesische System ist nicht wegen seines autoritären Charakters und der Macht der Zentralpartei anpassungsfähig, sondern wegen seiner besonderen Korrekturmechanismen, die in experimentelle Techniken eingebettet sind.« Es war »der Beginn einer dynamischen Entwicklung, die der Westen immer noch nicht versteht. Jede Analyse des Westens ist mit Zweifeln verbunden, ob ein Einparteiensystem die enormen Herausforderungen meistern kann und in der Lage ist, Reformen durchzuführen.«

Der Westen kann es sich nicht leisten, China falsch zu interpretieren.

In Zeiten, in denen es vorhersehbar ist, dass die Ära, in der der Westen die globalen Regeln festlegt, vorbei sind, scheint es vernünftig, die Triebfeder der Entwicklung Chinas, die besondere Reformtechnik, die das Land so dynamisch macht, zu verstehen. Der Westen ignoriert insbesondere das sehr spezielle System der Vorbereitung politischer Entscheidungen, weil es einfach nicht in das Bild eines statischen, zentralisierten Systems passt. »Es ist nicht einfach, das neue System zu beschreiben, das China schafft«, schreibt die *FAZ*. »Teilweise, weil es – wie auch bei anderen Entwicklungsepochen – eine Weile dauert, bis ein neues System seinen Namen findet. Chinas Führung nennt ihren Ansatz meistens ›Sozialismus chinesischer Prägung‹ und andere nennen ihn ›chinesischen Kapitalismus‹ oder eine ›sozialistische Marktwirtschaft‹.«

Wir folgen *Thomas Kuhn*: »Man kann ein neues Paradigma nicht verstehen, wenn man das Vokabular des alten Paradigmas verwendet.« »Je mehr sich das neue Paradigma entfaltet, desto besser ist das angemessene Vokabular definiert«, schrieben wir in *Chinas Megatrends* im Jahr 2009.

Betrachtet man Chinas Regierungsmodell auf der Grundlage, dass das Prinzip der westlichen Demokratie das ultimative Regierungsmodell ist, kann dies nur zu Enttäuschung und unrealistischen Erwartungen führen. Die Antwort liegt nicht in der Ideologie, sondern in der Leistung. Gideon Rachman, der Chefkommentator des Auslandsteil der *Financial Times*, zitierte den Übersetzer *Deng Xiaopings*, *Zhang Weiwei*, der sagte: »Die Chinesen glauben an die Rechtmäßigkeit der Leistung. Regiert die Regierung auf eine gute Art und Weise, wird sie als legitim wahrgenommen.«

Man wagt sich weit hinaus, wenn man den zukünftigen politischen Weg Chinas vorhersagen will. Wenn wir den Chinesen in China zuhören, reicht die Perspektive von der Erwartung, dass Präsident *Xi* innerhalb eines Jahrzehnts zum ersten gewählten Präsidenten Chinas wird, bis zu einem

Wandel hin zu einer Kulturrevolution des 21. Jahrhunderts. Welche Pläne auch immer hinter verschlossenen Türen kursieren mögen, die, nebenbei bemerkt, kein Kommentator kennt, die Kommunistische Partei Chinas und der Ständige Ausschuss des Politbüros sind entschlossen, an der Macht zu bleiben. Sie sind sich sehr wohl dessen bewusst, dass Chinas neue Mittelklasse ein großer Erfolg ist, diese gleichzeitig eine ebenso große Herausforderung für den eigenen Anspruch auf absolute Macht ist.

In *Chinas Megatrends* schrieben wir, dass der Bestand der Regierung davon abhängig ist, das Gleichgewicht der Macht zwischen den Forderungen aus der Basisbevölkerung und den von oben diktierten Regeln, Verordnungen und Beschränkungen gewahrt bleibt. Wenn die politische Führung die Grenze der für die Masse tolerierbaren Zwänge überschreitet oder die Kräfte an der Basis die Grenze des für die Führung tolerierbaren Widerstands, dann ist das Konstrukt des chinesischen Modells in größter Gefahr zu implodieren. Der Umgang mit den Protesten in Hongkong kann als Indikator dafür angesehen werden, ob die Volksrepublik China in der Lage ist, den Graben zwischen der Beibehaltung ihres Kurses und dem Respektieren des Willens des Volkes zu überbrücken.

Der Arabische Frühling

Katastrophale soziale und wirtschaftliche Bedingungen waren im Arabischen Frühling die Triebfedern des Rufs nach Reformen und nach einem Demokratisierungsprozess. Die Mehrheit der Menschen in den Ländern des Arabischen Frühlings lebte in Armut. In einer Bevölkerung mit einem Durchschnittsalter von 24 Jahren waren ein Drittel der Bevölkerung Analphabeten. Das Fehlen von Perspektiven für junge Menschen, eine Mischung von Verzweiflung, fehlendem Selbstvertrauen und systematischer Unterdrückung durch Regierungen, die nur ihre eigenen Taschen füllten, schufen ein Klima der Hoffnungslosigkeit.

Im Jahr 2010 lag Frühling in der Luft. Aber auf die vielversprechenden Anfänge folgte kein Arabischer Sommer.

Der kalte Wind der Realität wehte den warmen Atem der Hoffnung davon, der kurzzeitig den Mut und das Bestreben, für mehr Gleichheit und ein besseres Leben zu kämpfen, genährt hatte. Syrien versinkt immer noch im Bürgerkrieg. In Libyen kämpfen Milizen um Macht und Einfluss, während Ägypten 2016, 5 Jahre nach der Revolution, immer noch in einer Militärdiktatur gefangen ist.

Der Mangel an Bildung und infolgedessen fehlende Jobaussichten waren die Gründe dafür, dass eine junge arabische Bevölkerung gegen die Führung ihres Landes aufstand. Aber es gibt zwei weitere wichtige Themen: Würde und Sinngehalt. Die jungen Generationen der Länder nördlich der Sahara haben den Boden unter ihren Füßen verloren. Die Verwässerung von religiösen Werten und Stammestraditionen kombiniert mit einer schlechten Wirtschaftslage schufen ein Vakuum, das nunmehr erfüllt ist mit den trügerischen und verlockenden Versprechungen eines radikalen Fundamentalismus. Selbsternannte Führer handeln unter dem Deckmantel einer göttlichen Mission, die ihnen die Befugnis gibt, die Machtlosen dazu zu ermächtigten, all jene zu unterwerfen, die in ihre Definition der Ungläubigen fallen. Wie in anderen Fällen hört auch hier das Gefühl nicht auf die Vernunft. Solche Bedingungen können weder über Nacht geändert noch mit militärischer Stärke abgeschafft werden. Ein gesundes soziales Umfeld, die Verbundenheit mit der Familie und der Gemeinschaft sind die grundlegenden Voraussetzungen um ein emotionales Vakuum, das hinter der Empfänglichkeit für radikale Aufrufe schafft, zu verhindern.

Die Gefahr und das Erschreckende an ISIS ist seine Attraktivität für die Jugend. Das Muster, das sich nicht allzu sehr von den Regimen der Vergangenheit unterscheidet, ist dasselbe: das Versprechen von Machtgewinn und Anerkennung. Die Schuld wird einem Feind zugeschoben und dies wird durch Religion oder Rasse begründet. Das Bild eines ISIS-Kämpfers vor dem Hintergrund eines Sonnenuntergangs mit seiner im Wind wehenden Fahne und der lässig über die Schulter geworfenen Kalaschnikow – ein operettenhaftes Bild, das an den in den Sonnenuntergang reitenden Marlboro-Mann erinnert. Es spricht geschickt die Gefühle an. Die Propagandawirkung dieser Bilder ist eine nicht beabsichtigte Folge der Berichterstattung westlicher Medien.

Der Westen, seit Jahren ein Zeuge der Bedrohung, hat viele Fehler gemacht, für die er nun den Preis zahlen muss.

Johanna Mikl-Leitner, die österreichische Innenministerin, machte dies im Oktober 2014 in einer Fernsehdiskussion mit dem Titel »Kinder des Kalifats – Sind wir selbst schuld?« klar. Wir sprachen mit ihr am nächsten Tag und sie bekräftigte: »Eine wirkliche Integration hätte vor 20, 30 Jahren beginnen müssen [als die Einwanderung von Muslimen nach Österreich rasch zunahm. *Anm. des Hrsg.*]. Wir hätten uns dessen bewusst sein müssen, dass es vielen Menschen, die in unser Land kamen, an Bildung fehlte und sie kaum Deutsch sprachen.

Infolgedessen bewegten sie sich fast ausschließlich in ihren Kreisen. Diese Art der Isolation und ein Mangel an Möglichkeiten, die Lebensbedingungen zu verbessern, machten sie empfänglich für radikale Gruppen, die ihre Botschaft als eine gottgewollte Mission darstellten. Es ist unser aller gesellschaftliche Verpflichtung, diesen Kreislauf zu durchbrechen und Rat und Hilfe anzubieten. Und dies kann nicht nur auf ein Ministerium beschränkt werden, sondern es muss innerhalb aller betroffenen und verantwortlichen Ministerien abgestimmt werden. Es muss eine Angelegenheit auf nationaler Ebene sein und die Gemeinden, Städte und Bundesländer müssen einbezogen werden.«

Dem stimmen wir zu, und dies gilt nicht nur für Österreich. Verurteilungen und Haftstrafen werden die zugrunde liegenden sozialen Probleme nicht lösen. In den meisten Fällen gibt es einen Grund dafür, warum sich jemand von radikalen Ideen – und sogar vom Aufruf, seine Mitbürger zu töten – angezogen fühlt. Der Kampf gegen Radikalisierung jedweder Art kann nicht durch Bestrafung gewonnen werden, sondern durch das Bekämpfen des Umfelds, das diese Radikalisierung unterstützt ... Ministerin Mikl-Leitner, die auf konzertierte Aktionspläne gedrängt hat, warnt zudem vor Panikmache: »Wir benötigen Vorbeugung ebenso wie Rehabilitationsmaßnahmen. Aber auch wenn wir Versäumnisse in der Vergangenheit zugeben müssen, können wir nicht einfach die Gesellschaft dafür verantwortlich machen und die Eigenverantwortlichkeit ignorieren, die jede Person für ihre Taten hat.«

Dies schließt sicherlich auch die Verantwortung der islamischen Welt mit ein, sich von radikalen, pseudoreligiösen und kriminellen Gruppierungen zu distanzieren, etwas, das nur sehr wenige islamische Führer getan haben. Sollte es der gemäßigte Islam versäumen, sich selbst vehement zu distanzieren, wird er dafür mit einem weiteren Verlust des Ansehens in der Weltgemeinschaft bezahlen.

Religiös verbrämte Gruppierungen wie ISIS, Al-Qaida oder die Taliban werden auch weiterhin verstörende und zerstörerische Elemente bleiben, aber sie werden nicht in der Lage sein, die allgemeine Entwicklung hin zu einer Welt zu stoppen, die mehr Gleichberechtigung und Einflussnahme bietet.

Im Kampf gegen Radikalisierung und den Missbrauch des Islam sind Länder mit einem stabilen sozialen und wirtschaftlichen Umfeld in Nordafrika selten. Aber inmitten dieser recht pessimistischen Aussichten sticht Tunesien trotz aller anfänglichen und weiterhin bestehenden Probleme heraus.

Eine ganze Generation wuchs mit wenig oder gar keiner Hoffnung auf gutes Leben, von dem sie träumte, heran. In Tunesien eskalierte die Situation schließlich, als sich der Obstverkäufer Mohamed Bouazizi selbst verbrannte. Er verbrannte sich aus Protest gegen die Beschlagnahme seiner Ware und die Demütigung durch die städtischen Beamten. Es war der Funke, der ein größeres Feuer entzündete. Es begann in Tunesien und wurde dann zum Feuersturm, der sich rasch in Nordafrika ausbreitete. Er wurde als der Arabische Frühling bekannt, aber wie wir nun wissen, wird es lange dauern, bis sich die ersten Knospen zeigen werden.

Alle Zeichen deuten darauf hin, dass Tunesien den Weg weisen wird. Es ist ein Weg in ein neues Gebiet hin zu einem friedlichen Zusammenleben in einer ethnisch vielschichtigen Nation. Und während die Vereinigung liberaler und fundamentalistischer Gruppierungen, die über Bouazizis Tod wütend waren, ein großer Sprung nach vorne war, begann die wahre Schlacht um ein modernes Tunesien nach dem Sieg über Präsident Zine.

> *Tunesien baut auf Konsens statt auf Konfrontation.*

In dem bemerkenswertesten Erfolg des Arabischen Frühlings hat Tunesien große Fortschritte in Richtung einer funktionierenden Demokratie gemacht. Die Grundlage ist eine Verfassung, die die Bevölkerung eint, anstatt sie (wie in anderen arabischen Nationen) zu spalten.

Im Januar 2014, nach einem zweijährigen Ringen um einen Kompromiss zwischen den Islamisten und den säkularen Kräften, wurde Tunesiens neue Verfassung von 200 der 216 Abgeordneten der Nationalversammlung angenommen. Die neue Verfassung ist die liberalste in der arabischen Welt und sie wird sowohl von der herrschenden islamistischen Partei als auch der säkularen Opposition getragen. Das Dokument bestätigt, dass der Islam die Staatsreligion Tunesiens ist, garantiert aber auch, dass Tunesien ein Zivilstaat mit Gewaltenteilung bleibt und die universellen Freiheiten und Rechte unter besonderer Berücksichtigung der Jugend sowie der Gleichberechtigung der Frauen in regionalen politischen Strukturen gewährleistet. Die Verfassung sieht zudem vor, dass zukünftige Regierungen sie nicht abändern können. Die überwältigende Unterstützung beider Seiten hat unter Beweis gestellt, dass Tunesien der vielversprechendste Kandidat hinsichtlich eines Übergangs zu einem demokratischen System ist.

In den Parlamentswahlen, die im Oktober 2014 abgehalten wurden, gewann die säkulare von dem 87-jährigen Beji Caid Essebsi geführte Partei Nidaa Tounes 85 von 215 Sitze und besiegte die islamische Partei Ennahda.

Nidaa Tounes wird einen Ministerpräsidenten benennen und eine Koalitionsregierung führen. Die Wahl eines neuen Präsidenten im November 2014 verlief relativ ruhig und fair. Tunesiens säkulare und islamistische Kräfte haben den Übergang zur Demokratie gemeistert, auch wenn noch schwierige und stürmische Zeiten vor ihnen liegen. Es ist ein heller Fleck in einem ansonsten trüben Bildnis nordafrikanischer Länder.

Im Winter 2016 gibt der Wandel Tunesiens immer noch Anlass zu Optimismus. Auch wenn seine Wirtschaft nach wie vor auf wackeligen Beinen steht. Der Mangel an sozialwirtschaftlichen Fortschritten führt immer wieder zu Unruhen. Die Arbeitslosigkeit liegt noch immer bei 15,2 Prozent und ist damit höher als vor der Revolution. Laut OECD sind 37 Prozent der zwischen 15- und 24-Jährigen ohne Arbeit.

Dazu kommt eine enorm hohe Arbeitslosenrate von 62,3 Prozent unter jungen Akademikern.
Obwohl die Tunesier stolz darauf sind, das erste demokratisch regierte arabische Land zu sein, hat die Demokratisierung nicht den erhofften wirschaftlichen Aufschwung gebracht. Enttäuschung und Frustration der Verlierer bleiben ein Nährboden für Radikalisierung und weiteren Aufruhr. Auch wenn der Premierminister *Habib Essid* immer wieder zur Geduld mahnt.[50]

Eine Änderung der Spielregeln der politischen Systeme muss im Inland entstehen

Tunesien ist noch immer ein Lichtblick, auch wenn er flackert. Eine relative Ausnahme im Bestreben, Demokratie zu exportieren. Meist verläuft das Bemühen, Ländern mit einer anderen Kultur und Geschichte die westliche Demokratie gleichsam überzustülpen, nicht anders, als eine Person in einer Sprache anzusprechen, die sie nicht versteht. Obwohl es schwer genug ist, die Wirtschaft eines Landes zu revitalisieren, hat sich gezeigt, dass die Kluft zwischen fundamental religiösen und säkularen Gruppierungen zu schließen und eine Regierung zu bilden, die von allen akzeptiert wird, die größte Hürde ist.

Wie schon zuvor gesagt, brachte der Arabische Frühling in den meisten Ländern Nordafrikas und des Nahen Ostens keine echte Veränderung des politischen Klimas, aber er hat zumindest eine Suche nach neuen Regierungsmodellen in Gang gesetzt. Bildung bleibt das Schlüsselelement – sowohl

---

50 http://www.yourmiddleeast.com/opinion/shattered-tunisian-economy-puts-political-transition-at-risk_38411

wenn es um wirtschaftlichen Fortschritt geht als auch dabei, Offenheit für jedwede demokratische Forderung der Bevölkerung zu entwickeln. Amerikas Kriege in Afghanistan und dem Irak haben gezeigt, dass es selbst mit der besten Absicht (die in Frage gestellt werden kann) weder möglich noch gewünscht ist, jenen Ländern eine westliche Demokratie aufzuzwingen, deren Kultur und Geschichte wenig mit der Kultur und der Geschichte ihrer selbsternannten Dozenten gemein haben.

> *Bei der Forderung nach demokratischen Regierungsmodellen ist der evolutionäre Weg die Lösung.*

»The people still want a bigger say« (Die Menschen fordern weiterhin ein größeres Mitspracherecht) war die Headline in *Economits* (18. November 2013) in einem Bericht über den Mittleren Osten und Afrika. Saudi-Arabien und die Vereinigten Arabischen Emirate sind darin keine Ausnahme. Es gibt eine Verlagerung in den Beziehungen zwischen den Herrschenden und dem Volk. Der Ruf nach Veränderung wurde vom Arabischen Frühling inspiriert. Die Monarchen am Arabischen Golf werden wahrscheinlich nicht auf ihren Machtanspruch verzichten, aber es hat den Anschein, dass es einen Prozess zur Verbesserung ihrer Leistungen gibt, um damit ihren Anspruch, über ihre Länder zu herrschen, zu legitimieren.

Meritokratie ist ein Schlüsselwort, wenn es darum geht, zu regieren, ohne die Legitimierung aus Wahlen abzuleiten. Die Kontrollfunktion wird nicht von den – meist durch die Regierung kontrollierten – Medien ausgeübt, sondern von den sozialen Medien. *YouTube, Facebook, Twitter* und andere Netzwerke bieten einen riesigen, relativ unkontrollierten Raum zum Austausch von Meinungen und Urteilen zu politischen Führern und zur Entwicklung von Ideen. Saudi-Arabien, eine eher geschlossene Gesellschaft, hat im weltweiten Vergleich höchst aktive soziale Medien.

Genau wie in China kann in den arabischen Ländern ein Fehlverhalten der Herrscherklasse nicht mehr länger unter den Teppich gekehrt werden, sondern es wird über das Internet – zum Ärger oder der Belustigung aller – verbreitet. Ob dies ein Regierungsbeamter in den Arabischen Emiraten ist, der dabei erwischt wurde, wie er den Fahrer eines Autos zusammenschlug, der mit seinem Wagen zusammenstieß, oder ein sogenannter Prinzling in China, der mit seinem Ferrari einen Unfall verursachte – die Allgegenwärtigkeit von Mobiltelefonen deckt alles auf.

Das Internet hat die Tür zu einer anderen Welt geöffnet und junge Araber wollen an ihr ebenso teilhaben wie junge Chinesen und Brasilianer. Wenn wir von jungen Menschen gefragt werden, wie man Veränderungen in ihr Land tragen kann, raten wir dazu, so weit wie möglich zu gehen, ohne dabei die rote Grenze zur Revolution zu überschreiten. In den meisten Fällen ist evolutionärer Wandel die bessere Wahl.

> *Die zunehmende globale Verbundenheit zwingt autokratische Systeme, eine stärkere Beteiligung der Bevölkerung zu ermöglichen.*

The National, eine Zeitung im Besitz der Regierung der Vereinigten Arabischen Emirate, berichtete in ihrem Leitartikel vom 4. Dezember 2013 von einem einst undenkbaren

Handeln. Scheich Muhammad bin Raschid, Herrscher von Dubai, Premierminister und Vizepräsident der Vereinigten Arabischen Emirate und der Vater der modernen Architektur von Dubai, ist dabei, Dubai als Touristenziel sowie Finanz- und Industriezentrum aufzubauen, um es so auf eine Ära nach dem Erdöl vorzubereiten. In seinem Tweet auf *Twitter*, dem Millionen Menschen folgen, rief er dazu auf, dass »jeder Mann, jede Frau (!) und jedes Kind an der bislang größten nationalen Brainstorming-Sitzung teilnehmen solle, um neue Ideen für das Gesundheitswesen und die Bildung zu finden«.

Eine Meritokratie, die eine größere Transparenz ermöglicht und die politischen Führer zur Rechenschaft zieht, scheint ein gangbarer Weg zu sein. Innovation ist nicht auf technologische Innovation beschränkt und wird um soziale und kulturelle Innovationen erweitert. Je mehr es die Leistung ist, die die Herrschaft rechtfertigt, desto notwendiger wird es, nach neuen Ansätzen zu suchen, um gegenüber den Mitbewerbern konkurrenzfähig zu bleiben.

Verbesserungen bei der Bildung sind die grundlegenden Instrumente. Um den Fortschritt und die Versäumnisse zu bemessen, haben die Regierungen in Dubai und den Vereinigten Arabischen Emiraten Leistungsindikatoren (Key Performance Indicators – KPI) erstellt.

In Dubai hat sich die Regierung ein Ziel für das Jahr 2021 gesetzt. Jedes Ministerium hat die KPI-Anforderungen zu erfüllen, sei es im Bereich der Bildung oder zur Verbesserung des Geschäftsumfeldes, und jährlich der Öffentlichkeit und zusätzlich monatlich Scheich Muhammad bin Raschid Bericht zu erstatten. Niemand auf der Liste der 46 Ministerien und Aufsichtsbehörden möchte sich am Ende der Liste sehen.

Obwohl die Vereinigten Arabischen Emirate als eines der am wenigsten korrupten Länder im Nahen Osten eingestuft werden, müssen sie auf lange Sicht eine Brücke zwischen der alten, traditionellen, von oben geführten Regierung hin zu einer größeren Beteiligung des Volkes errichten.

Chronik eines Experiments

Es ist möglich, mutig zu handeln. Und von allen Ländern der Welt war es das zweitärmste Land Zentralamerikas, Honduras, das im Jahr 2011 auf dem Weg war, die Welt mit einem Experiment zu überraschen. Eine Stadt, aus dem Nichts aufgebaut, mit eigener Regierung, eigener Gesetzgebung, Gerichten, Polizei und eigenem Steuersystem, frei von Korruption und organisierter Kriminalität. Sie könnte zu einer Quelle von Wohlstand und Fortschritt werden, ein leuchtendes Beispiel, eine Inspiration für Länder mit Wirtschaftspotenzial, die aber nicht in der Lage sind, veraltete nationale Regierungsstrukturen zu verändern.

Zwei Männer wurden unabhängig voneinander die Paten des Projektes. *Octavio Sánchez*, ein Mitglied der Nationalpartei von Honduras, und *Paul Romer*, ein amerikanischer Wirtschaftswissenschaftler. Sanchez träumte von einer Bildungsreform, einer blühenden Wirtschaft und der Befreiung der Frauen. Honduras' Probleme, so glaubte er, wurden nicht durch zu viel Kapitalismus verursacht, sondern durch Politiker, die nicht in der Lage sind, die Gesellschaft so zu organisieren, dass die Menschen in die Lage versetzt werden, Wohlstand zu schaffen.

Tausende Meilen nördlich von Honduras war *Paul Romer* in Colorado davon überzeugt, dass die meisten Entwicklungsmodelle bislang versagt hatten. Für ihn ist die Lösung Hongkong, wo britische Normen und Einrichtungen erfolgreich ein Umfeld für wirtschaftliches Wachstum geschaffen haben. So sehr, dass es später eines der Modelle für die Wirtschaftsreformen in China unter *Deng Xiaoping* wurde. Als *Romer* im Jahr 2010 sein Konzept in einer TED-Konferenz vorstellte[51], sahen Millionen ihm online zu. Einer von ihnen war *Octavio Sánchez*. Alles, was *Romer* brauchte, war ein Land, das bereit war, seine Ideen umzusetzen. Er fand es in Honduras.

> *Wenn man ganz unten ist, hat man festen Boden erreicht.*

Der Ausgangspunkt war einfach. In Honduras konnte es kaum noch schlimmer kommen. Die Mordrate war die höchste der Welt. Fast jeder Zweite lebte von weniger als 1,25 US-Dollar am Tag. Nur 250.000 seiner 7,9 Millionen Einwohner bezahlten Steuern und dennoch blühten manche Handelsbereiche; 95 Prozent der Drogen, die in die Vereinigten Staaten geschmuggelt wurden, wurden durch Honduras geschleust. *Octavio Sánchez* und *Paul Romer*, jeder auf seine Art, träumten denselben Traum: Wohlstand in ein abgewirtschaftetes Land zu bringen, indem man dem Modell Hongkongs folgte. Am selben Tag, an dem *Sánchez Paul Romers* TED-Konferenz verfolgte, holte er die Erlaubnis ein, sich mit ihm in Verbindung zu setzen. Es war der Beginn eines kühnen Experiments auf der Grundlage eines einfachen Prinzips: Man nehme ein Stück unbewohntes Land, das groß genug ist für eine Stadt mit mehreren Millionen Einwohnern, man regiere es mit gut durchdachten Regeln und man lasse diejenigen, denen die Idee gefällt, dorthin ziehen.

Im Dezember 2011 schrieb der *Economist*: »Hongkong in Honduras. Ein ambitioniertes Entwicklungsprojekt, das

---

51 https://www.ted.com/talks/paul_romer_the_world_s_first_charter_city?language=en

bestrebt ist, ein zentralamerikanisches Land aus seiner wirtschaftlichen Misere zu ziehen. Kann das funktionieren?« Neu anzufangen, unbelastet von verkrusteten Strukturen und überwacht durch ausländische Experten, die die Stadt regieren. Der Wohlstand wurde strategisch in dem, was *Romer* eine »Gründerstadt« nannte, geschaffen. Aus dem Nichts aufgebaut, mit ihrer eigenen Regierung, eigenen Gesetzen und einer eigenen Währung, autokratisch regiert, bis sie weit genug ausgereift ist, um Wahlen abzuhalten. Das Projekt »Sonderentwicklungsregionen« passierte eine Verfassungsänderung, und es wurde ein »verfassungsrechtliches Statut« genehmigt, das die Schaffung autonomer rechtlicher Rahmenbedingungen ermöglichte. Am 19. Januar 2011 stimmte das honduranische Parlament mit 124 Ja-Stimmen zu einer Nein-Stimme für die entsprechende Änderung der Verfassung. Am 6. Dezember 2011 ernannte Präsident *Porfirio Lobo* die ersten Mitglieder der »Transparenten Kommission«, deren Aufgabe es war, die Integrität der neuen Rechtspersönlichkeit zu überwachen und sie frei von Korruption zu halten.

Schritt für Schritt gewann das Projekt an Schwung. Internationale Medien wie *The New York Times, The Wall Street Journal* und *The Economist* berichteten über ein nie dagewesenes Experiment. *Romer* wurde der Held. Die internationale Aufmerksamkeit nahm zu und vor Ort traten Reibereien auf. *Romer* kämpfte um ein einsames Stück Land im Nordosten, fernab von der Kriminalität und Korruption in Honduras.

Sánchez, der von den Interessen des New Yorker Unternehmers *Michael Strong* unterstützt wurde, der auf die Möglichkeit zu Investitionen in Lateinamerika gewartet hatte, wollte die Stadt in der Nähe von Puerto Cortes, dem modernsten Hafen von Honduras, bauen. Strong plante, innerhalb von 10 Jahren 1 Milliarde Dollar in die Stadt zu investieren. Und er war eng mit US-amerikanischen Unternehmern vernetzt, die daran interessiert waren, ihre Produktion auszulagern. China ist billig, aber weit weg. Honduras liegt vor der Haustür.

> *Zu diesem Zeitpunkt war Honduras dabei, das radikalste Experiment gegen Armut und Unterentwicklung zu starten, das es jemals gegeben hatte.*

Journalisten schrieben über *Romer* als den Helden der Geschichte. Die Honduraner sahen dies etwas anders. Am Rande der Realisierung, als der Erfolg schon zu spüren war, verwandelte sich das Projekt in einen Kampf um Prestige und Ego. *Romer* nannte das Projekt »Charter City«, *Sánchez* bevorzugt das Wort RED (die spanischen Anfangsbuchstaben für Sonderentwicklungsregionen). *Romer* führte Gespräche mit der kanadischen Regierung als Mandatsmacht für die Stadt. Kanadas Premierminister sollte für die Stadt einen Gouverneur ernennen. *Sánchez* wollte die Souveränität nicht in die Hände einer ausländischen Nation legen. Innerhalb eines halben Jahres vergiftete sich die Stimmung zwischen *Romer* und der honduranischen Regierung. Der Wirtschaftswissenschaftler *Romer* wollte sich die Wirklichkeit für sein Konzept zurechtbiegen. *Sánchez*, der Politiker, wollte *Romers* Konzept an die Wirklichkeit anpassen.

In Honduras nahm die Kritik an dem Projekt zu. Die Linke bezeichnete es als reinen Neokolonialismus, der die Reichen reicher macht. Eine Gruppe von Rechtsanwälten nannte es verfassungswidrig und brachte den Fall vor den Obersten Gerichtshof. Die Opposition, die das Projekt zunächst unterstützt hatte, machte eine Kehrtwendung und schloss sich den Protestgruppen an. Ein bahnbrechendes Experiment verwandelte sich in Routinepolitik. Das Oberste Gericht von Honduras in Tegucigalpa entschied, dass das Projekt verfassungswidrig sei.

Der Todesstoß für die ursprüngliche Idee kam mit der Ankündigung, dass Honduras eine Absichtserklärung mit Michael Strong unterzeichnet hatte. *Romer* wurde davon überrascht und zog sich aus dem Projekt zurück. Strong begann mit einem kleinen Pilotprojekt im Bereich der Infrastruktur. *Octavio Sánchez* wollte an der Idee festhalten, »aber wir müssen die richtigen Bedingungen inmitten politischer Turbulenzen schaffen. Die Möglichkeit, dass ein ausländischer Staat regiert, passte nicht, alles andere aber schon.«

»Es war ein Fehler, Romer an Bord zu holen. Wir hätten das Projekt selbst verwirklichen sollen. So, wie wir es nun tun werden.« Mit einer stärkeren Kontrolle des Staates, weniger Unabhängigkeit für die Stadt und einer neuen Beratungskommission von 21 Experten hofft *Sánchez*, dass sein Traum für Honduras, den er im Jahr 1991 im Alter von 15 Jahren aufgeschrieben hat, noch wahr wird. Noch ist dafür Zeit. In seinem Traum endete die Geschichte im Jahr 2050, als ein blühendes Honduras der Gastgeber der Fußballweltmeisterschaft ist.

Ob Honduras im Jahr 2050 dort ist, wo *Sánchez* es haben möchte, bleibt ungewiss.[52]

---

52 *Der Neustart, Die Zeit*, 31. Oktober 2013; *Hong Kong in Honduras, The Economist*, 10. Dezember 2011; *Plan for Charter City to fight Honduras poverty loses its initiator [Plan für Charter-City im Kampf gegen Armut in Honduras verliert seinen Initiator], New York Times*, 30. September 2012.

Singapur: Wirtschaftlicher Wandel innerhalb einer Generation

In einem einfachen Vergleich sagen wir oft, dass der Westen eine belehrende Gesellschaft und Asien eine lernende Gesellschaft ist. »Was können wir lernen?«, scheint die Frage für jede erdenkliche Situation zu sein. Als wir das Industriegebiet von Suzhou besuchten, wurde uns erneut vor Augen geführt, dass es dieses Prinzip war, das Singapur und China half, der wirtschaftlichen Katastrophe zu entkommen. Sein Museum zeigt die Geschichte und frühen Anfänge einer modernen Industriestadt im Jahr 1992, als China von Singapur lernte.

Zu lernen und die notwendigen Veränderungen vorzunehmen, war gewiss eine der Leitlinien des Mannes, der auch zu Chinas oberstem Lehrmeister wurde, *Lee Kuan Yew*, der sich vom Musterschüler des kolonialen Singapurs nach einer Eliteausbildung in Großbritannien zu Singapurs Führer hochgearbeitet hat. In den 1970er-Jahren wurde ihm klar, dass der Sozialismus nicht sinnvoll war und sogar den Niedergang der britischen Wirtschaft verursachte. »Lee nahm das westliche Rezept für einen modernen Staat – und mischte zwei Teile Hobbes [1588–1679, englischer Philosoph, Begründer der Theorie des modernen Absolutismus für den Souverän, *Anm. des Hrsg.*] und einen Teil Mills [1806–1873, britischer Philosoph und einer der einflussreichsten liberalen Denker seiner Zeit, *Anm. des Hrsg.*] mit einer Prise asiatischer Werte«, schrieben John Micklethwait und Adrian Wooldridge in ihrem Buch the *Fourth Revolution*.

Es war kein Zufall, dass *Deng Xiaopings* erster Auslandsbesuch als Führer in der Frühphase der Öffnung Chinas ihn bereits 1978 nach Singapur führte. Und es war kein Zufall, dass *Xi Jinping*, als er zu Chinas neuem Führer auserkoren wurde, »in die Warteschlange springen wollte, um den Dienstälteren zu treffen, dem wir unseren Respekt zollen«.

Und um »den Mann zu treffen, der Margaret Thatcher zufolge ›niemals falsch lag‹: Lee Kuan Yew« (John Micklethwait und Adrian Wooldridge, *The Fourth Revolution*).

Singapur ist ein Beispiel dafür, dass es möglich ist, eine Volkswirtschaft umzudrehen, indem man sich die Effizienz der Autokratie nutzbar macht, und dabei gleichzeitig die Akzeptanz der Leute zu gewinnen. Die Formel: Intelligente Langzeitstrategien und eine Meritokratie mit einer ergebnisorientierten Politik. Singapurs BIP pro Kopf stieg von 516,29 US-Dollar im Jahr 1965 auf 55.182,48 US-Dollar im Jahr 2013 (Weltbank).

Die Effizienz einer Autokratie als Grundstein zu wirtschaftlichem Erfolg

Singapur mit seinen gerade einmal 712 Quadratkilometern begann seinen Aufstieg unter der autoritären Herrschaft des Familienclans von *Lee Kuan Yew*, der ein Sumpfland in eine florierende Wirtschaft verwandelte. Als *Lee Kuan Yew* im Jahr 1959 Premierminister Singapurs wurde, sah er sich einer Massenarbeitslosigkeit, fehlendem Wohnraum und Ackerland sowie keinerlei natürlicher Ressourcen gegenüber. Innerhalb nur einer Generation verwandelte sich Singapur von einem Entwicklungs- zu einem Industrieland. Die People's Action Party hat seit dem Jahr 1959 alle Wahlen in Singapur gewonnen. 2004 wurde *Lee Hsien Loong*, der älteste Sohn *Lees*, *Lee Kuan Yew's* Nachfolger.

Heute rangiert Singapur auf der Liste der Länder mit der geringsten Korruption an 6. Stelle. Im Jahr 2012 rangierte Singapur bei PISA, der weltweiten Erhebung zur Bildung, auf Platz 2 bei den Kompetenzen in Mathematik und Alphabetisierung und auf Rang 3 bei den Lesekompetenzen

Regierungsführung

sowie bei der wissenschaftlichen Bildung. Bei computerbasierter Mathematik und computerbasierter Bildung nimmt Singapur Rang 1 der Weltrangliste ein. Beim Pro-Kopf-Einkommen rangiert Singapur zwischen Rang 3 (IWF), Rang 4 (Weltbank) und Rang 6 (CIA) und liegt auf Rang 2 im Global Competitiveness Index. Jeder 6. Haushalt verfügt über ein Millionenvermögen. Singapur hat damit den weltweit größten Prozentsatz an Millionären. Es ist Gastgeberland für mehr als 7.000 multinationale Unternehmen, seine Wirtschaft wird als eine der freiesten, innovativsten, konkurrenzfähigsten und unternehmensfreundlichsten eingestuft. Die Weltbank nannte es »ein Spitzenparadies für die Geschäftswelt«.

Singapur hat seinen ehemaligen Kolonialherr Großbritannien in Bezug auf den Lebensstandard und die Qualität der Schulen und Krankenhäuser geschlagen. Das Land erwartet großen Einsatz und bezahlt die Lehrer und das Verwaltungspersonal mit rund 4.500 US-Dollar pro Monat sehr gut.

Auch wenn akute Armut in Singapur selten ist, nimmt es Rang 3 bei der Ungleichverteilung der Einkommen in den Industrieländern ein, nach Chinas Hongkong und den Vereinigten Staaten. Dennoch liegt die Arbeitslosenquote bei den Erwerbstätigen über 15 Jahren bei lediglich 2 Prozent.

Sitzt man auf der Terrasse des Fullerton Hotels, kann man eine Parade von Nationalitäten beobachten, die den Singapore River entlangschlendern. Singapurs ethnisches Bild ist so bunt wie seine Küche. Die Mischung aus westchinesischer, konfuzianistischer, malaiischer, islamischer und indischer Kultur hat zu keinerlei kulturellen Spannungen geführt, sondern zu einem faszinierenden, multinationalen, multikulturellen Bild.

Auch wenn Singapur nicht viele Kriterien einer westlichen Demokratie erfüllt, haben wir die Erfahrung gemacht, dass die Bürger mit der Leistung ihrer Regierung zufrieden sind. Bei unseren zahlreichen Besuchen in Singapur und nach dem, was uns singapurische Freunde und im Ausland lebende Singapurer erzählen, gibt es wenig Grund zum Protest. »Neulich hat jemand zum Protest aufrufen, aber keiner kam«, erzählte unsere Freundin Rosemarie, eine sehr erfolgreiche Unternehmerin.

Nach *Micklethwait* und *Wooldridge* ist *Lees* Modell »elitär und geizig, ja sogar herrisch, wenn es um den staatlich gelenkten Kapitalismus geht, unverhohlen elitär und sogar royal wie die Personifizierung des Leviathan.« Aber es »bietet den Menschen die Möglichkeiten, die sie für ihren Aufstieg benötigen, und überlässt es ihnen, wie sie ihr eigenes Wohl organisieren wollen«. Der Fahrplan von bitterster Armut hin zum Superreichtum wurde in *Lees* Amtszimmer geschrieben. Er soll einmal gesagt haben: »Wir entscheiden, was richtig ist, egal, was die Leute denken.« Solange es den Singapurern gut geht, scheint dies kaum einen zu stören.

> *Afrika kommt wirtschaftlich wieder auf die Beine, politisch aber steckt es immer noch in den Kinderschuhen.*

Einige Seiten zuvor schrieben wir, dass der Westen vor einem gedeckten Tisch hungert. Dies trifft auf Afrika sogar noch mehr zu, allerdings auf ganz andere Art und Weise. Welch ein Kontinent könnte das sein! *Lee Kuan Yew* schickte Oppositionelle ins Gefängnis und regierte Singapur fast 30 Jahre lang autokratisch, aber wie viele Afrikaner würden gerne diesen Preis für einen Regierungschef bezahlen, der die Entschlossenheit und Fähigkeit hat, die afrikanischen Länder aus der Misere zu ziehen?

Korruption, schlechte Regierungsführung, Arbeitslosigkeit und eine große Kluft zwischen urbanen und ländlichen Gebieten hat die Entwicklung Afrikas in den vergangenen Jahren zum Stillstand gebracht. Infrastruktur und Bildung waren in vielen afrikanischen Ländern schlechter als am Ende der Kolonialzeit, als die erste Euphorie erwartete, dass Afrika der am schnellsten wachsende Kontinent würde. Anstelle von Afrika hat Asien, zuerst mit Japan und Südkorea, die größten Sprünge in Richtung Wohlstand gemacht, wohingegen Afrikas BIP immer noch nur 3 Prozent des weltweiten BIP beträgt. Aber nun haben sich die Umstände weltweit grundlegend verändert. Und das ist die Chance für Afrika.

Um ein nachhaltiges Wachstum zu schaffen, benötigen die afrikanischen Länder politische Reformen. Es gibt noch immer einen Mangel an guter Führung. »Kleptokraten« und autokratische Regierungen sind an der Macht, Transparenz und die Rechtsstaatlichkeit sind kaum vorhanden, Korruption ist weit verbreitet. Unter der Führung von Präsident Mugabe erzielte Zimbabwe mit einer Inflation von 60 Millionen Prozent im Jahr 2009 einen neuen Weltrekord und vollbrachte das Wunder von 63 Bezirken, wo es mehr Wähler als Einwohner gibt. Mit einer durchschnittlichen Lebenserwartung von 37 Jahren bei Männern und 34 Jahren bei Frauen kann das Land stolz auf seine 74.000 Wähler sein, die 100 Jahre alt sind. Vor der katastrophalen Landrevolution, die 4.000 weiße Landwirte enteignete, war Zimbabwe eine der Kornkammern Afrikas, nun muss das Land Getreide importieren.

Das klingt alles düster, aber was einst eine fruchtbare und florierende Landwirtschaft war, kann wieder aufgebaut werden. Auf die eine oder andere Weise wird die Ära Mugabe enden und es kann einen Neuanfang geben. Alles in allem, schreibt das deutsche Magazin *Der Spiegel* im Dezember 2013 in einer dreiteiligen Abhandlung über Afrika, waren zum Ende des Kalten Krieges nur 3 von 53 afrikanischen Ländern halbwegs demokratisch organisiert. Heute sind es 25 von 54.

> *Die Beschäftigung mit den Problemen Afrikas ist der erste Schritt zur vorteilhaften Nutzung seines Potenzials.*

Afrikas gegenwärtige postkoloniale Grenzen spiegeln kaum die historisch gewachsene ethnische Vielfalt, ethnische Trennlinien oder wirtschaftliche Bündelungen wider. Vielmehr sind sie das Ergebnis von Verhandlungen zwischen den ehemaligen Kolonialmächten, wie sie am Ende des 19. Jahrhunderts festgelegt wurden. Die Landkarten Afrikas, ähnlich wie die Landkarten Lateinamerikas, sind Relikte seiner kolonialen Vergangenheit. Willkürlich gezeichnete Nationalstaaten wurden die einzigen Organisationsmodelle, wobei ihre Grenzen oftmals als eines der grundlegenden Übel Afrikas angesehen werden. Sie trennten ausgedehnte Stammesfamilien, durchschnitten Handelswege und verschlechterten den Austausch von Nahrungsmitteln und anderen Ressourcen. Künstlich geschaffene Landesgrenzen um Territorien kehrten den Prozess der Staatenbildung um. Die Suche nach einer gemeinsamen Identität sowie nach nationalem Bewusstsein und Stolz als Folge der gemeinsamen Identität der ethnischen Herkunft, religiöser Traditionen und Sprachen gehören zu den größten Herausforderungen der afrikanischen Länder.

Die Menschen sind wirtschaftlich aneinander gebunden, aber ihr Wunsch nach der Manifestierung ihrer Besonderheiten wächst. Die afrikanischen Länder öffnen sich der Welt und beschäftigen sich mit dem Paradoxon, dass sie umso mehr auf lokaler Ebene handeln wollen, je mehr sie sich der Globalisierung öffnen. Je mehr sie an andere ethnische Gruppen und Stämme gebunden sind, desto mehr bestehen sie auf dem, was sie von anderen unterscheidet. Und dies kann sich auch in Gewalt ausdrücken. Auf der Suche nach neuen Regierungsmodellen, die zur Geschichte Afrikas passen, versperren wirtschaftliche, kulturelle und ethnische Hindernisse den Weg. Viele afrikanische Länder sehen sich immer noch dem Problem gegenüber, dass sie ein System schaffen müssen, das politische Ordnung, Schutz vor körperlicher Gewalt, Rechtsstaatlichkeit, eine grundlegende soziale Sicherheit, eine Infrastruktur sowie die Versorgung mit Wasser, Energie und Nahrungsmitteln bietet.

Viele afrikanische Länder sind mit einem Durchschnittseinkommen von weniger als 1.036 US-Dollar pro Jahr noch immer unter den ärmsten Ländern der Welt. In Somalia benötigen laut den Vereinten Nationen fast 3 Millionen Menschen lebensrettende Unterstützung. Philippe Lazzarini, Chef der UN-Hilfe für Somalia sagte: »50.000 Kinder stehen aufgrund einer schweren Fehlernährung an der Schwelle zum Tod.« Das Programm UNAIDS bittet um Spenden in Höhe von 933 Millionen US-Dollar, um die dringendsten Hilfsprojekte im Jahr 2014 finanzieren zu können.

Nach einem Bericht von Reuters haben internationale Spender ihre Spenden in Somalia aufgrund der dringenden Bedürfnisse in Syrien, im Südsudan und der zentralafrikanischen Republik gekürzt. Es gibt in vielen afrikanischen Ländern noch immer große Unzulänglichkeiten bei der Schaffung einer politischen und rechtsstaatlichen Ordnung sowie grundlegender Leistungen des Sozialsystems. Die Richter und die Gerichte sind oftmals korrupt und es mangelt an der Gleichheit vor Gericht. Die Ausbildung der Polizeikräfte ist so schlecht wie ihr Gehalt, sodass sich viele an kriminellen Handlungen beteiligen.

Dennoch befindet sich die Regierungsführung in vielen Ländern Afrikas in einer Übergangsphase. Das bemerkten wir im positiven, für uns allerdings negativen Sinn, als wir im November 2015 in Tanzania zu den Teilnehmern einer afrikanischen Konferenz sprechen sollten. Da Präsident Magufuli, der seit 5. November im Amt ist, offenbar tatsächlich durchgreift und höhere korrupte Beamte ihre Stellung räumen mussten, wurde die Situation so unruhig, dass die Konferenz einen Tag vor unserem Abflug abgesagt wurde.

Keine Flitterwochen für Indiens neuen Premierminister Narendra Modi!

Einige der sogenannten Demokratien dienen in Wahrheit der regierenden Kaste der Länder und dem internationalen Kapital und nicht ihrem Volk. Während dies in vielen afrikanischen »Kleptokratien« der Fall ist, trifft es auch in Indien unter anderen Bedingungen zu. Indien wird als die größte Demokratie der Welt gepriesen und oftmals mit einem viel zu optimistischen Ausblick belohnt. Im Jahr 2007 prognostizierte ein Bericht von *McKinsey*, dass Indiens Mittelklasse »die nächsten Big Spender« sein würden, aber bis 2014 hat sich das Durchschnittseinkommen nicht genug erhöht, um diese Prognose zu erfüllen. Viele machen Indiens lange Zeit regierende sozialistische Partei und die Familie Gandhi dafür verantwortlich.

Aber nun liegt Veränderung in der Luft – zumindest rhetorisch. An der Basis hat der Kongress bereits Premierminister *Modi* kritisiert, weil er sich nicht an die »Slogans seiner Wahlkampfrhetorik« hält. Mitglieder des Kongresses verspotteten seinen Blog und meinten, der Premierminister müsse aus seiner Wahlkampfrhetorik herauskommen. Indiens führende Wirtschaftszeitung *The Economist Times* zitierte am 27. Juni 2014 Modis persönlichen Blog, als er nach einem Monat im Amt schrieb: »Frühere Regierungen hatten den Luxus, diese Flitterwochen auf bis zu 100 Tage und sogar noch weiter auszudehnen. Ich habe diesen Luxus nicht. Vergessen Sie 100 Tage, die Serie von Verdächtigungen begann in weniger als 100 Stunden.«

Das *Wall Street Journal* (16. Juni 2014) berichtete über Premierminister Modis ersten Auslandsbesuch Anfang Juni in Bhutan ganz im Geist seiner Antrittsrede, in der er alle regionalen politischen Führer einlud. WSJ zitiert P. D. Rai, einen Abgeordneten in Sikkim, dem kleinen Staat im Nordwesten Indiens, das eine gemeinsame Grenze mit Bhutan hat: »Obwohl Indien bei südasiatischen Angelegenheiten, nicht nur den Handel betreffend, gern mehr zu sagen hätte, waren wir bislang nicht in der Lage, einen wesentlichen politischen Einfluss auszuüben. Auf längere Sicht ist die Regierung *Modi* bestrebt, Indien zum beherrschenden ausländischen Investor in Südasien sowie zum wichtigsten Anbieter von Infrastruktur-Darlehen zu machen, ebenso wie dies China in weiten Teilen im Rest von Asien und in Afrika getan hat.«

Zumindest Indiens Wirtschaftsgemeinschaft ist bezüglich der zukünftigen Erfolge von Premierminister *Modi* sehr zuversichtlich. Nach einer Studie von *McKinsey* vom Juni 2014 glauben 96 Prozent der Führungskräfte in Indien, dass sich die Wirtschaft ihres Landes in den nächsten 6 Monaten verbessern wird, und 75 Prozent glauben, dass sich die Bedingungen bereits verbessert haben. Im Juli 2009, als Manmohan Singh und seine Kongresspartei die Wahlen gewonnen hatten, sagten jedoch 72 Prozent der Führungskräfte dasselbe.

Vor Ort haben wir die Stimmung Anfang 2016 als nicht gerade optimistisch erlebt. In einem ist Indien tatsächlich mit China vergleichbar. Die Herausforderung ist nicht ein Mangel an Beschlüssen der Regierung, sondern die Hürden in der Umsetzung.

Wird es Indien oder China sein? Ein Scherz.

Dennoch ist die Frage, ob Indien oder China die Nase vorne haben, nicht mehr als ein Scherz. Indien hat noch einen weiten Weg vor sich. Und im besten Fall bringt die Wahl von Premierminister *Modi* eine Kehrtwende, genau wie dies *Deng Xiaoping* für China tat. Dazu ist Indien aber nicht flexibel genug. Indiens vielschichtige Vorschriften und Steuern werden das Land noch viele Jahre behindern.

Indiens Bürokratie ist eine hohe Bürde bei seinem Wettlauf zu China aufzuschließen – es könnte seine wesentlich jüngere Bevölkerung zu seinem Vorteil nutzen. Während das Durchschnittsalter in China bei rund 38 Jahren liegt und in den nächsten Jahrzehnten steigen wird, liegt Indiens Durchschnittsalter bei rund 28 Jahren. Die mehr als eine halbe Milliarde junger Menschen in Indien, und vor allem seine unterprivilegierten Frauen, stellen ein enormes Potenzial dar. Doch sie benötigen die Unterstützung und das entsprechende Umfeld, es zu ihrem Vorteil zu nutzen. Frauen tragen derzeit nur 17 Prozent zum indischen BIP bei und stellen nur 24 Prozent der arbeitenden Bevölkerung[53]. Ohne eine bessere Ausbildung gibt es keine Öffnung hin zu den Möglichkeiten, die die Weltwirtschaft bietet. In seinem Verhältnis zu Frauen und den Dalits, den Unberührbaren, benötigt Indien eine scharfe Kehrtwende.

Eine Überschrift in den *Gulfnews.com* vom 25. Februar 2014 lautet: »Indiens gestörte Demokratie«. Obwohl der Autor, Shashi Tharoor (Indiens ehemaliger Staatsminister für die Entwicklung von Humanressourcen), Indiens Demokratie als »ein außerordentliches Instrument für die

---

53 http://telecom.economictimes.indiatimes.com/news/faster-reforms-could-help-india-grow-rapidly-dominic-barton-Mckinsey/50619710

Verwandlung eines altertümlichen Landes in eine Erfolgsgeschichte des 21. Jahrhunderts« lobt, schreibt er auch, dass der »Tempel der Demokratie, wie die Inder lange Zeit ihr Parlament priesen, durch seine eigenen Priester beschmutzt wurde und nun dringendst eine Reform benötigt«.

Indiens 15. Lok Sabha (das Unterhaus des Parlaments) ging am 14. Februar 2014 schmachvoll in die Geschichte ein. »Indiens Parlament«, schreibt *Gulfnews*, »erlebte die unproduktivsten fünf Jahre in seiner seit sechs Jahrzehnte funktionierenden Demokratie, wobei ganze Sitzungsperioden durch Störungen durch die Opposition und regelmäßige Vertagungen verloren gingen, die den Abgeordneten die Zeit für Beratungen raubten. Die im Mai 2009 gewählten Abgeordneten verabschiedeten weniger Gesetze und verbrachten weniger Zeit in Debatten als ihre Vorgänger.«

Was können die Menschen anderes tun, als zu protestieren, wenn die Leute, die für die Regierung des Landes gewählt wurden, »Parolen rufen, Plakate schwenken, Beleidigungen herumschreien und Vertagungen provozieren – in der Tat fast nichts von dem tun, wofür sie gewählt wurden?«

Indiens Regierung kann auf erste Erfolge verweisen. So rückte es Anfang 2016 vom 142. Platz auf den 130. Platz vor. Im Ranking der weltweiten Wettbewerbsfähigkeit kletterte Indien vom 71. auf den 55. Rang[54].

Die für uns interessanteste Erfahrung war jene mit den Journalisten, die uns anlässlich der Vorstellung dieses Buches in Delhi interviewten. Eine der ersten Fragen war stets, wie wir die Situation Indiens beurteilten. »Viel Gerede und wenig an tatsächlichen Verbesserungen war stark verkürzt unsere Antwort.« »Gott sei Dank«, sagte ein Journalist mit tiefem Seufzer, »ich kann das Gerede von der größten Demokratie und der schnell wachsenden Wirtschaft nicht mehr

---

54 http://telecom.economictimes.indiatimes.com/news/faster-reforms-could-help-india-grow-rapidly-dominic-barton-Mckinsey/50619710

hören.« Das war – leider – auch der Tenor in den Kommentaren der anderen.

Wie wäre es mit China und *Indien?*

»Ebenso wie die zutage kommende Spitze eines verborgenen Schatzes, der auf Ihre Entdeckung wartet, oder ein riesiger Vulkan, der sich selbst auf einen heftigen Ausbruch vorbereitet, kann von der Zusammenarbeit unserer beiden Länder viel erwartet werden.« Starke Worte, die von Chinas Außenminister Wang Yi sanft ausgesprochen wurden. Anders als die politische Rhetorik in vielen Ländern hat China bewiesen, dass die Ankündigungen von Wirtschaftsstrategien nicht nur einfach Geschwätz sind.

Während seines Besuches in Indien Anfang Juni 2014 nannte der chinesische Außenminister Wang Yi die chinesisch-indischen Beziehungen die »dynamischsten bilateralen Beziehungen mit dem größten Potenzial des 21. Jahrhunderts«. Das kommt nicht von ungefähr. Mit mehr als 72 Milliarden US-Dollar ist China ist der größte Handelspartner Indiens (wobei Indien ein bemerkenswertes Handelsdefizit von 48 Milliarden US-Dollar aufweist). Dennoch, es könnte durchaus ein wirtschaftlicher Sturm werden, der über Asien hinwegfegt, wenn die zwei Länder das zustande bringen würden, was offensichtlich Chinas Plan ist: Zusammenarbeit anstatt Konfrontation. Abwarten ist die Taktik beim Grenzproblem zwischen den beiden Ländern, das ein Hindernis werden könnte bei der Nutzbarmachung des »großen Potenzials, das noch angezapft werden muss«, wie dies Wang in einem schriftlichen Interview in der Zeitung *The Hindu* am 8. Juni 2014 formulierte.

Die *China Daily* vom 9. Juni 2014 zitiert Saibal Dasgupta, einen langjährigen Korrespondenten der *Times of India*: »Modi trifft schnelle Entscheidungen und baut eine reibungslose Verbindung zwischen seiner neuen Führung und Peking auf.« Medienberichten zufolge hat Premierminister *Modi* bereits 4-mal China besucht, um Anregungen für den Ausbau der indischen Industrie zu bekommen, die mit 15 Prozent von Indiens Wirtschaft die Hälfte von Chinas 31 Prozent beträgt. Chinas Ministerpräsident *Li* hat die Rolle Indiens in Chinas Asienstrategie bei seinem Besuch in Indien auf seiner ersten Auslandsreise unterstrichen, und es wird erwartet, dass Präsident *Xi* noch vor Ende dieses Jahres Indien einen offiziellen Besuch abstatten wird. Der bilaterale Handel zwischen China und Indien wuchs seit dem Jahr 2000 um das Zwanzigfache, aber »angesichts unserer Bevölkerung von 2,5 Milliarden ist diese Zusammenarbeit immer noch weit von dem Umfang und dem Ausmaß entfernt, auf dem sie sein muss«, sagte Wang. Der Vulkan brodelt.

Der Tanz an der Nebenfront

»Russland macht den Schritt von einer falschen Demokratie hin zu einer falschen Diktatur«, lautete die Überschrift in *Bloomberg View* von Leonid Bershidsky, dem Korrespondenten für Moskau und Kiew. Vladimir Putin, Russlands ehemaliger und gegenwärtiger Präsident, hat restriktive Verordnungen zur Versammlungs- und Meinungsfreiheit unterschrieben. Er hat den Arbeitsbereich von Nicht-Regierungsorganisationen beschränkt und die Rechte von Homosexuellen und Auslandsadoptionen eingeschränkt. Aber, so schreibt Bershidsky, »bislang kümmert sich niemand um die Umsetzung der meisten Regeln.«

Eine Führung anderer Art

Russland ist sicherlich zu einem schwer einschätzbaren Staat geworden. Nach dem Fall der Sowjetunion begründeten Russland und Europa eine neue Partnerschaft mit einem gewissen Ausmaß an Verlässlichkeit. Unsicherheit und Verletzlichkeit gehen nicht mit Partnerschaften einher. Der stellvertretende NATO-Generalsekretär Alexander Vershbow bemerkte gegenüber einer Gruppe von Journalisten im Oktober 2014: »Offenkundig haben die Russen die NATO zum Gegner erklärt, daher müssen wir anfangen, Russland nicht länger als Partner anzusehen, sondern eher als Gegner denn als Partner.« (*cbsnews.com*, 24. April 2014).

Im Jahr 2009 wurde vom damaligen Präsidenten Medwedew viel Geld investiert, um internationale Fachleute nach Jaroslawl, einer 1.000 Jahre alten Stadt 160 Kilometer östlich von Moskau, zu bringen.

Medwedews *Global Policy Forum* wies Ähnlichkeiten mit Putins internationalem Diskussionsklub »Waldai« auf, der 2004 am Waldai-See nördlich von Moskau ins Leben gerufen wurde. Das Ziel war es, die Wahrnehmung Russlands mit »soft power«, also sanfter Gewalt, zu ändern. Trotz aller Kritik der Intelligentia Moskaus, die meinten, dass die meisten Teilnehmer »nützliche Idioten waren, die über den Tisch gezogen worden waren und die heim gehen und dort die Propaganda nachplappern würden, die ihnen zusammen mit Hummer-Terrine und exzellentem Wein gereicht wurde«, wie dies ein Teilnehmer formulierte, sagte dies eine Menge über die politische Realität Russlands.

Nur nebenbei gesagt, Hummer gab es keinen. Die Moskauer Intelligentia hätte aber vielleicht ebenso erstaunt reagiert wie wir, als wir zum Sonderzug kamen, der die meisten der Redner, ausländische Politiker eingeschlossen, nach

Jaroslawl brachte. Was uns erwartete, war nicht etwa eine Art Salonwagen, sondern ein alter, schmutziger Zug aus den 1950er-Jahren.

Zurück nach Moskau ging es dann per Flugzeug. Und wir fragen uns heute, wieso wir es nicht fluchtartig verlassen haben, so alt wie die Maschine war. Im Jahr darauf standen wir unter Schock, als alle Sitzungen unterbrochen wurden, um uns mitzuteilen, dass Präsident Medvedev soeben die Nachricht erhalten habe, dass die gesamte Eishockeymannschaft Jaroslwl in einem Charterflugzeug abgestürzt ist.

Bei einem der drei *Global Policy Foren*, an dem wir in Jaroslawl teilnahmen, drehte sich das Thema der Diskussion mit dem damaligen russischen Präsidenten Medwedew darum, ob eine Demokratisierung oder wirtschaftliches Wachstum für die Entwicklung eines Landes von größerer Bedeutung ist. Können Armut und Demokratie miteinander einhergehen? Ist ein gewisses Maß an Wohlstand die Voraussetzung für die Begründung nachhaltiger, demokratischer Systeme? Russland fehlen sowohl der echte wirtschaftliche Fortschritt als auch die politischen Reformen[55].

Wir erhalten allerdings auch anderslautende Berichte aus Russland. Die Situation sei nicht so schlecht, langsam gehe es aufwärts. Ganz sicher gibt es in den verschiedenen geografischen Regionen Russlands, das sich von West nach Ost über 9.000 Kilometer erstreckt, unterschiedliche wirtschaftliche Bedingungen. Allerdings ist das durchschnittliche Pro-Kopf-Einkommen im Sinken begriffen und die Wirtschaft Russlands in einer Rezession.

Ein Machtzentrum oder ein Niemand?

---

55 http://en.kremlin.ru/events/president/news/8882

Für einige Länder sind natürliche Ressourcen ebenso ein Fluch wie ein Segen. Sie lenken von der Notwendigkeit wirtschaftlicher Reformen und eines durch eine gute Regierungsführung unterstützten Wachstums ab. Ein Gasabkommen, das im Kontext der Weltwirtschaft von Steve Forbes in einem Leitartikel als »keiner Fußnote würdig« bezeichnet wird, wird kaum einen Einfluss auf die Lösung der grundlegenden Probleme Russlands haben.

Steve Forbes ist davon überzeugt, dass Russland »trotz seiner immensen Ressourcen und seiner gut ausgebildeten Bevölkerung, die eine beträchtliche Anzahl fähiger Wissenschaftler und Mathematiker umfasst, eine schockierend kleine Wirtschaft hat, die in verblüffender Weise vom Export von Öl, Gas und einigen anderen natürlichen Ressourcen abhängt. In unserem Hochtechnologiezeitalter sollte Russland ein Machtzentrum anstelle eines Niemands sein.«[56]

Präsident Putin ist sicherlich anderer Ansicht. Er gibt zu, dass Russland, nunmehr die achtgrößte Wirtschaft der Welt (Weltbank), noch viel tun muss, »bevor es die Spitze erreicht«. In einem Interview mit dem französischen Fernsehsender *FT1* und der Radiostation *Europe 1* wurde Putin am 4. Juni 2014 gefragt, wie er in Erinnerung bleiben möchte: »Ich möchte als ein Mensch in Erinnerung bleiben, der sein Bestes für das Glück und den Wohlstand seines Landes und seiner Mitbürger gab.«

> *»Es gibt noch viel zu tun«, bis unter der Jugend Russlands Vertrauen und Hoffnung aufgebaut ist.*

---

56 *Forbes Asia*, Juni 2014

Im Frühjahr 2010 nahmen wir an einer Besprechung im Vorfeld der Planung des Innovationszentrums Skolkovo teil, einem Technologie-Wirtschaftsgebiet, das in der Nähe von Moskau als Plattform für Innovationen auf dem Gebiet der Wissenschaft und Technik errichtet werden soll. Nach dem offiziellen Teil hatten wir die Möglichkeit, den Plan mit Studierenden zu erörtern, die die Nutznießer der Unterstützung sein sollten, die Start-ups und jungen Unternehmern zuteilwerden sollen. Niemand unter den Studierenden vertraute dem Projekt. Am Ende war der Tenor ihrer Meinung, dass nicht sie es sein werden, die Unterstützung erhalten, sondern die politischen Günstlinge. Unsere bedeutendste Beobachtung war das mangelnde Vertrauen und die fehlende Hoffnung unter der Jugend Russlands.

In der Zwischenzeit lässt Russland seine Muskeln spielen. Nach Ansicht der meisten Länder besetzte und annektierte es die Krim, und es gibt großen Anlass zur Sorge, dass die gesamte Ukraine als nächstes an der Reihe sein wird. Viele Russen jubeln Putins Ziel einer Rückeroberung der Weltmacht zu. Russland nimmt eine besondere Position ein. Es teilt sich eine lange Grenze und eine ideologische Vergangenheit mit China. Aber mit einem Bein steht es auch in Europa, für das es der drittgrößte Handelspartner ist. Der Demokratisierungsprozess in Russland war nur von kurzer Dauer. Man kann Putin einen Zar der Postmoderne, einen Autokraten oder den starken Mann, den Russland braucht, nennen.

Unser Kollege, *Stephen Rhinesmith*, ehemaliger Sonderbotschafter der Vereinigten Staaten in Russland, glaubt: »Putins Hauptanliegen liegt in der Neubegründung Russlands als geopolitischer Global Player.« Dies kann er wirtschaftspolitisch nicht erreichen, es sei denn, mit der Drohung, sein Gas und Öl nicht mehr zu liefern.

Aber dies ist keine Wirtschaftspolitik: Dies ist die Nutzung der Wirtschaft für politische Zwecke. Das auf lange Sicht angelegte Gasabkommen, das Putin mit *Xi Jinping* geschlossen hat, kann als Nutzung der natürlichen Ressourcen Russlands nicht nur als Stock, sondern auch als Karotte angesehen werden. In beiden Fällen liegt das Interesse Putins nicht in der wirtschaftlichen Entwicklung Russlands, sondern in der Nutzung von Russlands Ressourcen für die politische Einflussnahme. Nach der Annexion der Krim sagte Präsident Obama in einer Pressekonferenz, dass Russland »einfach nur regionaler und kein globaler Player« sei. In gewisser Weise ist dies die größte Beleidigung, die man Putin angedeihen lassen kann; sie trifft genau ins Mark seines von ihm gewünschten Vermächtnisses – der Führer zu sein, der Russland den geopolitischen Einfluss zurückgebracht hat, den es als Sowjetunion hatte.

Für Europa war Putins Einmarsch auf der Krim ein Weckruf im Bestreben Russlands, seine Position als Weltmacht wiederherzustellen. Es liegt eine gewisse Ironie darin, dass auf der Krim Menschen für den Traum einer unabhängigen, europäischen Ukraine gestorben sind, wohingegen in Europa die Skepsis gegenüber Europa zunimmt. Das Abkommen über die Gründung der Eurasischen Wirtschaftsunion zwischen Russland, Weißrussland, Kasachstan und Armenien (und möglicherweise Kirgisistan) als Binnenmarkt mit 171 Millionen Menschen und einem Bruttoinlandsprodukt von rund 3 Billiarden US-Dollar, trat am 1. Januar 2015 in Kraft. Sein Ziel, ein mächtiger Block mit einem großen Einfluss auf die Weltbühne zu werden, passt genau in Putins imperialistische Pläne.

Unserer Ansicht nach wendet sich Russland, das sich von den Europäern vernachlässigt fühlt, dem Globalen Südgürtel zu, und da es geografisch ein Nachbar von dessen Hauptakteur China ist, sollte dies keine Überraschung sein. Mehr Sanktionen von Seiten Europas und der Vereinigten Staaten, seien sie gerechtfertigt oder nicht, werden diesen Prozess nur beschleunigen. Zar Wladimir IV bietet sicherlich genau das, was die große Mehrheit der russischen Bevölkerung möchte:

eine starke Hand, ein starkes Rückgrat und die Vision eines neu belebten Russischen Reichs.

Impulsgeber und Wegbereiter: die zwei großen E's

In der Einleitung schrieben wir: »Im Laufe der Menschheitsgeschichte wurde unsere Wahrnehmung der Welt stark von Zeit, Ort und Umfeld beeinflusst.« Natürlich müssen wir Bildung hinzufügen.

Bildung ist vergleichbar mit einem Objektiv, durch das wir die Welt und unser Leben darin sehen. Millionen ungebildeter Menschen in Entwicklungsländern beurteilen ihre Chancen im Leben ganz anders als jene, die sich glücklich schätzen können, eine gute Ausbildung genossen zu haben. Gebildeten Menschen fällt es naturgemäß leichter, die Möglichkeiten zu erkennen, die die Globalisierung ihrem Land und ihnen bietet. Und sie sind weniger anfällig für die Anwerbung durch religiöse Fundamentalisten oder Guerillagruppen.

> »Die Grenzen meiner Sprache bedeuten die Grenzen meiner Welt.«
> Ludwig Wittgenstein, österreichisch-britischer Philosoph

Eine jüngste Studie der Europäischen Union zur Lesekompetenz besagt, dass jedes vierte Kind in Europa erhebliche Defizite hat. Das Verständnis vom Inhalt dessen, was sie lesen, ist so marginal, dass es nicht einmal ausreicht, um einen Berufsausbildungstest zu bestehen. *Androulla Vassiliou*, die EU-Kommissarin für Bildung, Kultur und Jugend, sagte: »Wir befinden uns in einer paradoxen Situation. In unserer digitalisierten Welt ist Lesen und Schreiben von größerer Bedeutung als je zuvor, aber unsere Lese- und Schreibkompetenz hält mit dieser Entwicklung nicht Schritt. Wir müssen dringend etwas dagegen tun.« Investitionen, um die Lese- und Schreibkompetenz zu verbessern, sind in jedem Alter wirtschaftlich sinnvoll – sie schaffen einen praktischen Vorteil für den Einzelnen und für die Gesellschaft, der wirtschaftlich gesehen auf lange Sicht Milliarden umfasst.

Lippenbekenntnisse zum Stellenwert der Bildung hören wir beinahe täglich. Und dennoch bleiben Reformen immer wieder in den Kinderschuhen, besser in politischen und organisatorischen Querelen stecken. Bildung ist mehr als abrufbares Wissen, wie es uns asiatische Staaten vorführen. Es schließt die persönliche und soziale Entwicklung mit ein. Ein lebenslanger Prozess, der die Weiche zwischen wachsen und sterben stellt. Es mag radikal klingen, aber ob Baum, Pflanze oder Mensch, was nicht wächst, stirbt.

Es ist kein Zufall, dass wir immer noch an der Weisheit der Philosophen des antiken Griechenlands festhalten. Die Ausbildung in einem Gymnasium (eine Ausbildungsstätte für die Teilnahme an öffentlichen Spielen sowie für gesellschaftliche und intellektuelle Zwecke) war eine Voraussetzung für die Teilnahme an der griechischen Kultur. Rhetorik war Teil der formellen Ausbildung. Aristoteles nannte sie »die Kunst, die zur Verfügung stehenden Mittel der Überzeugung zu finden«.

Eine der berühmtesten Frauen der Geschichte, die ägyptische Königin Kleopatra VII. wird für gewöhnlich wegen ihrer Schönheit gerühmt. Stacy Schiffs Biographie *Kleopatra – Ein Leben* korrigierte dieses Bild. »Kleopatra«, schreibt sie, »war eine gewitzte Strategin und eine raffinierte Verhandlerin, die das Profil der antiken Welt formte.« Kaum einer der Römer, die ihre Geschichte bewahrte, schwärmte von ihrer Schönheit. Denn das Bemerkenswerteste an ihr war nicht ihre herausragende Schönheit, sondern ihre herausragende Eloquenz.

Ägyptens Bildung beruhte auf der griechischen Philosophie und eloquentes Sprechen war eine Fähigkeit, die auch in der ägyptischen Gesellschaft überaus geschätzt wurde. Kleopatras Bildung begann mit Vokabellisten der griechischen Sprache, Poesie und Literatur. Sie konnte Reime schreiben und war mit den verschlungenen Genealogien der Götter vertraut. Sie kannte die Geschichten in- und auswendig. Lernen war eine ernste Angelegenheit, die endlosen Drill, unbegrenzte Regeln und viel Zeit umfasste. Die Entwicklung einer kunstvollen Sprache erforderte große Anstrengungen, fortwährende Studien und verschiedenste Übungen. Nur Erfahrung und Weisheit würden zu einem unfehlbaren, strategischen Gespür führen. Als Kleopatra ihre Studien des rhetorischen und öffentlichen Sprechens mit 13 oder 14 in Alexandria abschloss, war sie wirklich eine begnadete Rednerin.

Ein Ansatz, mit dem auch China in den Jahrhunderten zwischen 700 und 200 v. Chr. vertraut war. Chinas »Hundert Schulen« führte ebenso zu bedeutsamen intellektuellen und kulturellen Entwicklungen. Während dieser Ära entstanden große philosophische Strömungen, wie zum Beispiel der Konfuzianismus, der Legalismus oder der Taoismus. Der sehr berühmte chinesische Philosoph Konfuzius betonte den Einsatz der Eloquenz beim Sprechen.

Bildung war in der Reformationsbewegung des 16. Jahrhunderts ein großes Anliegen. Martin Luthers Thesen waren seine bekannteste Handlung, aber Luther war auch ein ausgesprochener Befürworter der Einführung einer Schulpflicht, was zu dieser Zeit ungehört verhallte. Ein Zugang war weniger bildungsorientiert als religiös motiviert. Sein Ziel war, jedes Gemeindemitglied zu befähigen selbst in der Bibel lesen zu können.

Die Reformation war eng mit dem Humanismus und seiner Bildungsreform verbunden. Es war Johann I. von Pfalz-Zweibrücken, der 1592 nach seiner Konvertierung zum Calvinismus eine Schulpflicht für Mädchen und Buben in seinem Staatsgebiet einführte. Es war die erste Schulpflicht der Welt. Mit der Unterzeichnung des Dokuments zur allgemeinen Schulordnung führte Kaiserin Maria Theresia 1774 die allgemeine Schulpflicht für die Länder des Habsburger Reiches ein. In den Vereinigten Staaten war es Massachusetts, das im Jahr 1852 als erster Bundesstaat den verpflichtenden Schulbesuch einführte.

> *Der Zweck der Bildung ist zu lernen, wie man lernt.*

In China ist die Chengdus Shishi Zhongxue die älteste weiterführende Schule der Welt. Sie wurde von *Wen Weng* vor 2.150 Jahren in seiner Funktion als Magistrat des Staates Shu während der Han-Dynastie gegründet und besteht seither ohne Unterbrechung. Heute ist sie ein moderner Komplex und eine der Versuchsschulen im Rahmen der Bildungsreform Chinas. Vor zwei Jahren besuchten wir Shi Shi und nahmen wir an einer Unterrichtsstunde teil. Unterrichtsgegenstand war der Klimawandel, Unterrichtssprache Englisch. Und nicht nur das. Ganz entgegen des standardisierten Auswendiglernens und Abfragens folgte dem Vortrag der Lehrkraft eine Disskussion der Schüler untereinander gefolgt von einem Austausch mit der Professorin.

Unsere Beziehung zu Chinas Jugend begann mit einer Kolumne in *China Youth Daily*, Chinas zweitgrößter Tageszeitung. Es war der Beginn einer unmittelbaren Vernetzung via E-Mails. Studenten, Lehrkräfte und Eltern schütteten gewissermaßen ihr Herz aus und gaben uns gleichzeitig einen tiefen Einblick in die Sorgen, die das chinesische Schulsystem ihnen aufbürdet. Dank der Offenheit und dem Wissensdurst vieler chinesischer Lehrkräfte besuchen wir in jedem Jahr zahlreiche Gymnasien und Universitäten und nehmen an Kongressen zur Bildungsreform teil. Seit März 2016 arbeiten wir an einem Projekt mit der Beijing Foreign Studies University. Es ist jene Universität aus der China den überwiegenden Teil seine Diplomaten und internationalen Vertreter rekrutiert. Eines der Ziele dieses Lehrprogramms ist es, die Kommunikation Chinas mit der Welt zu verbessern.

In den Diskussionen mit tausenden Gymnasiasten und Studenten haben wir auch festgestellt, dass ihre Englischkenntnisse besser, ihre Fragen offener werden. Kein Schüler scheut sich nach einem Vergleich des chinesischen und des westlichen Systems zu fragen. Allerding überwiegen die Fragen nach persönlicher Entwicklung, Beruf und Partnerwahl. Auch in China haben junge Leute die Liebe im Kopf.

Von der Theorie zur Praxis

Mit der Erlaubnis, einer der größten Privatuniversität Europas, *Megatrends University* in Belgrad in *John Naisbitt Universität* umzubenennen, gingen wir eine wesentlich umfangreichere Verpflichtung ein. Nämlich einerseits das Niveau der Universität generell anzuheben, andererseits die Ausbildung der Studenten in einen globalen Kontext zu stellen. »Global Learning« ist mit den heutigen Möglichkeiten der Digitalisierung auch in Serbien machbar.

Dieser Schritt wäre allerdings ohne Partner nicht möglich, und wie sooft im Leben spielte auch der Zufall mit. Auf einer unserer Reisen nach Hamburg, wo unsere Tochter Nora lebt, lernten wir *Stephan Sachse* den Geschäftsführer von *Datenlotsen Informationssysteme GmbH* kennen. Das international tätige und sehr erfolgreiche Unternehmen unterstützt Hochschulen und andere Bildungseinrichtungen mit zeitgemäßen Lösungen für die digitale Hochschulorganisation und -verwaltung im Bereich Campus Management. Da digitales Lernen Teil des Global Game Change ist, waren wir bald in eine Diskussion über Bildungssysteme und die Rolle der digitalen Ausbildung in der Zukunft in Gange verwickelt. Es war interessant zu erfahren, wie *Stephan Sachse*, als CEO der *Datenlotsen*, mit diesem Thema umgeht.

Unsere damals noch theoretische Frage war, wie Digitalisierung als Instrument zur Verbesserung der Bildung zu nutzen sei, insbesondere in Bezug auf die Hochschulbildung. Wie sehr die Digitalisierung alle Lebensbereiche schon vom jüngsten Kindesalter an durchdrungen hat, bemerken wir natürlich, wenn unsere Enkelkinder kaum glauben können, dass wir in einer Welt ohne Smartphones, *iPads* und Laptops aufgewachsen sind. Viele Führungskräfte, Lehrer und Mitarbeiter der Administration wurden nicht vorbereitet und ausgebildet, um die Digitalisierung in Schulen und Universitäten erfolgreich umzusetzen. Dies ist der Punkt, an dem *Sachse* als Anbieter von digitalen Ausbildungslösungen für Wirtschaftspädagogik und Unternehmensakademien einspringt.

Stephan Sachse: »Die Digitalisierung der Bildung steckt noch in ihren Kinderschuhen, aber sie hat eine enorme Auswirkung. Sie erreicht eine Generation, die mit mobilen Geräten, sozialen Medien und digitalen Inhalten aufgewachsen ist und sich anpasst, sie konzipieren sehr schnell und tauschen sich untereinander sehr schnell aus. Dies unterstützt revolutionäre Geschäftsmodelle in der Bildung, die bestehende Technologien, Produkte oder Dienstleistungen verdrängen«.

So verzeichnete zum Beispiel *iTunes* nur sechs Jahre nach dem Start der Plattform 575 Millionen aktive Nutzer und 315

Millionen mobiler Geräte, die aktiv das angebotene Lernmaterial nutzen (Vorlesungen als Audio- und Videodateien, Manuskripte usw.). »Keine Hinterbänkler« ist der Ansatz des Startups *2U.com*, einem US-amerikanischen Unternehmen, das im Jahr 2008 gegründet wurde. Sein Ziel ist kein Geringeres als die Planung der besten Online-Kursprogramme. Online-Studierende werden nicht mehr länger von ihren Studienkollegen getrennt, sondern aktiv in die Ausbildung am Arbeitsplatz und das lokale Lernen im Klassenraum einbezogen. Die durchschnittliche Klassengröße beträgt 10,4 Studierende und das Angebot umfasst 97.000 von Kursleitern geführte Klassenstunden. Im März 2016 hatte der Börsenwert von *2U.com* 527 Millionen US-Dollar erreicht.

»Natürlich stellen solche Unternehmen eine Herausforderung für die traditionellen Strukturen im Bildungsbereich dar«, meint auch *Sachse*. »Denn in Europa ist der Bildungsmarkt nicht kommerzialisiert. Das Konzept eines wettbewerbsorientierten Bildungsumfeldes gibt es nicht und es sieht sich oftmals einem großen Widerstand von Regierungen und Bildungsorganisationen ausgesetzt. In Frankreich kam es erst kürzlich zu einer Liberalisierung, wodurch die Universitäten selbst IT-Systeme anschaffen dürfen. Im Gegensatz dazu bilden die Universitäten in Deutschland im Jahr 2014 eine Genossenschaft, um sich selbst mit Software zu versorgen, was die Wettbewerbsfähigkeit der Hochschulen auch im regionalen und globalen Kontext signifikant reduziert.

Auch die fehlgeschlagene Einführung eines zentralen, national standardisierten Systems zur Vergabe von Studienplätzen an Hochschulen zeigt als Beispielsfall die Effizienz dieser Strukturen. Das Land der Dichter und Denker läuft Gefahr, seinen internationalen Anschluss zu verlieren.«

Lebenslanges Lernen

Investitionen zur Verbesserung der Lese- und Schreibkompetenz sind wirtschaftlich nicht nur sinnvoll, sondern Basis der Weiterentwicklung jedes Landes. Sie schaffen praktische Vorteile für den Einzelnen und die Gesellschaft. Doch die Schulpflicht an sich führt nicht automatisch zu einem besseren Leben oder Wirtschaftswachstum, auch wenn viele Länder stolz bekannt geben, ein oder zwei weitere Pflichtschuljahre hinzugefügt zu haben. Quantität verbessert nicht automatisch die Qualität. Das Programm der OECD für die internationale Bewertung der Schulleistung (PISA), das die Bildungssysteme weltweit bewertet, stellt dies in jedem Jahr unter Beweis. In einer Studie mit dem Titel *Education and Economic Growth* (Bildung und Wirtschaftswachstum) beobachteten *Eric A. Hanushek* von der Stanford University und *L. Wößmann* von der Ludwig-Maximilians-Universität in München, dass es »von Bedeutung ist, was die Menschen wissen, die Politik aber diese Botschaft vereinfacht und verzerrt. Sie anerkennt, dass Bildung eine Rolle spielt, aber sie konzentriert darauf, dass sichergestellt ist, dass jeder die Schule besucht, ungeachtet des dort stattfindenden Lernprozesses.« Sie kommen zur schockierenden Schlussfolgerung: »Laut realistischen Berechnungen erreichen gegenwärtig in vielen Ländern weniger als 10 Prozent der Jugendlichen die Mindestniveaus bei den Lese- und Rechenkompetenzen, auch wenn die Daten zum Schulniveau wesentlich besser aussehen.«

> *In jedem Regierungsmodell muss die Bildung bei den wirtschaftlichen Prioritäten an erster Stelle stehen.*

Regierungsführung

Bildungsreformen sind schon fast zu einer Pflicht jedes Regierungsprogramms der Welt geworden. Im 21. Jahrhundert wird die Wettbewerbsfähigkeit der Ressource Mensch die entscheidende Rolle spielen. Obwohl hierüber ein breiter Konsens besteht, ist nicht viel geschehen. Wie bei jeder Reform muss das Alte Platz machen, damit Neues geschaffen werden kann. Regierungen verteidigen ihre monopolgleiche Stellung bei der Bildung, was zu höheren Kosten und einer geringeren Qualität führt.

Eine Rangliste der Länder südlich der Sahara zeigte deutlich, dass je mehr ein Land für Gesundheitsvorsorge, Bildung und Landwirtschaft ausgab, desto leichter gelang es, das Millenniumsziel der Vereinten Nationen, die Anzahl der Menschen, die in extremer Armut leben, bis zum Jahr 2015, um die Hälfte zu reduzieren, zu erreichen. In den vergangenen Jahrzehnten wurde die Schulpflicht in afrikanischen Ländern ausgeweitet. Aber die Ausbildung der Lehrer ist schlecht und die Lehrpläne bei weitem nicht mehr auf dem neuesten Stand. In vielen Ländern muss der Unterricht im Freien stattfinden. Es gibt zu wenig Lehrer und daher werden zu viele Schüler in eine Klasse gepfercht. Viele Entwicklungsländer kämpfen mit demselben Problem. Um wirtschaftlich aufzusteigen, benötigen sie gut ausgebildete Arbeitskräfte. Besonders in Ländern mit hohen Anteil an Landbevölkerung stellt diese eine ungeheure Herausforderung dar.

Bildung und Wohlstand in ländliche Gegenden zu bringen war eines der Probleme Chinas, als es seine Strategie »Go West« startete und damit eine gute Lösung fand.

Wenn du zu keiner guten Schule gehen kannst, kommt eine gute Schule zu dir.

Die Entwicklung des Hinterlandes Chinas war für China eine wirtschaftliche Notwendigkeit. Um dessen sozio/ökonomische Entwicklung zu studieren verbrachten wir viele Monate in Sechuan, genauer gesagt in Chengdu. Mit einem Team von Studenten und Professoren und vielen persönlichen Gesprächen mit Bauern, Arbeitern, Studenten, sowie lokalen und internationalen Unternehmern analysierten wir die unterschiedlichen Zugänge. Die umfassenden Anstrengungen Chengdus die gleiche Bildung sowohl in die urbanen als auch die ländlichen Gebiete zu bringen, schließt das Motto: »Wenn du zu keiner guten Schule gehen kannst, kommt eine gute Schule zu dir« mit ein.

Das Ziel des Programms ist die Errichtung eines Netzwerkes für Schulen mit Fernunterricht sowie urbane und ländliche Partnerschulen. Shishi Middle School und Baima Middle School sind Beispiele eines solchen Austausches von qualitativ hochwertigen Bildungsressourcen von urbanen zu ländlichen Bereichen.

Auf einer unserer Forschungsreisen in das ländliche Chengdu besuchten wir Huaikou. Es war nur schwer vorstellbar, dass diese moderne Stadt, durch die wir fuhren, nur einige Jahre zuvor ein bitterarmes Dorf gewesen ist. Dank Chinas »Go West« Strategie kamen Unternehmen und wurden Fabriken gebaut, die den Menschen Arbeitsplätze brachten, die bis dahin von der Hand in den Mund lebten und ihre kleinen Landflächen bestellten. Für die nächste Generation dieser Stadt wird sich das Leben anderes gestalten. Alle Kinder besuchen die Schule in einem funkelnagelneuen Gebäude, in mehreren Gebäuden, um genau zu sein, von denen wir einige besuchten.

Dabei wurden wir von unzähligen Buben und Mädchen begrüßt, die auf den Balkonen standen, uns zuriefen und zuwinkten, als wären wir Rockstars. Es war eine herzerwärmende Begrüßung, die wir niemals vergessen werden. Aber es war nicht nur die Begeisterung und die offensichtliche

Regierungsführung

gute Stimmung der Schüler, die uns beeindruckten. Doch obwohl viele Investitionen in ländliche Regionen fließen, sind Finanzmittel und Ressourcen und Lehrkräften beschränkt. Um so vielen Schülern wie möglich eine bestmögliche Ausbildung zu bieten, unterrichten Lehrer der besten höheren Schulen des urbanen Chengdu bestimmte Fächer per Life-Video. Wir nahmen an einer solchen Stunde teil. Die riesige Leinwand vermittelte den Eindruck der weit entfernte Lehrer befände sich direkt im Raum.

Die Kommunikation war direkt und einfach. Die Schüler waren sehr ernsthaft bei der Sache. Es hatte den Anschein, als wären sie sich sehr wohl der Tatsache bewusst, dass noch eine Generation zuvor diese Möglichkeit undenkbar gewesen wäre.

Später kamen zwei Mädchen zu uns und baten um ein Interview für ihre Schülerzeitung. Sie sprachen fließend Englisch. Dies war umso beeindruckender, als wir erfuhren, dass viele der Eltern der Schüler, wenn überhaupt, nur bescheidene Lese- und Schreibkenntnisse hatten. Aber gleichgültig, wie arm die Eltern immer noch sein mögen, das Programm zur Unterstützung des Bildungswesens zielt darauf ab zu gewährleisten, dass kein Schüler in Chengdu die Schule abbrechen muss, weil die Familie in finanziellen Schwierigkeiten steckt.

> *Aus- und Fortbildung werden zu den wichtigsten Geschäftsbereichen des 21. Jahrhunderts gehören und den neuen Sektor für Wettbewerb unter den Nationen darstellen.*

Eine umfassende Bildungsreform bietet beachtliche wirtschaftliche Möglichkeiten. *Forbes* hat prognostiziert, dass bahnbrechende Bildungstechnologien »die nächste Gelegenheit für Geschäfte in Billiardenhöhe« bieten werden. Frühe Pioniere wie das MIT stellen seit mehr als einem Jahrzehnt Kurse online. Seine kostenlosen Kurse haben mehr als 100 Millionen Studierende angezogen, wobei diese Zahl mittlerweile monatlich um eine Million wächst.

Es ist ein Paradoxon, dass die Arbeitslosigkeit in Europa weiter ansteigt, während es viele Arbeitsstellen für ausgebildete Techniker und Manager in den neuen Hochtechnologiebranchen gibt, die unbesetzt bleiben. Alleine in Deutschland werden mehr als 50.000 Ingenieure und Naturwissenschaftler benötigt, um diese Lücke zu schließen. Auf der einen Seite gibt es einen Mangel an deutschen Studierenden, auf der anderen Seite sind die Hürden für ein Studium in Deutschland recht hoch und viele ausländische Studienabschlüsse werden nicht anerkannt. Dies passt nicht in das Bild, dass Deutschland um ausländische Studierende wirbt, weil die geburtenschwachen Jahrgänge zu Buche schlagen.

Fast 24.000 chinesische Studierende haben eine deutsche Universität gewählt; nicht zuletzt wegen des sehr guten Rufes, den die deutsche Technologie in China hat. Trotzdem sind immer noch nur rund 8 Prozent der 300.000 ausländischen Studierenden in Deutschland (einschließlich derer, die in Deutschland leben, aber nicht die deutsche Staatsbürgerschaft besitzen) Chinesen. Das Ziel ist es, diese Zahl auf 350.000 zu erhöhen.

Für ausländische Studierende sind die Vereinigten Staaten von Amerika immer noch das attraktivste Land und haben mit 250.000 auch den höchsten Anteil an chinesischen Studierenden. In den Jahren 2012 und 2013 schrieben sich 819.644 ausländische Bachelor- und Masterstudierende an US-amerikanischen Colleges und Universitäten ein (*US world report Education* 11. November, 2013). Das ist die höchste jemals registrierte Zahl. Nur recht wenige werden durch US-amerikanische Stipendien unterstützt. Um die 50 Prozent stammen aus China, Indien und Korea. In China selbst kommen mit annähernd 65.000 die meisten Studierenden aus Korea, gefolgt von 18.500 Studierenden aus den Vereinigten Staaten und 15.000 aus Japan. Fast 500.000 Studierende aus 200 Ländern wählten eine britische Universität oder ein College für ihre Studien. Hinzu kamen 600.000 Studierende, die einen Englischkurs besuchten (*British Council*, Oktober 2014).

»Wenn wir berücksichtigen«, sagte *Stephan Sachse* in unserem Gespräch, »dass im Jahr 2013 2,7 Milliarden Menschen Zugang zum Internet hatten und dass das Internet durchschnittlich um 16,1 Prozent pro Jahr wächst, bekommen wir eine Vorstellung von den Fortschritten beim Zugang zum Wissen. Darüber hinaus werden mobile Geräte immer billiger. Alleine China produziert mehr als 10 unterschiedliche Smartphones, die weniger als 100,00 US-Dollar kosten und die Preise fallen weiter.«

Als wir im März 2016 unser Research Programm mit Studenten der Beijing Foreign Studies University begannen, wurde uns schnell bewusst, dass wir in unserer IT-Flexibilität einiges aufzuholen haben, dass aber andererseits die chinesischen Studenten weniger flexibel im Denken sind. Unsere Aufforderung sich eigenständig Gedanken über ihre Researchbeiträge zur Seidenstrasse zu machen brachte sie in größte Unsicherheit darüber, wo sie ansetzen sollten. Sicherheitshalber hatten wir, bevor wir zur Universität fuhren, das vorläufige Inhaltsverzeichnis unseres geplanten Buches mehrmals kopieren lassen. Während wir noch überlegten, ob wir das Dokument mittels E-Mail oder über Kopien verteilen sollten, machten sie ein Foto und binnen Sekunden hatte jeder von ihnen das Inhaltsverzeichnis via *WeChat*. Zudem waren wir mit allen Studenten einzeln und als Gruppe vernetzt.

Es hat uns nicht überrascht, als *Stephan Sachse* erzählte, dass nach einem GSV-Bildungsbericht 68 Prozent der Studierenden an US-amerikanischen Colleges der Meinung sind, dass sie mit einem Smartphone oder einem Tablet-Gerät effizienter arbeiten können und dass im Jahr 2013 38 Prozent aller US-amerikanischen Collegestudierenden einen Tablet-Computer besaßen. Aber wir wussten nichts von der Ankündigung des türkischen Industrieministers, *Mehmet Zafer Çağlayan*, der im Sommer 2011 nach einem Besuch bei Apple in Silicon Valley ankündigte, dass die Türkei insgesamt 15 Millionen Tablet-Computer für 15 Millionen US-Dollar erwerben würde, um die Bildung in den kommenden Jahren zu fördern. *Çağlayans* Ziel war es, das bis zum Jahr 2015 jeder türkische Studierende ein Tablet besitzen würde.

Trotz des verbalen Bekenntnisses zur Dringlichkeit der Bildungsreform zeigt die Realität, dass die Bildung in vielen Fällen nicht mit den Anforderungen des Berufslebens Schritt hält. Dies eröffnet infolgedessen Geschäftsmöglichkeiten und *Datenlotsen GmbH* ist eines der Unternehmen, die dazu Lösungen bietet. Im Jahr 2012 wurden in Europe 3.000 Start-ups im Bildungsbereich gegründet. Das Start-up Verzeichnis *CrunchBase* berichtet von über 2.000 Unternehmensgründungen, die meisten davon in den USA. Bahnbrechende Geschäftsmodelle werden dadurch ermöglicht, dass Informationen überall und jederzeit einfach verfügbar sind und eine immer größere Anzahl von Lehrern und Schülern erreichen.

In Brasilien ist *Kroton Educational* das größte Bildungsunternehmen. Mit einem Nettogewinn von 98,5 Millionen US-Dollar im Jahr 2012 ist es zudem höchst gewinnbringend. Es wurde im Jahr 1966 in Belo Horizonte gegründet und bietet Bildung von der Vorschule bis zur Postgraduiertenausbildung an. Koron hat rund 520.000 Studierende und 15.000 Mitarbeiter.

Individuell zugeschnittene Ausbildung oder Bildung als Universalkonzept?

Digitalisierung macht es möglich: Produkte lassen sich nicht nur als Massenprodukt zu einem niedrigen Preis zu verkaufen, sie können auch individuell zugeschnitten sein. Man kann es mit *iTunes* vergleichen, wo man nicht gezwungen ist, eine CD ausschließlich mit Liedern eines bestimmten Sängers zu kaufen, sondern eine eigene Musikliste erstellen kann. Und ebenso wie Digitalisierung die Musikbranche revolutioniert hat, wird sie die Bildung revolutionieren. Ein System, das jahrhundertelang auf dieselbe Art und Weise Bestand hatte, ist dabei, sich zu verändern.

Die Vorreiter sind: MOOCs oder Massive Open Online Courses – Bildungsvideos, die Wissen rund um die Welt in kurzen Sequenzen liefern. Anstelle einiger hundert Studierender in einem Auditorium können Hunderttausende die Internetseminare verfolgen. Die kalifornische MOOC-Plattform wird von 5 Millionen Menschen genutzt. Das sind doppelt so viele Personen wie in ganz Deutschland studieren. Die Fachhochschule Potsdam konnte 75.000 Online-Studierende gewinnen.

Es ist eine faszinierende Idee, bei den besten Professoren kostenlos studieren zu können. *Sebastian Thrun*, Professor an der Stanford University, stellte im Jahr 2011 seine Vorlesung über künstliche Intelligenz online und gewann 160.000 Follower. Seine eigenen Studierenden mussten sich für seinen Kurs einschreiben. Die Überraschung war, dass unter den 600 besten Studierenden des Kurses kein Student der Stanford University war. Viele kamen aus Schwellenländern und hätten ohne dieses Angebot keinen Zugang zu akademischer Bildung gehabt, das es in ihren Ländern zu wenige Studienplätze gibt und sie sich ein Studium im Ausland nicht leisten konnten[57].

MOOCs sind nur der Anfang und doch keine grundsätzliche Veränderung. Noch immer lernen alle auf dieselbe Art und Weise, wenn auch mit unterschiedlichen Startpunkten und unterschiedlichen Zielen. Die Zukunft ist nicht Bildung für die breite Masse, sondern eine auf einzelne Personen zugeschnittene – POOCs anstatt von MOOCs.

Im Idealfall erstellen Professoren individuelle Programme für die Studierenden, die, unabhängig von Standardlehrbüchern, passendes Material empfehlen. Der Studierende ist unter ständiger Beobachtung, der Lehrende erkennt Langeweile ebenso wie Überforderung. In einem Seminar mit 150 Studierenden ist dies unmöglich. Die digitale Bildung kann ermöglichen, was sonst nur in kleinen Gruppen machbar ist.

Intelligente Software, die, zugeschnitten auf Geschwindigkeit und der Fähigkeit der jeweiligen Studenten diese zu entsprechenden Inhalten führt.

Das US-amerikanische Start-up *Knewton* erkennt verschiedene Lernstufen und passt das Programm dementsprechend an. Alle kommen an ihr Ziel, wenn auch mit unterschiedlicher Geschwindigkeit, aber ohne Überforderung oder Langeweile. In der New Yorker Schule *New Classroom* berechnet ein Computer jeden Abend das Material jedes Schülers für den nächsten Tag. Die Pädagogen gewinnen Zeit, sich mit dem Schüler zu beschäftigen. Ein Labor des MIT bietet Hilfe an, wenn Studierende nicht mehr weiter wissen. Dank einer Kamera im Laptop oder Smartphone erkennt das Programm, ob ein Studierender seine Aufmerksamkeit und Konzentration verliert und reagiert entsprechend. Ein Pilotprojekt in Berkeley schaffte es in einer Woche, die Noten der Abschlussarbeiten der Studierenden durch die Analyse ihrer E-Mails vorherzusagen.

---

57 *Die Zeit*, 21. November 2013

> *Der weltweite Wettbewerb um Talente verweist auf ein globales Konzept für das Studieren im Ausland und für den Studierendenaustausch.*

Einen Vorgeschmack darauf, wie der globale Wettbewerb um Talente aussehen wird, kann man anhand des europäischen Fußballs bekommen. Die Topteams suchen sich die besten Spieler der Welt unabhängig von ihrer Nationalität aus. In dem Konkurrenzkampf zwischen den Teams ist das Talent das Bindeglied. Bei den Weltmeisterschaften, im Wettbewerb zwischen den Nationalmannschaften, rückt die Staatsbürgerschaft wieder in den Vordergrund und die Spieler spielen nur für ihr eigenes Land.

Im Sport gibt es keine grundlegenden Regeln für die Akzeptanz eines Spielers in bestimmten Vereinen. Herausragende Talente lassen sich nicht immer durch Normen bestimmen. Im Konkurrenzkampf um die besten Studierenden sollte innovatives Denken weiter führen als die Einrichtung von Prüfungszentren in der ausländischen Botschaft eines Landes.

Die Öffnung von Bildungseinrichtungen für ausländische Studierende ist nicht nur kulturell wünschenswert, sondern auch wirtschaftlich von Vorteil.

Die Lücke zwischen dem, was gelehrt und dem, was gebraucht wird, sollte geschlossen werden.

Angesichts der Erfahrung, die *Datenlotsen* im Umgang mit mehr als einhundert Universitäten und Bildungseinrichtungen bei der Planung und Erbringung von digitaler Unterstützung gesammelt haben, fragten wir CEO *Stephan Sachse* nach seiner Meinung zur wachsenden Kluft darüber, was an Universitäten gelehrt wird, und dem, was in Unternehmen benötigt wird. Seine Meinung: »Der Weg eines Studierenden in die Industrie ist gewiss nicht ohne klare Ausrichtung.

Angesichts des immer größeren Mangels an qualifizierten Fachleuten wenden sich die Branchen neuen Methoden für die Anwerbung qualifizierten Personals zu. Das Instrumentarium dazu sind digitale Netzwerke. Es ermöglicht Unternehmen, Studierende ab dem Zeitpunkt ihrer Immatrikulation aktiv zu fördern, und bietet Zugang zur Beratung, worauf man sich frühzeitig spezialisieren sollte.

Nutzung von Synergien: die duale Ausbildung

Die ersten Unternehmen haben bereits begonnen, ihre eigenen Studienpläne aufzustellen, die es ihnen ermöglichen, Nachwuchspersonal selektiv weiterzubilden. Darüber hinaus werden bestimmte Universitäten dafür bezahlt, dass sie Masterstudiengänge im Auftrag von Unternehmen im Einklang mit dem geplanten Studienprogramm durchführen. Die Universität wird der Anbieter von Inhalten. Neue Kooperationsmodelle entstehen.

Ein Beispiel dazu ist die im Jahr 2009 in gegründete

Duale Hochschule Baden-Württemberg. Mit über 40.000 Studierenden ist sie mittlerweile eine der größten Universitäten in Deutschland. Gegenwärtig senden mehr als 10.000 Partnerunternehmen ihr Personal an die Universität, um eine duale Universitätsausbildung zu erhalten. Die praktische Relevanz der verschiedenen Kurse und der fortwährende Austausch zwischen der Universität und den Partnerunternehmen stellen sicher, dass die Absolventen schnell Arbeit finden. Das System einer Universität, die verschiedene Standorte abdeckt, wurde auf der Grundlage des US-amerikanischen Universitätssystems ausgestaltet.

Die Studierenden sind in der Lage, die Netzwerkmöglichkeiten bestmöglich auszunutzen und neue Wege bei der Finanzierung ihres Studiums und der Karriereplanung zu finden. Die Aufmerksamkeit für Qualifikationen wird sich verbessern und besser bekannt werden, nicht nur in den sozialen Netzwerken. Eine Datenbank der Qualifikationen und Zertifizierungen wird einer ausgewählten Gruppe von Interessenten zur Verfügung stehen.«

Lernen ist ein sozialer Vorgang. Online-Universitäten verbinden Studierende. Amerikaner und Chinesen, Brasilianer und Koreaner arbeiten miteinander über *Skype*, *WeChat*, *WhatsApp* und andere soziale Chatrooms, die sie befähigen, einander 24 Stunden am Tag zu helfen. Rund um den Globus ist immer jemand online und in der Lage, Fragen zu beantworten. Dies ist eine Dienstleistung, die kein College-Professor anbieten kann. Das Peer-Grading, eine gegenseitige Beurteilung der Studierenden untereinander, zeigt eine erstaunliche Äquivalenz zur Bewertung durch Professoren und fördert zudem das aktive Engagement. Hochschulen müssen Strategien für die Digitalisierung der Bildung entwickeln. Die Politik muss den Datenschutz entwickeln und rechtliche Rahmenbedingungen für weiterführende Schulen anpassen. Der Ort für Investitionen ist nicht die Ausbildung von Massen, sondern die individuell zugeschnittene Bildung.

5. STÄDTE – DIE GLOBALEN AKTEURE

Vor 200 Jahren lebten nur 2 Prozent der Weltbevölkerung in Städten. Am Ende des Ersten Weltkrieges war dieser Anteil auf 16 Prozent angewachsen. Heute lebt mehr als die Hälfte der Weltbevölkerung in Städten. In den kommenden zwei Jahrzehnten wird die urbane Bevölkerung auf rund 70 Prozent ansteigen. Geschichtlich gesehen waren Städte stets die Zentren der Macht und die Triebfedern für Veränderungen.

Wie alles in der Natur sind auch Städte dem Gesetz von »Wachsen oder Sterben« unterworfen. Der Niedergang kann ein sehr langsamer sein, wie etwa bei der alten Stadt Leipzig, die einst eines der europäischen Zentren für Bildung und auch für Deutschlands Verlagsindustrie war. Die Universität Leipzig wurde bereits im Jahr 1409 gegründet. Der Verfall könnte so schnell vor sich gehen wie jener in Detroit, das einmal das Zentrum der amerikanischen Automobilindustrie war. Mit dem Bankrott von General Motors war die Stadt am Tiefpunkt angelangt, dem im Jahr 2013 der finanzielle Ruin der Stadt folgte.

Selbst ein nur kurzer Blick auf Städte der Welt zeigt, welch großen Einfluss sie auf die soziale, wirtschaftliche, politische und intellektuelle Entwicklung hatten: Athen, Rom, Alexandrien, Luoyang, Peschawar, Pergamon, Kaifeng, Angkor, Bagdad, Peking, Paris, Hangzhou, London, Venedig, New

York, Wien, Tokio, Mumbai, Istanbul, Shanghai, um nur einige zu nennen.

Stadtstaaten standen am Beginn der Zivilisation. Zuerst in Mesopotamien, gefolgt von Phönizien und Griechenland. Rom verwandelte sich von einem Stadtstaat in ein Weltreich. Hochkulturen wie die Maya und die Azteken in Südamerika organisierten ihre Kulturen in Stadtstaaten. Im frühen Mittelalter waren Florenz, Venedig, Pisa und Genua wichtige Seehäfen. Wenn China seine Pläne der revitalisierten Seidenstraße verwirklicht, wird Venedig neben seiner Position als Theme Park für Touristen aus aller Welt auch als Handelsstadt von steigender Bedeutung sein.

> *In Städten entwickeln sich kulturelle, politische und wirtschaftliche Strömungen. Sie schaffen Innovationen oder gleiten in den Niedergang.*

Angefangen mit dem Sturm auf die Bastille zu Beginn der Französischen Revolution bis hin zu den Protesten am Lincoln Memorial in Washington DC, als Martin Luther King seine berühmte Rede »I have a dream« hielt; zentrale Orte in Metropolen werden für politische Zwecke genutzt, sei es von Regierungen oder von Bürgern, die gegen wirtschaftliche oder politische Missstände protestieren.

Die Proteste im Jahr 1989 auf dem Tian'anmen Platz versetzten nicht nur China in Aufruhr; Demonstrationen auf dem Augustusplatz in Leipzig, auf dem Alexanderplatz in Berlin und dem Wenzelsplatz in Prag im gleichen Jahr waren Meilensteine für die Veränderung der geopolitischen Landschaft Europas.

Mehr als eine Million Menschen protestierte 2009 auf

dem Azadi-Platz in Teheran gegen *Ahmadinedschad*. Eine halbe Million Menschen demonstrierte 2011 auf dem Tahrir-Platz in Kairo, was zum Sturz von Ägyptens Präsidenten *Mubarak* führte. Mehr als 200.000 demonstrierten 2013 auf dem Majdan Nesaleschnosti, dem Hauptplatz von Kiew, nachdem die ukrainische Regierung ein Assoziierungsabkommen mit der Europäischen Union abgelehnt hatte. Im Vergleich zu diesen Zahlen erscheinen die Proteste von »Occupy Wall Street« mit 2.000 Amerikanern, die im Jahr 2011 gegen die Dominanz der Finanzwelt im Zucotti-Park in New York demonstrierten, ziemlich klein.

Städte: Game Changer in der dramatischsten Völkerwanderung der Geschichte.

Die weltweiten wirtschaftlichen, sozialen, kulturellen und politischen Prozesse werden zunehmend innerhalb und zwischen den Weltstädten ausgespielt. Nach Angaben der UNO wird die Weltbevölkerung bis zum Jahr 2050 auf 9,1 Milliarden ansteigen, davon werden 6,3 Milliarden in Städten leben. Städte werden das gesamte Bevölkerungswachstum absorbieren.

»Bis zum Jahr 2050 werden Stadtbewohner in den stärker entwickelten Regionen wahrscheinlich 86 Prozent der Weltbevölkerung und 64 Prozent in den weniger entwickelten Regionen ausmachen, wobei die weltweite urbane Bevölkerung 67 Prozent betragen wird.« (UN World Urbanization prospects [UNO-Perspektiven der weltweiten Urbanisierung], Ausgabe 2011). »Daher wird das Bevölkerungswachstum zu einem großen Teil ein urbanes Phänomen sein, das sich auf die Entwicklungsländer konzentriert.« (UNESCO-Weltwasserbericht 2012). Chinas Städte werden im Jahr 2025 um 7

Millionen mehr Kinder als heute haben, während in ganz China die Zahl der Kinder abnimmt (*McKinsey*).

Seit 1950 ist die Zahl der Stadtbewohner von 746 Millionen auf 3,9 Milliarden angewachsen. In Asien leben weltweit 54 Prozent aller Städter, in Europa 14 Prozent und in Lateinamerika und der Karibik 13 Prozent[58]. Es wird erwartet, dass sich die Urbanisierung in den Industrieländern ebenso wie in den unterentwickelten Regionen fortsetzen wird. Es wird geschätzt, dass Asiens urbane Bevölkerung um 1,4 Milliarden steigen wird, die Lateinamerikas und der Karibik um 200 Millionen und die Afrikas um 900 Millionen. Laut Weltbank hat die Urbanisierung weltweit 51 Prozent erreicht (2011); der Durchschnitt der Urbanisierung liegt bei 1,97 Prozent (2010–2015).

Afrikanische Länder wie zum Beispiel Mali, Malawi und Niger erreichten ein durchschnittliches urbanes Wachstum von fast 5 Prozent und Burkina Faso mehr als 6 Prozent.

Der Wettbewerb in der großen weltweiten Öffnung wird nicht zwischen den Ländern, sondern den Städten der Welt stattfinden. Unternehmen, die nach neuen Verbrauchermärkten, den besten Wachstumschancen, der besten Infrastruktur, einer qualifizierten Arbeitnehmerschaft und dienstleistungsorientierten regionalen Verwaltungen suchen, werden diese in den Städten finden. Da die manuelle gewerbliche Arbeit in immer mehr Bereichen der Produktion verschwindet, sind die Städte der Zukunft nicht aufgrund von Niedriglöhnen, sondern aufgrund von Hochtechnologiezentren wettbewerbsfähig, die eine fruchtbare Umgebung für Innovationen schaffen, um Branchen im Vorfeld der nächsten Wachstumsrevolution zu fördern.

---

58 http://esa.un.org/unpd/wup/highlights/wup2014-highlights.pdf

> *Die Städte werden 80 Prozent des weltweiten BIP erwirtschaften.*

Urban World: Mapping the economic power of cities (Urbane Welt: Eine Kartierung der Wirtschaftskraft der Städte) ist eine Studie, in der *McKinsey* 600 Städte ausweist, die heute 60 Prozent des weltweiten BIP erwirtschaften. Allgemein gesprochen erwirtschaften die Städte 80 Prozent des weltweiten BIP. Nach dieser Studie werden bis zum Jahr 2025 die an der Spitze liegenden 600 Städte »noch immer für 60 Prozent des BIP verantwortlich sein, aber die Städte werden nicht mehr dieselben sein. Im Jahr 2025 werden die Schwellenländer 435 Millionen Haushalte mit einem Jahreseinkommen von mehr als 20.000 US-Dollar an Kaufkraft haben, was um 10 Prozent mehr ist als in vergleichbaren Städten in Industriemärkten. Der geografische Standort der Städte wird die Verschiebungen in der wirtschaftlichen Bedeutung in der Weltwirtschaft widerspiegeln.

Da die Wachstumsraten in den Schwellenländern des Globalen Südgürtels wesentlich höher als in den gesättigten Märkten sein werden, werden es höchstwahrscheinlich die Städte mit einem hohen wirtschaftlichen Wachstum sein, die die Einkünfte steigern. Die Bevölkerungszusammensetzung und die wachsende Mittelschicht werden die Chance, der Konkurrenz einen Schritt voraus zu sein, erheblich erhöhen. Es ist keine große Überraschung, dass eine große Anzahl der 600 Spitzenstädte nach der Schätzung von *McKinsey* in China liegen werden. Großstädte wie Chengdu, Chongqing, Hangzhou, Tianjin, Harbin, Suzhou, Shenzhen, Guangzhou und Wuhan, um nur einige zu nennen, überraschen die Besucher mit einem sich schnell verändernden Erscheinungsbild und einer enormen Triebkraft. Nachrichten über das höchste Gebäude der Welt, das Wuhan bis zum Jahr 2018 fertigstellen will, werden die Stadt schnell ins Rampenlicht der internationalen Presse bringen. Mit einer Höhe von genau einem Kilometer ist geplant, dass Wuhans Phoenix Towers nicht nur das höchste Gebäude sein wird, sondern dass es zudem neue ökologische Standards setzen wird. Und dennoch sind viele dieser Städte im Westen kaum bekannt.

China durchläuft gegenwärtig die größte Urbanisierung der Geschichte. Mindestens 100 Millionen Landbewohner werden bis zum Jahr 2020 in die Städte ziehen. Vor 30 Jahren lebten nur 20 Prozent der Bevölkerung Chinas in Städten. Heute sind es 57 Prozent. Die chinesischen Städte werden nach Angabe von Oxford Economics unter den weltweiten Metropolen in den nächsten 16 Jahren am stärksten wachsen. Bis zum Jahr 2030 werden 9 chinesische Städte zu den größten städtischen Volkswirtschaften der Welt stoßen, wohingegen 8 in Europa aus der Liste fallen werden. Im Jahr 2013 wuchs Shanghais BIP um 7,7 Prozent auf 353,9 Milliarden US-Dollar (*China Daily*, 27. Januar 2014). Shenzhens BIP stieg im selben Zeitraum mit einem Außenhandelsvolumen von 537 Milliarden US-Dollar um 10,5 Prozent auf 237 Milliarden Dollar (*deltabridges.com*, 12. Februar 2014).

> *Die Spitzenposition in der Urbanisierung des Globalen Südgürtels hält Lateinamerika.*

Voneinander zu lernen war das Ziel eines Forums zur Zusammenarbeit in der Urbanisierung zwischen China und Lateinamerika während des BRICS-Gipfels in Lima im Juli 2014. Mit einer Bevölkerung, die zu rund 80 Prozent in urbanen Bereichen lebt, muss Lateinamerika seine Städte nachhaltig gestalten und das Gleichgewicht zwischen wirtschaftlichen Entwicklungen und umweltpolitischen Erwägungen bewahren.

Die Studie *Building Globally Competitive Cities* (Aufbau von weltweit wettbewerbsfähigen Städten) von *McKinsey* aus dem Jahr 2011 bezeichnet lateinamerikanische Städte als »den Schlüssel zum Wachstum in Lateinamerika«. Die 198 lateinamerikanischen Großstädte (mit mindestens 200.000 Einwohnern) beherbergen 260 Millionen Menschen und erwirtschaften geschätzte 65 Prozent des Wachstums von Lateinamerika. Ihr BIP pro Kopf wird bis zum Jahr 2025 auf 23.000 US-Dollar steigen und die Bevölkerung auf 315 Millionen anwachsen. In diesem Prozess wird Lateinamerikas relativ junge Bevölkerung entsprechende Jobs benötigen, um den Wohlstand für zukünftige Investitionen und ein nachhaltiges Wachstum zu schaffen. Die Umsetzung der notwendigen Reformen und die Schaffung eines förderlichen Umfelds für Unternehmer wird eine gewaltige Herausforderung für die Regierungen von Lateinamerika darstellen. Es sind die Städte, die in diesem Prozess die entscheidende Rolle spielen werden.

In der Städte-Rangliste von *McKinsey* befinden sich unter den Top 25 16 chinesische, 4 andere asiatische, 2 amerikanische und 2 europäische Städte. Die urbane Landschaft der Vereinigten Staaten, die einstmals bei praktisch jeder Messung weit voraus war, wird nur von einer Stadt repräsentiert – New York. Dennoch sind auch in den Vereinigten Staaten urbane Zentren der Motor für Entwicklung und Wachstum. Edward Glaeser, Professor in Harvard und Autor von *Triumph of the City* (Triumpf der Stadt), erklärte, dass rund 18 Prozent der Wirtschaftsleistung der Vereinigten Staaten aus ihren drei größten städtischen Gebieten stammen. Zum Vergleich: Der Großraum London ist um 50 Prozent produktiver als der Rest des Vereinigten Königreichs. Glaeser spricht von der Volkswirtschaft der »Ballungsräume« als den Grund, warum Menschen und Unternehmen in

Städte – die globalen Akteure

dicht besiedelten Gebieten innovativer und produktiver werden, weil die Nähe einen freien Fluss von Waren, Dienstleistungen und Ideen ermöglicht, die eine Zusammenarbeit antreiben.

Glaeser meint: »Unsere Städte sind produktiv, weil sie den größten Aktivposten der Menschheit vergrößern: unsere Fähigkeit, von Menschen um uns herum zu lernen.«

In den Vereinigten Staaten leben 80 Prozent der Menschen in Städten, in Europa sind es 60 Prozent. Das durchschnittliche Einkommen in den US-amerikanischen Städten ist um fast 35 Prozent höher als das Einkommen in den ländlichen Bereichen und kleinen Städten. In Europa liegt der Abstand zwischen den städtischen und den ländlichen Gebieten bei 30 Prozent. *McKinsey* (Juni 2014) schätzt, dass New York beim BIP bis zum Jahr 2025 die zweitgrößte Stadt hinter Tokio bleiben wird.

Indien gehört bei der Urbanisierung zu den langsamsten Ländern

Indien weist eine nur sehr niedrige Urbanisierung auf, die die große Kluft bei der Entwicklung des Landes selbst im Vergleich zu den anderen Schwellenländern unterstreicht. Dennoch schätzt *McKinsey*, dass bis zum Jahr 2030 590 Millionen Inder in Städten leben werden, aber um dies zu erreichen, »müssen 700 bis 900 Millionen Quadratmeter Gewerbe- und Wohnraumflächen gebaut werden – oder jedes Jahr ein neues Chicago«. Darüber hinaus warten 2,5 Milliarden Quadratkilometer Straße darauf, geteert zu werden. Eine Menge Arbeit für den neuen Premierminister *Modi*, dessen Partei die Bedingungen schaffen muss, unter denen dies geschehen kann (*McKinsey* Global Institute Analysis,

UN Population Division). Moody's Ausblick in Indiens Zukunft ist nicht gerade von Optimismus geprägt. Moody's schätzt, dass »es unwahrscheinlich ist, dass die indische Wirtschaft in naher Zukunft zu den früheren Wachstumsraten von rund 7–8 Prozent zurückkehren wird, selbst wenn die neue Regierung aufgrund der tiefgreifenden anstehenden Probleme eine starke Reformagenda verfolgen wird«. Die Herausforderungen, denen sich *Modi* bei der Bekämpfung von Bürokratie, Korruption, dem Kastensystem sowie der mangelnden Bildung und Infrastruktur gegenübersieht, können nicht überschätzt werden.

Janaagraha, eine indische Nicht-Regierungsorganisation, veröffentlichte im Juni 2014 eine Studie, die zu dem Schluss kommt: »Die indischen Städte haben weder das Geld noch die Fachkenntnisse, um mit der schnellen Urbanisierung umzugehen, die über das Land hinwegfegt.« (Obwohl es sich wie bereits gesagt im Vergleich mit anderen Schwellenländern keinesfalls um ein Hinwegfegen handelt.) Die Studie kam zu dem überraschenden Ergebnis, dass Kalkutta, das oftmals als marode eingestuft wird, an erster Stelle stand und dass Chandigarh, das als eine der am besten geplanten Städte Indiens angesehen wird, am Ende der Rangliste stand, »als Grundlage dienten vier Parameter: urbane Fähigkeiten und Ressourcen, urbane Planung und Ausgestaltung, Transparenz, Verlässlichkeit und Mitbestimmung sowie eine befähigte und legitime politische Vertretung (*McKinsey* Global Institute Analysis, UN Population Division, *Wall Street Journal*, 6. Juni 2014).

In seinem Bericht »Understanding India's economic geography« (Indiens wirtschaftliche Geografie verstehen) vom Oktober 2014 gibt *McKinsey* Unternehmen den Rat, »ein detailliertes, ganz Indien einbeziehendes Spiel in Erwägung zu ziehen«, das auf die großstädtischen Cluster abzielt.

Sie erwarten, dass auf 49 Cluster »rund 77 Prozent des steigenden indischen BIP, 72 Prozent seiner konsumierenden

Städte – die globalen Akteure

Haushalte und 73 Prozent seines Einkommenspools in den Jahren von 2012 bis 2025 entfallen werden«.

Charles Correa, Indiens berühmtester Architekt, sagte in einem Interview mit dem Architektur-Kritiker der *Financial Times*, *Edwin Heathcote*: »Trotz ihrer Probleme sind die Menschen in den Städten, denn wenn Sie einmal diese Intensität des Lebens kennengelernt haben, können Sie nicht mehr auf das Land zurückziehen.« »Tatsächlich«, so sagte er, »leben die meisten von uns in sehr hässlichen Städten und sind trotzdem glücklich. Vor einhundert Jahren sagte Gandhi, dass die Dörfer wichtig seien, und er hatte recht. Aber heute sind es die Städte, die zu Orten der Hoffnung wurden, in denen die Menschen viel freier sind. Die Städte sind Indiens größter Reichtum. Die Städte sind nicht das Problem, sie sind die Lösung.«

Bürgermeister – Game Changer auf nationaler Ebene

Die Koppelung weltwirtschaftlicher Ströme und Aktivitäten verlagert sich zunehmend von Land-zu–Land- zu Stadt-zu-Stadt-Verbindungen. Unter diesem Aspekt gewinnen die Worte des ehemaligen Bürgermeisters von New York, *Michael Bloomberg*, an Gewicht: »Mit dem *NYPD* (Anm.: New York Police Department, Polizeibehörde von New York) habe ich meine eigene Armee, mein eigenes Außenministerium, sehr zum Missfallen des Stadtviertels Foggy Bottom in Washington. New York hat alle Arten von Menschen aus jedem Teil der Welt und mit allen Arten von Problemen.« Auf die Frage, ob dies Washington missfalle, antwortete er: »Nun, ich höre nicht allzu viel auf Washington.« Der Unterschied für Bloomberg zwischen »meiner Regierungsebene und anderen Regierungsebenen liegt darin, dass auf der Ebene der Stadt Maßnahmen ergriffen werden«.

»Durch die Erweiterung und Auffächern der Netzwerke, mittels der die Städte bereits zusammenarbeiten, stellen die Städte unter Beweis, dass sie zusammen Dinge tun können, zu denen Staaten nicht in der Lage sind«, schreibt Benjamin Barber in seinem Buch *If Mayors Ruled The World: Dysfunctional Nations, Rising Cities* (Wenn Bürgermeister die Welt regieren würden: nicht funktionierende Nationen, aufstrebende Städte).

Nationale Regierungen sind oftmals zu schwerfällig geworden, um aktive Spieler in der heutigen globalen Wettbewerbsarena zu sein. Regierungen mit langwierigen Entscheidungsfindungsprozessen sind nicht gut für das gerüstet, was gebraucht wird: internationale Zusammenarbeit. Die Stadtoberhäupter im Allgemeinen haben bewiesen, dass sie pragmatischer und weniger ideologisch sind. Internationale Netzwerke von Städten werden gebildet, um einige der globalen Probleme zu bewältigen, die von den internationalen Organisationen im Grunde genommen unberücksichtigt bleiben.

Wie bereits erwähnt: Die Städte sind zu großartigen Bühnen der Demonstrationen für Veränderung geworden. »In ihrem Kern sind alle großartige urbane Dramen, in denen die Stadt und ihre Orte die Hauptakteure sind. Wir alle sollten diese Unruhe als Weckruf verstehen: Politik ist das – im ersten wahrhaftig urbanen Jahrhundert – was hauptsächlich in den Städten stattfinden wird und sich hauptsächlich um sie drehen wird«, sagt *John Rossant*, Vorsitzender der *New Cities Foundation*.

Eine neue Stellenbeschreibung: Verwaltung der Sozialökonomie

Benjamin Barber argumentiert, dass unsere größte Hoffnung für die Bewältigung der Herausforderungen des 21. Jahrhunderts, globale Pandemien, Verbrechen und Terrorismus, in einem globalen System vernetzter Städte liegt, einem »globalen Parlament der Bürgermeister«. (Ein Parlament der Bürgermeister klingt fantastisch, aber wir sollten noch viel mehr Vereinigungen und Allianzen unter den Städten erwarten.) In Bezug auf die Gesundung der amerikanischen Wirtschaft legen *Bruce Katz* und *Jennifer Bradley* in ihrem Buch *The Metropolitan Revolution* (Die Großstadt-Revolution) ihre Hoffnung auf die Städte und argumentieren damit, dass amerikanische Städte und Metropolen »unsere kaputte Wirtschaft gesunden lassen, wohingegen die Regierung auf Bundesebene und viele Gesetzgebungen der Bundesstaaten in einem parteipolitischen Stillstand feststecken«.

Edward Luce bläst in dasselbe Horn. Am 20. Januar 2014 schrieb er in der *Financial Times*, dass zu einer Zeit, in der die US-amerikanische Bundesregierung weitestgehend lahmgelegt sei, es die Städte seien, wo die Zukunft der Vereinigten Staaten bestimmt werde. Eine zukünftige Generation von Stadtoberhäuptern in den gesamten Vereinigten Staaten bringt ihre Agenda voran.

Auch *Luce* macht den parteipolitischen Stillstand für die Lähmung des Landes auf nationaler und bundesstaatlicher Ebene verantwortlich und glaubt, »dass es in den Städten sein wird, wo sich die Trends des 21. Jahrhunderts am lebhaftesten zeigen werden und wo die interessanteste Politik stattfinden wird«. Und er zitiert *Bruce Katz* vom *Brookings Institute*, der ebenfalls glaubt, dass Washington an Bedeutung verliert.

Luce ordnet zudem den Städten einen steigenden Anteil an wirtschaftlichen Aktivitäten zu. Auch auf dem Hochtechnologiesektor, der traditionell in den Vorstädten liegt, folgt das Kapital den Talenten in die Stadt. »San Francisco hat Silicon Valley geschlagen, als *Pinterest, Twitter* und *Zygna* die Stadt für ihre Firmenzentralen ausgewählt haben.«

In seinem Buch *City: A Guidebook for the Urban Age* (Stadt: ein Ratgeber für das urbane Zeitalter), schreibt *Peter D. Smith*, dass die Energie des urbanen Lebens und die Möglichkeiten, die es für eine Kooperation und Zusammenarbeit biete, das sei, was eine Stadt für die Menschen so anziehend mache, was wiederum »Städte zu Triebfedern der Kunst, des Handels, der Wissenschaft und des Fortschritts macht«, eine Zusammenfassung weitverbreiteter ähnlicher Beobachtungen, die nun von immer mehr Menschen gemacht werden.

Jim O'Neill, ehemaliger Volkswirt von Goldman Sachs und nunmehr Vorsitzender der *City Growth Commission*: »Wenn Sie sich einige der erfolgreichsten Volkswirtschaften der Welt ansehen, in denen viele Städte eine entscheidende Rolle spielen, haben sie alle in einem bestimmten Maße Freiheiten in Bezug auf ihre Finanzpolitik und ihre strategischen Entscheidungen, wobei China, Deutschland und die Vereinigten Staaten allesamt gute Beispiele sind.«

Komprimierte Energie

Ryan Avent, ein Wirtschaftskorrespondent von *The Economist* und Autor von »*The Gated City*« (Die geschlossene Stadt) formuliert es genau richtig: »Die Städte waren lange die Geburtsorte und Übermittler von Ideen und dementsprechend sind sie die Triebfedern wirtschaftlichen Wachstums.« Die Städte haben ihre lästigen Probleme, aber, so sagt *Avent*, was eine Stadt zu einer Stadt macht, ist die Tatsache, dass eine Stadt dicht besiedelt ist, und was das Wirtschaftswachstum und die Schaffung von Arbeitsplätzen betrifft, gilt: »Je dichter besiedelter die Stadt ist, umso besser.«

Avent geht sogar so weit, zu sagen: »Platzieren Sie Arbeitnehmer mit ähnlichen Fähigkeiten in Städte mit einer unterschiedlichen Bevölkerungsdichte und jene an dem dichter bevölkerten Ort werden produktiver sein. Die Bevölkerungsdichte erleichtert das Zusammenspiel.« Er gibt ein einfaches Beispiel anhand eines Restaurants: Stellen Sie sich vor, dass innerhalb einer Bevölkerung eine von 100 Personen eine Vorliebe für die vietnamesische Küche entwickelt, und stellen Sie sich weiter vor, dass ein vietnamesisches Restaurant einen Kundenstamm von 1.000 Personen benötigt, um gewinnbringend zu arbeiten.

»In einer Stadt mit 10.000 Einwohnern gibt es nicht genug Leute, die ein vietnamesisches Restaurant unterstützen. Dagegen kann eine Stadt mit 1 Million Menschen mehrere vietnamesische Restaurants beherbergen. Diese größere Stadt wird nicht nur eine Spezialitätenküche bieten, die an weniger bevölkerten Orten nicht erhältlich ist, sondern ihre Fähigkeit, eine Vielzahl von Produzenten dieser Küche zu unterstützen, ermöglicht Wettbewerb und verbessert so den Preis und die Qualität. Das Ergebnis ist eine stärkere, produktivere und größere Mikroökonomie als in einer Stadt mit 100.000 Einwohnern, wo nur ein vietnamesisches Restaurant überleben kann, oder in einer Stadt mit 10.000 Einwohnern, in der gar keines überleben kann.«

Die Bevölkerungsdichte benötigt natürlich auch Talente und emotionale Stimulanz, um Wirkung zu zeigen. Und, wie *Avent* meint, ist die Bevölkerungsdichte kein Wundermittel, aber sie erleichtert das Zusammenspiel. Dies und eine immer größer werdende globale Mischung an Talenten können eine Art Magie, insbesondere beim Wachstum und der Produktivität, erzeugen.

»Ein schneller Blick auf die Welt offenbart, dass dort, wo Wachstum und Innovationen am erfolgreichsten waren, ein hybrides Zusammenspiel aus öffentlich-privaten, inländisch-ausländischen Lebensformen die Grundlage für die Magie darstellt.

Dies sind keine Staaten, sie sind ›Quasi-Staaten‹ – oder ›Sonderwirtschaftszonen‹ im allgemeinen Sprachgebrauch.« (*Parag Khanna* in der *New York Times* am 12. Oktober 2013). Heutzutage funktionieren viele Städte wie »Sonderwirtschaftszonen«.

China richtete seine ersten 4 Sonderwirtschaftszonen (SWZ) im Jahr 1979 ein, unter ihnen Shenzhen, das von einem sich über 126 Quadratmeilen erstreckenden Dorf in eine sich ausdehnende Großstadt verwandelt wurde und heute eine der reichsten Städte Chinas ist. 8 Jahre später, im Jahr 1986, gab es 179 SWZ in 46 Ländern. Bis zum Jahr 2013 ist ihre Zahl auf mehr als 3.000 in 135 Ländern angestiegen. Die größte Sonderwirtschaftszone in Lateinamerika ist die brasilianische Stadt Manaus mit einer Bevölkerung von 2 Millionen. Die arabische Welt hat 300 SWZ, von denen sich die Hälfte, wie zum Beispiel die Jebel Ali Free Zone, einer der größten und leistungsfähigsten Häfen der Welt, in Dubai befinden. *Parag Khanna* zitiert in einem Gastbeitrag Bloomberg, der sagt, dass er sich nicht darum kümmere, was Washington sage, und fügt hinzu: »Aber es ist klar, dass Washington auf ihn (Bloomberg) hört. Dasselbe gilt für die Bürgermeister anderswo in der Welt, was der Grund dafür ist, dass mindestens 8 ehemalige Bürgermeister nun Staatsoberhäupter sind.«

Vielleicht ist es die größere Nähe, der menschliche Zugang zum Bürger, der Bürgermeister in der nationalen Hierarchie aufsteigen lässt. »In der ganzen Welt übernehmen die Bürgermeister die Verantwortung«, lautet die Überschrift in einem Artikel in *The Atlantic*, der besagt: »Es zeichnet sich in nationalen Wahlen in der ganzen Welt ein Muster ab: In allen Regionen und Kontinenten werden Bürgermeister zunehmend nationale Führer und wurden zudem zu den führenden Stimmen in einigen der wichtigsten globalen Debatten.« Nicht immer mit ruhmreichen Ergebnissen, wie es das Beispiel *Francois Hollande*, dem früheren Bürgermeisters von Tulle, oder des ehemaligen Bürgermeisters von Teheran, *Mahmoud Ahmadinedschad*, der Präsident des Irans wurde, zeigt.

China hat natürlich eine lange Tradition an Politikern, die die Parteileiter durch Erfolge in verschiedenen Positionen nach oben klettern, einschließlich der eines Bürgermeisters und Parteisekretärs zunächst einer Stadt, dann einer Provinz, bevor sie die oberste Stufe als Mitglied des Ständigen Ausschusses erreichen.

Game Makers in globalen Beziehungen

Chicagos Bürgermeister *Rahm Emanuel*, der im April 2015 für eine weitere Amtszeit wiedergewählt wurde, hat seine Fühler schon früh ausgestreckt. Auf seiner zweiten Reise in 2 Monaten, die von der Behörde für Wirtschaftsentwicklung der Stadt bezahlt wurde, besuchte er im Dezember 2013 China, um geschäftliche Möglichkeiten mit China zu bewerben. Er wurde von in Chicago ansässigen Vertretern von *Caterpillar*, *Motorola Solutions* und *Hyatt International* begleitet. *Emanuel* glaubt, dass »dies Chicago als Ziel für den Tourismus, die Geschäftswelt und den Transport noch weiter nach vorne bringen wird und das Engagement der Verwaltung, die für Chinesen freundlichste Stadt der Welt zu sein, unter Beweis stellt«.

Dies war kein Lippenbekenntnis. Während *Rahms* Peking-Besuch wurden Wirtschaftspartnerschaftsabkommen zwischen 8 chinesischen Städten und Chicago unterzeichnet. »Wir hoffen, dass die Zusammenarbeit zwischen den chinesischen Städten und Chicago die Struktur des Handels verändern und das nächste Kapitel in Bereichen wie zum Beispiel der Produktion, der Wissenschaften und der Technologie, der neuen Energien und des Gesundheitswesens aufschlagen kann, anstatt bei Sojabohnen und Baumwolle stehenzubleiben«, sagte der Handelsminister *Gao Hucheng* und wies darauf hin, dass der zwischenstaatliche Handel zwischen China und den Vereinigten Staaten im Jahr 2013 insgesamt mehr als 500 Milliarden US-Dollar betragen wird. Zu Beginn der Öffnung Chinas im Jahr 1979 betrug er lediglich 2,45 Milliarden US-Dollar.

Chicagos Bürgermeister beschränkt seine Aktivitäten nicht nur auf China. Sein erster internationaler Besuch im November 2013 führte ihn nach Mexiko. Nach Los Angeles mit 1,5 Millionen hat Chicago die zweitgrößte mexikanische Bevölkerungsgruppe aller US-amerikanischen Städte. Bei dieser ersten Reise nach Mexiko Stadt, mit der Chicago seit dem Jahr 1991 eine Städtepartnerschaft unterhält, unterzeichnete *Emanuel* eine weltweite Wirtschaftspartnerschaft mit dem Bürgermeister von Mexiko Stadt *Miguel Angel Mancera*. Die Vereinbarungen unterstützen den Handel, die Branchenspezialisierungen, die starken Forschungseinrichtungen, den Austausch und das Lernen, während gleichzeitig der weltweite Handel und die Investitionsstrategien weiterentwickelt werden.

Mexikos Regierung hat die Finanzierung von Innovationen im privaten Sektor auf bis zu 230 Millionen US-Dollar im Jahr 2013 erhöht, was einen Anstieg von 150 Millionen im Jahr 2012 darstellt. Der schnelle Fortschritt in Wissenschaft und Technologie ist sowohl für den privaten als auch den öffentlichen Sektor von entscheidender Bedeutung.

2012 hielt das weltweite Netzwerk der Praktiker für Wettbewerbsfähigkeit (TCI) ihre Konferenz in Monterrey ab, einer der Städte Mexikos mit großem Wachstumspotenzial. Mit seiner Konzentrierung auf Cluster und Innovationen treibt das TCI die strategische Zusammenarbeit an und unterstützt Cluster in lateinamerikanischen Städten auf der Grundlage von drei Säulen: Zusammenarbeit, Sektorstrategien und Innovationen.

Monterrey präsentierte sich selbst als Modell eines erfolgreichen wirtschaftlichen Wandels hin zu einer der wichtigsten Städte Mexikos für die Entwicklung von Cluster und Innovationen.

Um seine wachsende Rolle in der Weltwirtschaft zu stabilisieren, muss Afrika alle Maßnahmen ergreifen, die seine Wettbewerbsfähigkeit vorantreiben. So fungierte die Stadt Maputo in Mosambik als Gastgeber des 5. Panafrikanischen Wettbewerbsforums, das sich auf »Innovative Cluster und Innovationssysteme (...) für die beschleunigte industrielle Entwicklung in Afrika« konzentrierte. Das Forum war im Jahr 2008 in Addis Abeba mit Unterstützung der *Afrikanischen Union*, der *Schwedischen Agentur für internationale Entwicklungszusammenarbeit* und dem *TCI* gegründet worden. Das 6. Forum in Tansania wurde im August 2014 veranstaltet und zielte darauf ab, die soziale und wirtschaftliche Entwicklung Afrikas durch Innovationen, und eine auf Clustern basierte Integration und den innerafrikanischen Handel zu verbessern (Website des *Pan African Competiveness Forum*).

Game Makers in der Nutzung von Synergien

Städtepartnerschaften begannen schon früh mit dem Partnerstädteprogramm, das von Präsident Eisenhower im Jahr 1955 ins Leben gerufen wurde. Während sein ursprünglicher Zweck eher ein Bürgeraustausch anstelle wirtschaftlicher Verknüpfungen war, begannen Städte in verschiedenen Ländern, sich gegenseitig Besuche abzustatten, von denen einige zu längerfristigen Beziehungen führten. Viele der chinesischen Städte waren Spitzenreiter auf diesem Gebiet der Vernetzung von Städten.

So begann Wuhan, das neben Chongqing und Nanjing aufgrund der Sommerhitze entlang des Yangtze-Tales eine von Chinas »drei Hochofenstädten« ist, sein Partnerstadtprojekt in den frühesten Tagen der Öffnung Chinas im Jahr 1979. Und von allen Städten, die sich um andere Städte bemühten, wurde die Stadt Oita ausgewählt. Oita ist die bevölkerungsreichste Stadt auf der Insel Kyūshū in Japan, dem Erzfeind Chinas in den Jahren von 1937 bis 1945. In den 1970er-Jahren war die Stadt ein wichtiger Produktionsstandort für elektronische Geräte mit den neuen Unternehmen Toshiba und Canon geworden, die ihre Betriebsstätten in der Stadt bauten und erweiterten. Und neue Technologien gehörten am Anfang der Öffnung ja zu den Schwerpunkten Chinas.

Wuhan blickte nicht zurück, sondern suchte früh nach einer Anbindung an andere Städte, um Neues zu lernen und daraus Nutzen ziehen zu können. Nur einige Jahre später unterzeichnete Wuhan im Jahr 1982 ein Abkommen mit dem deutschen Duisburg. Eine wichtige Industrie war zu dieser Zeit die Produktion in Hüttenwerken. Die Partnerschaft mit Duisburg ermöglichte den Zugang zu qualifizierten deutschen Ingenieuren, die beim Aufbau einer chinesischen Belegschaft halfen, die dann der Stadt halfen, ein Kaltwalzwerk zu errichten.

Seit seinem ersten Partnerstadtabkommen hat Wuhan Abkommen mit 18 Städten in Europa, den Vereinigten Staaten von Amerika, Asien und Lateinamerika abgeschlossen.

Städte sehen sich heute einem starken Wettbewerb um Industrieansiedlungen, ausländische Investitionen, weiterführende Schulen und Universitäten, gut ausgebildete Arbeitnehmer, günstigen Wohnraum und angemessene Lebensbedingungen ausgesetzt.

Die globale Kooperation und der globale Wettbewerb,

um Investitionen, Branchen und Talente zu gewinnen, änderte sich von Land zu Land, von Stadt zu Stadt. Mit Chengdu, das Geschäfte direkt mit San José tätigt, wird die Beziehung zwischen China und Costa Rica zum Beispiel fast zur Nebensache.

Städte: Spielwiese für eine Politik des Ausprobierens

Die chinesische Führung hat geschworen, die Urbanisierung zum Kern ihrer Wirtschafts- und Sozialagenda zu machen, was bedeutet, dass im nächsten Jahrzehnt 100 Millionen Chinesen vom Land in die Städte ziehen werden. Eine dramatische Verschiebung. Vor gerade einmal einer Generation betrug die urbane Bevölkerung Chinas nur 20 Prozent.

Die Zentralisierung und Globalisierung sind der Rahmen, in dem China Cluster aufbaut, um Synergien zu schaffen, die die Wettbewerbsfähigkeit stärken. *McKinsey* teilt China in 22 Stadt-Cluster auf, jedes mit seinen eigenen Eigenschaften und Stärken. Es ist immer wieder erstaunlich, wie schnell sich diese Cluster entwickeln und auch, wie sehr Chinas »Go West«-Strategie, die wirtschaftliche Öffnung von 12 westchinesischen Provinzen und der Inneren Mongolei, wirtschaftliches Wachstum in ehemals arme, von der Landwirtschaft geprägte Regionen bringt.

Im Jahr 2011 veröffentlichten wir *Innovation in China, The Chengdu Triangle* (Innovation in China – das Chengdu-Dreieck). Die vor allem für ihre Pandaaufzucht bekannte Stadt ist eine Modellstadt, wenn es darum geht, Investitionen anzuziehen, Arbeitsplätze zu schaffen und diese mit einem gemächlichen Lebensstil zu verbinden. Alleine das US-amerikanische Unternehmen für Computertechnologie

Dell wird zwischen 2010 und 2020 100 Milliarden US-Dollar investieren.

Sogar nach chinesischen Standards kleine Städte wie z.B. das ebenfalls in Sechuan gelegene Suining mit 4 Millionen Einwohnern springen auf den Wachstumszug auf. In seinem sogenannten Logistik-Hafen, der im Jahr 2013, als wir dort waren, zur Hälfte fertig gestellt war, haben die Investitionen nach Angaben der Suining Daily 6 Milliarden Yuan erreicht.

Es ist wichtig hervorzuheben, dass die Umsetzung der Reformen der chinesischen Zentralregierung in der Verantwortung der lokalen Behörden liegt. So wird die Lockerung der Ein-Kind-Politik zum Beispiel durch Städte und Provinzen und nicht durch die Zentralregierung umgesetzt. Natürlich werden einige lokale Regierungen diese Arbeit besser erledigen als andere. Dasselbe gilt für die lange Liste der Reformen, die jeweils im »Plenum« behandelt werden. Und es sollte keine Überraschung sein, dass es bei Tausenden chinesischer Städte große Effizienzunterschiede gibt. Eine Stadt, die bei der Umsetzung der Wirtschaftsreformen einen sehr aggressiven Ansatz gewählt hat, ist Forshan, eine Stadt mit 7 Millionen Einwohnern in der südlichen Provinz Guangdong.

Forshan war bereits bei der wirtschaftlichen Entwicklung an der Spitze und übernimmt die neuen Reformen des Plenums bereitwillig. *The Economist* hob Forshan als eine der chinesischen Modellstädte für wirtschaftliche Entwicklung hervor.

Erstens betrug Foshans BIP pro Kopf im Jahr 2012 fast 15.000 US-Dollar und war damit, wie *The Economist* betont, höher als in einigen Mitgliedsstaaten der Europäischen Union. Ein wahres Kraftpaket, wenn es um die Herstellung von Waren geht, mit einigen der erfolgreichsten chinesischen Privatunternehmen, darunter der Haushaltsgerätehersteller *Midea* mit 135.000 Mitarbeitern und einem Umsatz von über 16 Milliarden US-Dollar im Jahr 2012.

Städte – die globalen Akteure

In der Stadt Forshan fällt auf 20 Einwohner nunmehr ein privates Unternehmen. Im Jahr 2012 wuchsen sie 2-mal so schnell wie die im Staatsbesitz verbleibenden Unternehmen. Das *Dritte Plenum* hob hervor, dass der Markt eine prägendere Rolle in der Wirtschaft Chinas spielen sollte. Die Stadt Forshan kann beeindruckende Ergebnisse der von ihr eingeführten Marktwirtschaft vorweisen.

Die Schaffung lebenswerter Städte

Was in der Studie zu Janaagraha, der einige Seiten zuvor beschriebenen Stadt in Indien, kritisiert wird, ist die mangelnde Koordination bei der urbanen Planung. Strategische Stadtplanung gewinnt natürlich in allen Teilen der Welt an Bedeutung, auch in den Schwellenländern. Sind die grundlegenden Bedürfnisse erst einmal gedeckt, gewinnt die Lebensqualität an Bedeutung.

Die Herausforderung einer weltweiten, schnellen Urbanisierung ist der Bedarf an wirtschaftlichen Triebfedern. Aber integrierte Hochtechnologie-Cluster benötigen einen ganzheitlichen Ansatz und eine strategische Entwicklung, wenn damit keine Schlafghettos verbunden mit hohen Verkehrskosten geschaffen werden sollen. Eine Antwort hierauf, die wir in China gesehen haben, ist eine institutionelle, strategische Stadtplanung, um eine solide Grundlage für eine koordinierte urbane und ländliche Entwicklung zu schaffen.

In Chinas Städten, die mit einer gefährlichen und durchaus sichtbaren Verschmutzung zu kämpfen haben, beobachten wir einen Wandel in der Einstellung. Anstatt ausschließlich sich im Wettbewerb auf das höchste BIP zu konzentrieren, werden Städte zunehmend darin Rivalen, »die lebenswerteste Stadt« zu werden.

Die Stadt Chengdu, in der wir umfangreiche Studien über Chinas Urbanisierung leiteten, erreichte ihr Ziel und wurde im Jahr 2014 zur lebenswertesten Stadt Chinas gewählt. Bei vielen Besuchen anderer Städte wie zum Beispiel Hangzhou, Wuhan, Changchun, Suining und Suzhou hörten wir denselben Plan: Die Städte stehen nicht nur in einem Wettbewerb um das BIP, sondern auch um einen neu propagierten Glücksindex.

Wir verbrachten viel Zeit in China, aber unser Zuhause ist in Wien, das 2015 im Index der lebenswertesten Städte Platz 1 belegt. Als wir fanden, dass regelmäßiges Pendeln zwischen Boston und Wien das Leben zwar abwechslungsreich, aber nicht einfacher macht, haben wir uns dazu entschieden, in Wien zu leben. Wir sind der Ansicht, dass Wien eine großartige Stadt mit herausragendem kulturellem Angebot ist. Zudem liegt es für uns sehr günstig zwischen den USA und China und auch Lateinamerika ist gut zu erreichen. Natürlich könnten wir viele Städte aufzählen, die für uns ebenfalls großartige Orte zum Wohnen wären. Rio de Janeiro zum Beispiel, wäre da nicht die hohe Kriminalität, die selbst die schönste Umgebung vergällt. Letztendlich ist die Wahl des Wohnortes, so man sie überhaupt hat, eine sehr persönliche Entscheidung. Es kann der Antrieb und die Energie einer Stadt sein, ihre Geschäftsmöglichkeiten, ihr Klima, ihre Lebenshaltungskosten oder ihre Kultur, die den Unterschied ausmacht.

Im April 2015 hatten wir die Gelegenheit, auf einer Konferenz in Changwon in Südkorea zu sprechen. Zu dieser Zeit blühten die Kirschbäume. Hunderttausende säumen die Straßen; sie wachsen entlang der Bahnschienen, sie bedecken die Hügel und verschönern die Parkanlagen und Gärten, und alle werben für den Versuch der Stadt, ebenso lebenswert wie innovativ zu sein.

Viele von ihnen wurden während der Zeit der japanischen Besetzung gepflanzt. Nachdem die Japaner abgezogen waren, rissen die Bewohner Changwons sie nicht aus, sondern fügten neue hinzu und verwandelten ein Relikt schrecklicher Zeiten in ein Symbol der Erneuerung und des Wachstums.

Epilog

In unserem ersten Konzept lautete der Titel dieses Buches »Half Time« (Halbzeit) – ähnlich der Halbzeit eines Fußballspiels, in der die Spieler darauf zurückblicken, was erreicht und welche Fehler gemacht wurden, und in der sie nach vorne blicken, um eine Strategie für die besten Ergebnisse bei der Fortsetzung des Spiels zu entwickeln.

Umgelegt auf unsere Zeit ist Halbzeit eine Zeit, in der man vorausblickt und sich auf kommende Veränderungen einstimmt. In gewisser Weise halten wir an den, uns vertrauten Bedingungen des 20. Jahrhunderts fest und zögern, die neue Ordnung des 21. Jahrhunderts anzunehmen. So wie wir es in diesem Buch beschreiben, drängen neue erfolgshungrige Spieler auf das globale Spielfeld von Wirtschaft und Politik. Der Westen nennt sie »emerging economies,« warum sind wir dann so erstaunt über die Zielsetzung, ihr volles Potenzial auszuschöpfen und einen wesentlich größeren Einfluss darauf zu gewinnen, wie das globale Spiel gespielt wird? Nach 200 Jahren der Herrschaft wird sich der Westen an den Gedanken gewöhnen müssen, dass er seinen Mitspielern einen größeren Freiraum einräumen muss.

Die Schwellenländer des Globalen Südgürtels handeln nicht länger als untergeordnete Mitspieler für die Hierarchien einer westlich zentrierten Welt. Vielmehr vereinen sie ihre Stimmen und bilden neue Allianzen, um ein ausgewogeneres Zusammenspiel innerhalb der globalen Gemeinschaft zu schaffen. Um die Unklarheiten des Übergangszeitraumes zu bewältigen, wird ein flexibles Handeln erforderlich sein. Es ist Zeit, Fragen zu stellen und neue Strategien und Ziele zu entwickeln.

Die Denkweise des 20. Jahrhunderts ist nicht darauf ausgerichtet, die Veränderung der globalen Spielregeln, die sich von westlich zentriert zu multizentriert bewegen, zu akzeptieren. Als China im Vergleich zu der einzigen Supermacht, den Vereinigten Staaten, nach und nach Boden gewann, gingen die Medien des Westens schnell daran, das neue Bild in einen alten Rahmen zu fügen, indem sie die Sowjetunion und Amerika mit dem neuen doppelpoligen Paar, den Vereinigten Staaten und China, ersetzten. Aber China wird dieses doppelpolige Spiel nicht mitspielen. Stattdessen besteht seine Strategie im Schmieden von Allianzen. Die chinesische Denkweise beruht auf Netzwerken, was erklärt, warum China ein guter und gleichberechtigter Partner der afrikanischen, asiatischen und lateinamerikanischen Länder sein möchte. Die Chinesen glauben an Beziehungen (guanxi), die über einen langen Zeitraum hinweg aufgebaut werden. China hebt guanxi auf eine neue globale Ebene.

Warum nicht multizentrisch mit Multi-Perspektiven verbinden? Was für China ein cleverer Schritt ist, ist für uns alle ein intelligentes Konzept. Unser guanxi, unsere Einfluss-Netzwerke, müssen in einem globalen Kontext neu aufgebaut werden, da die Änderung der Spielregeln grenzüberschreitend ist: in der Wirtschaft, in der Politik, in sozialen und in kulturellen Entwicklungen. Das wirtschaftliche Erwachen von mehr als zwei Dritteln der Weltbevölkerung wird die Handelswege und die Konsumgewohnheiten verändern und zu neuen monetären Rahmenbedingungen führen. Es ist wie das Mischen der Karten für ein neues Spiel. Der Unterschied besteht darin, dass in einem Kartenspiel der Wert jeder Karte bestimmt ist. Bei der Änderung der globalen Spielregeln bestimmt der Spielverlauf den Wert der Karten.

Die geänderten Spielregeln haben bereits Einzug in unser Arbeitsleben gehalten. Marktbeherrschende Unternehmen sehen sich einem Wettbewerb mit neuen Kategorien von Mitbewerbern ausgesetzt, eine Veränderung, die auch Arbeitnehmer mit einschließt. Unsere Kinder werden in einem globalen Markt der Talente ihren Platz finden müssen, dennoch hinken die meisten Bildungssysteme den zukünftigen

Anforderungen hinterher. Der Westen verdankt seinen Aufstieg einer hohen Arbeitsmoral, Fleiß und großen Ambitionen. Doch während wir um kürzere Arbeitszeiten und höhere Sozialleistungen kämpfen, verlieren wir an Boden und ignorieren gleichzeitig den zunehmenden Wettbewerb einer gut ausgebildeten, energischen und hart arbeitenden Jugend in den Schwellenländern, insbesondere in Asien. Die Jugend Asiens strebt vehement nach einer Verbesserung des Lebensstandards. Dabei sind sie sich auch der unterschiedlichen Ausgangspunkte bewusst. Vergleichen sie aber die wirtschaftliche Situation ihrer Eltern und gar Großeltern mit ihrer eigenen, ist der Aufwärtstrend unübersehbar.

Ganz anders in westlichen Ländern, wo das Realeinkommen stagniert oder gar sinkt. Kein Wunder, dass viel über Ungleichheit und Umverteilung gesprochen wird. Die Argumente sind meist ebenso populistisch wie unrealistisch. So wie es von Geburt an keine faire Chancenverteilung gibt, wird es auch niemals eine völlige Gleichheit beim Einkommen geben. Sehr wohl aber kann es eine annähernde Gleichberechtigung bei der Bildung als der Grundlage für die besten Chancen auf den Arbeitsmärkten geben. Allerdings sind diese auch mit Talent, Verlässlichkeit und Ehrgeiz verbunden. Es ist der Zugang zu Bildung und nicht die Umverteilung, die eine nachhaltige Grundlage für wirtschaftlichen Fortschritt schafft. Darüber hinaus steht Unternehmern heute ein weltweiter Pool an Talenten offen, aus dem sie bestqualifizierte Mitarbeiter rekrutieren können. Auch Arbeitgeber und Arbeitnehmer bewegen sich in einem zunehmend globalen Arbeitsmarkt und international vernetzter Geschäftswelt. Mehr als 200 Millionen internationale Arbeitnehmer waren im Jahr 2010 Teil der globalen Migration. Und dennoch bleibt die weltweite Migration bei den globalen Institutionen ein vernachlässigtes Gebiet. Die zunehmende Mobilität und wirtschaftliche Vernetzung erfordern eine Zusammenarbeit auf dem Gebiet des internationalen Rechts

Epilog

und mittels internationaler Institutionen, die diese Gesichtspunkte auf globaler Ebene behandeln müssen[59]. Umso mehr noch, als wir auf längere Sicht die Welt als einen einzigen Wirtschaftsraum sehen werden.

Lange Zeit ist Amerika, das Land der Einwanderer, der Welt führend vorangegangen. Dennoch wurden kaum mehr als 50 Prozent der US-amerikanischen Innovationen von den 12 Prozent Migranten des Landes erzielt. Hochqualifizierte Migranten füllen Lücken aus, wo einheimische Arbeitskräfte nicht ausreichen. Demografische Veränderungen in hochentwickelten Ländern, insbesondere in Europa, bedeuten einen steigenden Bedarf an Migranten, um ein nachhaltiges Verhältnis zwischen der erwerbstätigen und der nicht arbeitenden Bevölkerung aufrechtzuerhalten. Wir müssen unsere Türen öffnen, anstatt sie zu schließen. Der großartige Geist der westlichen Demokratie muss neu belebt werden. Der Westen braucht Führer mit langfristigen Strategien und keine sich selbst bedienende Kaste mit einer Mentalität, die permanent und kurzfristig auf Wahlen ausgerichtet ist. Und nur politische Bildung kann verhindern, dass eine Mehrheit in die Falle kurzfristiger Wahlversprechen gerät.

In der Arbeitswelt verändern der globale Zugang zu Internet und die Digitalisierung die Produktion. Sowohl in der Makro- als auch in der Mikroökonomie nimmt die Anzahl der gewerblichen Arbeitnehmer ab. Die Entwicklung des Internets ermöglicht es Unternehmen, Unternehmern und Einzelpersonen in Schwellenländern, an der Weltwirtschaft teilzunehmen. Immer mehr Konsumenten kaufen online. Chinas wissensintensive Branchen wie zum Beispiel die Arzneimittel- und Halbleiterindustrie wurden bereits zur zweitgrößten der Welt. Virtuelle Zusammenarbeit, Web-Konferenz-Software und Filesharing-Portale unterstützen global denkende Menschen. Künstliche Intelligenz bewegt sich zunehmend

---

[59] Interaktive Grafik auf https://www.iom.int/world-migration

von der Forschung zur Anwendung. Dabei hinkt die Auseinandersetzung mit den Konsequenzen des Einzugs von Computern und deren Fähigkeit, in menschliche Domänen vorzudringen, den Fragen technischer Machbarkeit hinterher. Dennoch, all jenen, die flexibel und schnell agieren, öffnen sich zahllose Türen, aber für jene, die noch mit dem Bild der Arbeitsmärkte des 20. Jahrhunderts leben, entstehen stattdessen Barrieren.

Global Game Change, die Wende im globalen Spiel der Mächte, wird nicht nur zu geopolitischen Verschiebungen führen, parallel dazu werden zunehmend intelligente Produktionsprozesse immer stärkeren Einfluss auf die Sozialökonomie der Länder ausüben.

Wir haben im Laufe der vergangenen Jahre zu und mit zigtausenden Studenten gesprochen. Geradezu verwachsen mit ihren *iPhones*, besser vertraut mit den technischen Möglichkeiten, als wir es je waren, ist die Frage nach der Zukunft dennoch eine zutiefst menschliche: Wie kann ich herausfinden, wer ich wirklich bin, und wo werde ich meinen Platz in der Welt finden?

Dezentralisierung und eine schnelle Urbanisierung schaffen eine leichter zugängliche Matrix. Das Ziel, lebenswerte Städte, Gartenstädte und grüne Städte zu schaffen, ersetzt immer häufiger die alleinige Konzentration auf das wirtschaftliche Wachstum.

Die Zukunft liegt in unseren Händen. Veränderungen kommen nicht von alleine. Sie sind das Zusammenspiel tausender und abertausender einzelner Maßnahmen. Dies liegt in den Händen der Bürger und Regierungen. Wir befinden uns in der Halbzeit. Die Veränderung der globalen Spielregeln ist nicht mehr länger nur ein vernebeltes Bild. Sie nimmt Gestalt an und wir können die Konturen neuer Ordnungen erkennen. Unser Land, unsere Region und unsere Stadt mögen bei der Anpassung an die globalen Spielregeln hinterherhinken. Wir können das, was die Veränderung mit sich bringen wird, mögen oder auch nicht, aber die Richtung ist festgelegt und das Festhalten an den Vorstellungen und Geisteshaltungen der Vergangenheit wird weder die Realität ändern noch uns helfen.

Wir sind optimistisch. Die Änderung der globalen Spielregeln bietet unzählige Möglichkeiten zur Neugestaltung unserer wirtschaftlichen und sozialen Beziehungen, während wir die neue Welt des 21. Jahrhunderts formen[60].

---

60 http://bigthink.com/think-tank/immigrants-are-crucial-to-us-economic-growth

Giacomo Corneo

Bessere Welt
Hat der Kapitalisumus ausgedient? Eine Reise durch alternative Wirtschaftssysteme

Der Ruf nach Veränderung wird immer lauter. Die Menschen sehnen sich nach einem gerechten und effizienten Wirtschaftssystem. Doch was müsste sich ändern?

Vater und Tochter nähern sich diesem Thema im Dialog. Gemeinsam begeben sie sich auf eine ideelle Rundreise durch die aussichtsreichsten Alternativen zum Kapitalismus, die je erdacht wurden.

Ein zukunftsweisendes Buch nicht nur für Globalisierungskritiker, sondern für alle, die Zweifel an der Marktwirtschaft haben, aber nicht wissen, wie eine ernstzunehmende Alternative aussehen könnte.

DDr. **Giacomo Corneo** ist Professor an der Freien Universität FU Berlin, Schriftleiter des Journals of Economics und Herausgeber der Perspektiven der Wirtschaftspolitik

GOLDEGG VERLAG

Hardcover 386 Seiten
Format 13,5x21,5cm
ISBN: 978-3-902903-73-0

Preis: 24,⁹⁰ €

Bestellen Sie unter +43 (0) 1 505 43 76-30 oder per Fax: +43 (0) 1 505 43 76-20 oder unter verlag@goldegg-verlag.com

Norman Bücher

E X T R E M

Die Macht des Willens

Erfahren Sie, wie jeder die Macht seines Willens richtig einsetzen und Unglaubliches schaffen kann!

166 Kilometer und 9.400 Höhenmeter Nonstop überwindet Norman Bücher bei einem der anspruchsvollsten Extremläufe der Welt um den Mont Blanc.

In 14 Tagen durchquert er zu Fuß die Atacama Wüste in Chile und legt dabei unglaubliche 600 Kilometer und 6.000 Höhenmeter zurück.

Ein gefährlicher Lauf durch den brasilianischen Dschungel, unfassbare Anstrengungen beim Treppenmarathon, Laufabenteuer bei Kälte und Hitze – das ist die Welt des Norman Bücher.

Allein mit körperlicher Fitness sind diese extremen Herausforderungen nicht zu schaffen. Mit diesem Buch weiht der Autor seine Leser in das Geheimnis der Willenskraft ein.

GOLDEGG VERLAG

Hardcover 288 Seiten
Format 13,5x21,5 cm
ISBN: 978-3-902729-18-7

Preis: 19,80 €

Bestellen Sie unter +43 (0) 1 505 43 76-30 oder per Fax: +43 (0) 1 505 43 76-20 oder unter verlag@goldegg-verlag.com

Elmar Weixlbaumer

Billionaires Club

Warum Ungleichheit unvermeidbar ist und wie wir von der neuen Geldelite systematisch ausgeschlossen werden.

Durch unsere Gesellschaft zieht sich ein unübersehbarer tiefer Riss, der kontinuierlich wächst: Einer abgehobenen und superreichen Elite steht eine immer breitere Masse gegenüber, die sich trotz harter, lebenslanger Arbeit kaum mehr das Notwendigste leisten kann.

Dieses Buch liefert die schonungslose Wahrheit darüber, warum diese Entwicklung unausweichlich ist. Der Autor erklärt anhand mathematischer Prinzipien und fernab von illusorischer Sozialromantik, dass die Spaltung der Gesellschaft unabwendbar ist und warum das auch historisch immer so war.

Heute haben wir noch Gelegenheit zu handeln, um diesen Abstand zur Elite zu verringern. Denn wer in der Gegenwart nicht gezielte Maßnahmen für sich und seine Kinder setzt, um in der Zukunft dabei zu sein, der hat bereits verloren.

GOLDEGG VERLAG

Hardcover 500 Seiten
Format 13,5x21,5cm
ISBN: 978-3-902991-20-1

Preis: 22,00 €

Bestellen Sie unter +43 (0) 1 505 43 76-30 oder per Fax: +43 (0) 1 505 43 76-20 oder unter verlag@goldegg-verlag.com

Sven Gábor Jánszky | Stefan A. Jenzowsky

Rulebreaker
Wie Menschen denken, deren Ideen die Welt verändern

Das neue Werk von Deutschlands Shooting-Star unter den Trendforschern, Sven Gábor Janszky: Haben Sie sich schon einmal gefragt, was jene Menschen, die unsere Welt wirklich verändern, anders machen als Sie?

Die Antwort lautet: Sie denken anders!

Die Autoren erzählen in diesem Buch hochspannende Erfolgsstorys über Persönlichkeiten, die neue Märkte entdeckt, mit ihren Innovationen ganze Branchen an den Rand des Abgrunds gebracht und mit eigenen Händen unsere Welt nachhaltig verändert haben.

So unterschiedlich ihre Geschichten und Charaktere auch sein mögen, Rulebreaker kennen ein Erfolgsgeheimnis: Die Kunst des Regelbruchs!

GOLDEGG VERLAG

Hardcover 384 Seiten
Format 13,5x21,5 cm
ISBN: 978-3-902729-09-5

Preis: 24,⁹⁰ €

Bestellen Sie unter +43 (0) 1 505 43 76-30 oder per Fax: +43 (0) 1 505 43 76-20 oder unter verlag@goldegg-verlag.com

Sven Gábor Jánszky | Lothar Abicht

Die Zukunft

... ist näher als Sie glauben! Sind Sie vorbereitet?

Mit seinem letzten Erfolgsbuch „2020 – So leben wir in der Zukunft" zog Deutschlands innovativster Trendforscher seine Leser bereits in Bann. Er zeigte uns einen Tag der Familie Seedorf im Jahr 2020. Faszinierend und schockierend!

Doch es wird noch dramatischer. In diesem Buch führt uns der Zukunftsforscher gemeinsam mit einem der profiliertesten Experten für Personalentwicklung in die Arbeitswelt des Jahres 2025. Erneut gibt es keine schwammigen Megatrend-Prophezeiungen. Sie lassen uns eindrücklich zusehen, wie unser echtes Leben an einem normalen Arbeitstag des Jahres 2025 konkret verlaufen wird.

Hardcover 272 Seiten
Format 13,5x21,5cm
ISBN: 978-3-902903-05-1

Preis: 24,90 €

GOLDEGG VERLAG

Bestellen Sie unter +43 (0) 1 505 43 76-30 oder per Fax: +43 (0) 1 505 43 76-20 oder unter verlag@goldegg-verlag.com

Michael Altenhofer

Auf den Punkt

52 Lösungen zu alltäglichen Problemen

Konkrete Impulse für mehr Lebensqualität

Stehen Sie häufig unter Stress?

Diskutieren Sie oft mit Ihrem inneren Kritiker?

Ist Ihr Glas immer halb leer?

Haben Sie das Gefühl, stets perfekt sein zu müssen?

Fühlen Sie sich von anderen oft provoziert?

Gönnen Sie sich hin und wieder ganz bewusst Ruhe?

Sind Sie sich selbst treu oder Spielball von anderen?

In diesem Buch finden Sie 52 Impulse, um mit alltäglichen Situationen besser umzugehen und sich auf diese Weise mehr Wohlgefühl zu verschaffen.

Gönnen Sie sich jede Woche ein Kapitel, anhand dessen Sie Ihr Leben unter die Lupe nehmen und verbessern.

GOLDEGG VERLAG

Hardcover 180 Seiten
Format 12x19cm
ISBN: 978-3-903090-25-5

Preis: 14,95 €

Bestellen Sie unter +43 (0) 1 505 43 76-30 oder per Fax: +43 (0) 1 505 43 76-20 oder unter verlag@goldegg-verlag.com

Prof. Dr. Dr. h.c. Lothar Abicht

Unsichtbare Revolutionäre und stille Gewinner

Wie die junge Generation die Welt verändert und Generation 50plus gewinnt

Jenseits der Fünfzig stellen sich viele Lebensfragen neu. Die Welten der Babyboomer und der Generation Y prallen aufeinander.

Sinnsucher, Selbstoptimierer und Egotaktiker treffen auf Pflichtmenschen und leistungs- und machtorientierte Supermanager. Glück schlägt Geld. Eine Werte-Revolution ist im Gange.

Kann das gut gehen? Irren die Babyboomer in ihrer Lebenseinstellung oder sieht Generation Y die Welt falsch?

Der Autor prognostiziert ein faszinierendes Kaleidoskop von Möglichkeiten, von denen jene profitieren werden, die rechtzeitig ihre Chancen erkennen und sie ergreifen!

GOLDEGG VERLAG

Hardcover 264 Seiten
Format 13,5x21,5cm
ISBN: 978-3-903090-37-8

Preis: 22,00 €

Bestellen Sie unter +43 (0) 1 505 43 76-30 oder per Fax: +43 (0) 1 505 43 76-20 oder unter verlag@goldegg-verlag.com

Lena Doppel | Katrin Zita

Digital Happiness
Online selbstbestimmt und glücklich sein

Finden Sie Ihren digitalen Wohlfühl-Level

Bewegen Sie sich mit einem Gefühl von Unsicherheit durch digitale Welten? Quälen Sie Fragen wie:

- Was passiert mit meinen Daten?
- Sollte ich überhaupt auf Facebook sein?
- Wie kläre ich meine Kinder richtig über das Internet auf und schütze sie vor unliebsamen Überraschungen?
- Wo muss ich mich abgrenzen, um Gefahrenquellen aus dem Weg zu gehen?

Bestsellerautorin und Coach Katrin Zita und Lena Doppel, New Media Trainerin und Digital Strategist, durchleuchten unser virtuelles Leben, nehmen diffuse Ängste und schaffen Klarheit. Sie zeigen, wohin die technischen Entwicklungen führen, wie wir mit diesem Wissen selbstbestimmt handeln und wie Sie am Puls der Zeit bleiben können.

GOLDEGG VERLAG

Hardcover 192 Seiten
Format 13,5x21,5cm
ISBN: 978-3-903090-05-7

Preis: 19,⁹⁵ €

Bestellen Sie unter +43 (0) 1 505 43 76-30 oder per Fax: +43 (0) 1 505 43 76-20 oder unter verlag@goldegg-verlag.com